suhrkamp taschenbuch 362

Wolfgang Hildesheimer, geboren am 9. Dezember 1916 in Hamburg, lebt heute in Poschiavo (Schweiz). 1955 erhielt er den Hörspielpreis der Kriegsblinden, 1965 den Bremer Literaturpreis, 1966 den Georg-Büchner-Preis. Funkoper: *Das Ende einer Welt* (mit Hans Werner Henze). Prosa: *Lieblose Legenden; Das Paradies der falschen Vögel; Vergebliche Aufzeichnungen; Tynset; Zeiten in Cornwall; Masante; Mozart.* Dramen: *Die Eroberung der Prinzessin Turandot; Die Verspätung; Nachtstück; Mary Stuart. Eine historische Szene.* Einaktersammlung: *Spiele, in denen es dunkel wird.* Bearbeitungen: Komödien Sheridans und Goldonis. Hörspiele: *Das Ende kommt nie; Begegnung im Balkanexpreß; Prinzessin Turandot; An den Ufern der Plotinitza; Das Atelierfest; Die Bartschedelidee; Herrn Walsers Raben; Unter der Erde; Das Opfer Helena; Monolog; Hauskauf; Biosphärenklänge.* Essays und Interpretationen: *Wer war Mozart? Becketts ›Spiel‹. Über das absurde Theater; James Joyce. Georg Büchner.*
Kompromißlos und konsequent versucht Hildesheimer seit Jahren, seine Vorstellungen von der Welt und dem Menschen unserer Zeit in Gleichnissen und Parabeln auf dem Theater darzustellen.
Zum 60. Geburtstag des Autors vereinigt dieser Band die folgenden Theaterstücke: *Pastorale* (1958, Neufassung 1965), *Die Verspätung* (1961), *Nachtstück* (1962) und bringt am Schluß die Rede *Über das absurde Theater* (1960), die heute zum Pflichtpensum auch vieler Theaterseminare nicht nur in Deutschland gehört.
»Am stärksten wirken Hildesheimers Stücke dort, wo der Autor – wie etwa bei dem ›Präsidenten‹ in *Pastorale* – die verlogene Diskrepanz zwischen brutaler Funktion und sentimentalem Getue aufs Korn nimmt, wo er uns all das, was uns tagtäglich als Phrasendrescherei, an verblasenen Floskeln, hohlem Pathos, an Attributen einer Pseudo-Gesellschaft, an verwaschenen Sprachgewohnheiten und Redensarten, an Wissen von dritter und vierter Hand um die Ohren schlägt, vor Augen führt«.

Wolfgang Ebert

Wolfgang Hildesheimer
Theaterstücke
Über das absurde Theater

Suhrkamp

suhrkamp taschenbuch 362
Zweite Auflage, 8.–10. Tausend 1980

Suhrkamp Taschenbuch Verlag
Satz: Wagner, Nördlingen
Druck: Nomos Verlagsgesellschaft, Baden-Baden
Umschlag nach Entwürfen von
Willy Fleckhaus und Rolf Staudt

Inhalt

Die Verspätung

Personen

Der Professor
Die Wirtin
Der Bürgermeister
Die Lehrerin
Der Sargtischler
Der Vertreter

Erster Teil

Schankstube in einem ländlichen Gasthaus. Seitlich ein großes Fenster, die Aussicht ist für den Zuschauer unsichtbar. An der anderen Seite eine Tür. Weiß oder weißlich gestrichene Wände, aber schon fleckig und bröckelnd. Auch sonst bietet sich ein Bild chronischen Abbruchs. Wohl stehen im Vordergrund noch ein paar Stühle und Tische, eventuell auch eine Bank für kaum noch zu erwartende Gäste, aber gegen den Hintergrund sind Stühle, Tische, Kram und Krempel zu Haufen oder zu einem Berg übereinandergetürmt. Weitere Elemente – ad libitum –: eine Theke, ein Ofen, eventuell mit einer Bank, ein abgetakeltes Klavier, ein gedunkeltes Bild an der Wand, ein Kleiderständer.

Anwesend sind
Die Lehrerin, Fräulein Demuth; sie ist ein spitzes, wenn auch noch nicht hoffnungslos verjungfertes Fräulein in den mittleren Dreißigern, trägt Brille, das Haar aufgesteckt, und zweckmäßige, unmodische Kleidung. Vor ihr liegt ein Stoß Schulhefte, die sie korrigiert, daneben steht ein Glas Milch.
Die Wirtin, Frau Körber; sie ist eine stattliche Fünfzigerin, halb resolut und halb resigniert. Sie strickt.
Der Bürgermeister, Herr Geiser; er ist ein bäuerlich-skrupelloser Endvierziger, schon ein wenig verkommen. Neben ihm stehen Schnapsflasche und Glas. Er liest Zeitung.
Der Sargtischler, Herr Hyrzel; er ist siebzig und riesig (wenn möglich mit einem Riesen zu besetzen). Er schläft fest. Vor ihm steht ein ungeheuerlicher Bierkrug.
Ein paar Sekunden lang herrscht völlige Stille und – bis auf das gelegentliche Kritzeln der Lehrerin und das Stricken der Wirtin – Reglosigkeit.

WIRTIN *läßt ihre Strickarbeit sinken, blickt um sich und fragt den Bürgermeister:* Was gibt's Neues in der Zeitung?

Pause

BÜRGERMEISTER *läßt die Zeitung sinken und sieht die Wirtin an:* Haben Sie etwas gefragt, Frau Körber?

WIRTIN Ja.

BÜRGERMEISTER Und wie lautete die Frage?

WIRTIN Ich fragte: was gibt es Neues in der Zeitung?

BÜRGERMEISTER *sieht sie erstaunt an:* Neues? *Nimmt die Zeitung wieder auf, nach einer Pause:* Acht Nationen. . . nein, – einen Augenblick – *blättert, sucht in der Zeitung, findet:* neun Nationen bemühen sich um den Frieden!

WIRTIN Neun! Es werden immer mehr. Man bekommt beinahe Angst. *Schüttelt den Kopf und nimmt die Strickarbeit wieder auf.*

BÜRGERMEISTER *blättert, sieht in die Zeitung:* Innenminister fällt gemeiner Brandstiftung zum Opfer.

WIRTIN *nickt bestätigend:* Er war wohl auch nicht mehr jung.

LEHRERIN *ohne von ihrer Arbeit aufzusehen:* Das habe ich kommen sehen.

BÜRGERMEISTER Sie haben eben ein gutes politisches Gefühl, Fräulein Demuth. *Blättert, sieht in die Zeitung:* Käsepreise sinken.

LEHRERIN *sieht zu ihm herüber, interessierter:* Sinken?

BÜRGERMEISTER Um acht Prozent. *Deutet in die Zeitung:* Hier steht es, schwarz auf weiß.

LEHRERIN Das gibt eine Rechenaufgabe für die vierte Klasse. Vielleicht sogar einen Hausaufsatz für die Fünfte.

BÜRGERMEISTER *liest in der Zeitung, dann zur Lehrerin:* Heute ist Sitzung des Heimatschutzvereins in Klagebiel. Ich gehe hin. Kommen Sie mit?

LEHRERIN Was steht denn auf dem Programm?

BÜRGERMEISTER *liest:* ›Wie verhüten wir die überhandnehmende Verschandelung der Landschaft durch Butterbrotpapier.‹

LEHRERIN Da komme ich mit. Es bringt einen auf andere Gedanken.

WIRTIN *hat die Strickarbeit wieder sinken lassen und sieht aus dem Fenster. Plötzlich wird sie auf etwas draußen aufmerksam:* Jetzt hat man sie abgetragen!

LEHRERIN *wieder bei ihren Heften, beiläufig:* Was hat man abgetragen?

WIRTIN *sieht aus dem Fenster:* Die Telefonzelle.

LEHRERIN Es war zu erwarten.

BÜRGERMEISTER *schenkt sich ein Glas voll ein und trinkt es leer:* Mich wundert, daß sie noch so lange gestanden hat.

LEHRERIN Man hatte sie vielleicht vergessen.

WIRTIN Warum hat man sich nicht dagegen gewehrt?

BÜRGERMEISTER *legt die Zeitung weg:* Die Zelle enthielt seit vier Monaten kein Telefon mehr, und seit vier Wochen noch nicht einmal ein Telefonbuch.

LEHRERIN Die Wände waren vollgekritzelt mit unanständigen Worten.

BÜRGERMEISTER *interessiert:* Zum Beispiel?

LEHRERIN *abweisend:* Das tut hier nichts zur Sache, Herr Geiser.

BÜRGERMEISTER Jedenfalls wurde über den Verlust keine Klage laut. Die Gemeinde hat sie nicht vermißt.

WIRTIN Aber die Fremden.

BÜRGERMEISTER Kommen denn zu Ihnen noch Fremde?

WIRTIN Hin und wieder jemand, der den letzten Zug versäumt hat.

LEHRERIN Bald werden wir dafür zu kämpfen haben, daß man den Namen Dohlenmoos nicht aus den Schulatlanten streicht!

SARGTISCHLER *stöhnt im Schlaf auf:* Au! *Er wechselt seine Lage und schläft weiter.*

WIRTIN *sieht ihn erstaunt an, dann sieht sie aus dem Fenster:* Sollte es schon Schnee geben?

LEHRERIN Vor Anfang Dezember?

WIRTIN Hyrzels Knochen irren nie. *Zu sich:* Ein Ort ohne Telefon!

LEHRERIN Es gibt noch eines auf der Post.

BÜRGERMEISTER Die Post wurde vorigen Donnerstag geschlossen.

WIRTIN Geschlossen?!

LEHRERIN Ich habe es kommen sehen.

BÜRGERMEISTER Der Herr Postrat war persönlich da. Er kam mit der Kutsche aus Waltershausen. Es rentiere sich nicht mehr, sagte er bewegt und schüttelte uns Anwesenden die Hand. Er trug schwarz.

LEHRERIN Er ist ein großartiger Mann, auch als Mensch.

WIRTIN *wieder am Fenster:* Man vermißt das Rot. Es leuchtete weit. Und jetzt sieht man direkt auf die Bedürfnisanstalt.

BÜRGERMEISTER Man wird sie bald entfernen.

LEHRERIN *ernsthaft:* Das wäre außerordentlich begrüßenswert.

BÜRGERMEISTER Sie wird nicht mehr benutzt. Außerdem entspricht sie nicht mehr den hohen hygienischen Anforderungen unserer Zeit.

WIRTIN Dann sieht man wenigstens die Tannen hinter den Geleisen.

BÜRGERMEISTER Der Kugelmüller wird sie demnächst schlagen lassen.

WIRTIN Der ist vorgestern weggezogen. Mit seiner ganzen Habe um achtzehn Uhr neunundfünfzig.

LEHRERIN Das bedeutet zwei Schüler weniger. *Sie sucht aus dem Stoß zwei Hefte hervor und zerreißt sie.* Die Entlastung ist mir nicht unwillkommen. Schließlich braucht man auch ein wenig Zeit für sich selbst, das Tagebuch, die Pflege des Äußeren. *Pause.*

BÜRGERMEISTER *gähnt, zieht eine Taschenuhr hervor, sieht auf die Uhr, schüttelt den Kopf, hält sie ans Ohr:* Stehen geblieben! *Schlägt sie ein paarmal fest gegen die Bank, hält sie ans Ohr:* Jetzt geht sie wieder. *Hält die Uhr hoch:* Die läßt mich nie lange im Stich.

WIRTIN Wieviel Uhr ist es?

BÜRGERMEISTER *sieht auf die Uhr:* Zwanzig vor elf.

WIRTIN Müßte nicht der Zug schon da sein?

BÜRGERMEISTER Er hat wohl wieder Verspätung.

LEHRERIN Wenn er überhaupt noch fährt.

WIRTIN *sieht aus dem Fenster:* Er fährt noch. Ich sehe den Dampf der Lokomotive gegen den Hohen Rütten.

BÜRGERMEISTER Dann sind es noch sechs Minuten. *Sieht auf die Uhr, schüttelt den Kopf, klopft sie wieder gegen die Bank, sieht auf die Uhr:* Er hat Verspätung. *Schenkt sich aus der Flasche ein Glas voll ein und trinkt es leer.*

WIRTIN Manchmal frage ich mich, wozu er hier noch hält. – Nur um die Familien mitzunehmen, die wegziehen? Mit ihren Deckbetten und ihren Hühnerkörben? Es steigt ja kaum noch jemand aus.

BÜRGERMEISTER Aber es kommt doch vor. Die Behörden müssen mit den unscheinbarsten Möglichkeiten rechnen. Darauf beruht es, daß sie niemals versagen.

WIRTIN Bei mir jedenfalls ist seit Ende Juli niemand mehr abgestiegen.

Man hört die Eisenbahn.

BÜRGERMEISTER Der Zug fährt ein.

WIRTIN *sieht aus dem Fenster:* Noch hält er hier.

BÜRGERMEISTER Steigt jemand aus?

WIRTIN Nein.

LEHRERIN Steigt jemand ein?

WIRTIN Nein. *Pause. Strickt wieder. Dann:* Was gibt es Neues in der Zeitung?

BÜRGERMEISTER *sieht nach einer weiteren Pause von der Zeitung auf:* Nichts. *Pause.* In französisch Indien ist ein siamesisches Drillingspaar geboren.

LEHRERIN *bei der Arbeit, automatisch:* Schrecklich! Die arme Mutter!

SARGTISCHLER *im Schlaf:* Au!

Er wechselt seine Lage und schläft weiter.

LEHRERIN *automatisch:* Bald gibt es Schnee. *Pause.*

WIRTIN *legt die Strickarbeit hin, sieht ziellos aus dem Fenster. Plötzlich animiert:* Da! *Bürgermeister und Lehrerin blikken auf:* Da läuft ein Mann – ein Herr – nein: ein Mann! *Bürgermeister und Lehrerin sind aufgesprungen und eilen ans Fenster.*

LEHRERIN Wo?

WIRTIN Er sieht mit dem Feldstecher zur Turmuhr hinauf!

LEHRERIN Dann ist er kurzsichtig.

WIRTIN Jetzt ist er hinter dem Zaun.

BÜRGERMEISTER Er kommt aus Richtung Raspelfels.

LEHRERIN Sie irren. Der Fußpfad nach Raspelfels ist nicht mehr gangbar.

BÜRGERMEISTER Ich sagte: von Raspelfels.

LEHRERIN Überwuchert mit Brombeergestrüpp und Zottendistel. Es ist eine Schande.

BÜRGERMEISTER Wir haben keine Leute mehr, ihn in Ordnung zu halten.

LEHRERIN Und wie ist es mit den Leuten von Raspelfels?

BÜRGERMEISTER Was sollen sie mit dem Pfad? Von dort läuft keiner hierher. Was wollen sie auch hier!

WIRTIN *in Gedanken:* Was sollen sie hier – wenn ich bedenke – – Einst kamen die Leute von weither.

LEHRERIN *sieht angestrengt hinaus:* Jetzt kommt er.

BÜRGERMEISTER Ein Wanderer zur falschen Zeit.

LEHRERIN *pedantisch:* Für Kenner ist der Spätherbst die ergiebigste Jahreszeit.

BÜRGERMEISTER Aber der ist kein Kenner. Ein Männlein auf absterbendem Ast! *Beobachtend:* Er geht zum Bahnhof.

WIRTIN Dann wird er gleich hier sein. Ein unerwarteter Gast!

LEHRERIN Er findet kaum die Tür. Um so weniger wird er einen offenen Schalter finden.

BÜRGERMEISTER *schadenfroh:* Einen offenen Schalter vielleicht. Aber es steht niemand dahinter.

WIRTIN Und kein Telefon.

BÜRGERMEISTER Jetzt kommt er! *Er setzt sich wieder hin und nimmt die Zeitung auf.*

LEHRERIN Wir werden manches zu hören bekommen. *Sie setzt sich wieder über ihre Hefte.*

WIRTIN Vielleicht wird er mir leid tun. *Setzt sich hin und nimmt die Strickarbeit auf.*

BÜRGERMEISTER Er hat es sich selbst zuzuschreiben.

Pause

Der Professor tritt ein. Er ist etwa sechzig, ziemlich klein, grauhaarig, sehr kurzsichtig. Er trägt eine dicke Brille, altmodische Touristenkleidung mit vielen Schnallen, Knöpfen und Taschen, einen breitrandigen Hut, wie ein Künstler des letzten Jahrhunderts, ein Lodencape, einen schlaffen Rucksack, einen Bergstock, eine riesige Botanisiertrommel und einen Feldstecher um den Hals: im ganzen eine jämmerliche Figur. Er bleibt in der Mitte des Zimmers stehen und sieht sich befremdet um.

WIRTIN *hat die Strickarbeit abgelegt und geht ihm ein paar Schritte entgegen:* Grüß Gott, der Herr!

PROFESSOR *tritt nah an sie heran, um sie besser sehen zu können:* Ist das hier ein Gasthof?

WIRTIN Gewiß, mein Herr! Und ich bin. . .

PROFESSOR Dann gibt es hier auch. . .

WIRTIN . . . die Wirtin. Ab zwölf Uhr . . .

PROFESSOR . . . ein Telefon im Haus.

WIRTIN . . . gibt es warme Speisen. Heute haben wir. . .

PROFESSOR *laut und ungehalten:* Ich brauche keine warmen Speisen!

WIRTIN . . . Leberkäs. An kalten Speisen haben wir. . .

PROFESSOR *wie oben:* Ich brauche ein Telefon!

WIRTIN Das gibt es hier leider nicht.

PROFESSOR *ungehalten und ungläubig:* Wie? Ein Gasthaus ohne Telefon.

WIRTIN Aber ich hätte einen sehr guten Himbeergeist.

PROFESSOR *beinahe sprachlos:* Himbeergeist! Sie wissen nicht, wen Sie vor sich haben.

WIRTIN *etwas ratlos:* Ich wüßte wirklich im Moment nicht...

PROFESSOR *sieht sich ungehalten um:* Und wo ist die Post?

WIRTIN Die nächste Post ist in Klagebiel.

PROFESSOR *als habe er nicht richtig gehört:* Die nächste Post ist – wo?

WIRTIN In Klagebiel. Vier Kilometer von hier. Mit gutem Schuhwerk sind es nur drei –

PROFESSOR *immer ungehaltener:* Wollen Sie damit sagen, daß es an diesem Ort – wie auch immer er heißen mag – keine Post gibt?

WIRTIN Er heißt Dohlenmoos!

PROFESSOR Das interessiert mich nicht.

WIRTIN Verzeihung, das wußte ich nicht. Viele Gäste interessiert es.

PROFESSOR Ich gebe Ihnen einen wohlmeinenden Rat, Wirtin: spaßen Sie nicht mit mir! Das ist noch keinem gut bekommen. Das wird Ihnen manch einer unter meinen Gegnern bestätigen!

WIRTIN Bis vor kurzem stand – *sie deutet aus dem Fenster* – hier noch eine Telefonzelle!

PROFESSOR Wo?

Wendet sich zum Fenster, setzt den Feldstecher an.

WIRTIN Ich sagte: es stand eine. Aber man hat sie abgetragen.

PROFESSOR *setzt den Feldstecher ab, wütend:* Abgetragen, so! Will man mich selbst hier herausfordern, in diesem elenden Nest?!

WIRTIN *besänftigend:* Aber mein Herr!

PROFESSOR Als sei Möllendorf hier gewesen!

WIRTIN *ratlos:* Wer bitte?

PROFESSOR Professor Möllendorf, mein Rivale – vielmehr: mein Widersacher.

WIRTIN Ich erinnere mich nicht...

PROFESSOR Der Inbegriff des Minderwertigen.

WIRTIN Der war nicht hier, zumindest ...

PROFESSOR Er trägt den Professorentitel zu Unrecht ...

WIRTIN ... nicht während der letzen Monate.

PROFESSOR Aber ich werde ihn entlarven, darauf können Sie sich verlassen!

WIRTIN *ratlos:* Wir haben auch einen vorzüglichen Enzian!

PROFESSOR Ich bin nämlich Scholz-Babelhaus! *Keine Reaktion.* Professor Scholz-Babelhaus! *Immer noch keine Reaktion. Pause.* Professor Karl Alexander Scholz-Babelhaus!! *Pause. Dann leiser und müde:* Was haben Sie?

WIRTIN Einen sehr guten Enzian. Er erfrischt und belebt. Die meisten Herrn trinken ihn in solchen Fällen.

PROFESSOR *mit schwerer Ironie:* Die meisten Herrn, so! *Ungehalten:* Ich bin nicht wie die meisten Herren!

WIRTIN *unbeirrt:* Das sehe ich.

PROFESSOR *erbost, zu sich:* Ein Ort ohne Telefon! Und ohne Post!

WIRTIN Es rentierte sich nicht mehr, sagt man.

PROFESSOR Was nehmen die Herren meist?

WIRTIN Enzian.

PROFESSOR Gut. Bringen Sie mir von Ihrem Enzian. Ist er auch nicht künstlich hergestellt?

WIRTIN *versteht nicht:* Wie bitte?

PROFESSOR Ist er aus der armdicken Wurzel der Bergenzianstaude?

WIRTIN *beleidigt:* Etwas Schlechtes haben wir hier nie geführt!

PROFESSOR *ironisch-gnädig:* Gut, gut, Professor Scholz-Babelhaus wird Ihren Enzian versuchen. *Wirtin ab. Der Professor legt umständlich und ächzend den Rucksack ab, hängt Hut und Stock auf, eine komisch-pantomimische Aktion, sieht sich um, setzt sich an einen Tisch zwischen Lehrerin und Bürgermeister, die er nicht sieht, legt Botanisiertrommel und Feldstecher vor sich. Er murmelt sehr ungehalten:* Elendes Nest!

LEHRERIN *Hat den Professor seit seinem Eintritt verstohlen über die Hefte weg beobachtet. Ohne von ihren Heften aufzublicken sagt sie streng, aber scheinbar beiläufig:* Der Herr haben also den Zug versäumt.

PROFESSOR *sieht angestrengt und kurzsichtig in die Richtung, aus der diese Worte kommen. Er sagt abweisend:* Ich würde es anders ausdrücken, mein Fräulein!

LEHRERIN *erstaunt-ironisch, immer noch beiläufig:* So? Wie denn?

PROFESSOR Der Zug ist vor der vorgeschriebenen Abfahrtszeit abgefahren.

LEHRERIN Da irren Sie.

PROFESSOR Ich? – *Steigert sich in Ärger:* Ist das ein Komplott?

LEHRERIN *ruhig:* Er hatte sogar noch Verspätung!

PROFESSOR Ja, ein Komplott ist gegen mich im Gange. Man arbeitet mit den finstersten, schäbigsten Mitteln, scheut vor Bestechung nicht zurück!

LEHRERIN Und zwar vier Minuten Verspätung.

PROFESSOR Verspätung! So!! *Wütend:* Ja, das ist eine Verschwörung! Meine Taschenuhr ist auch stehen geblieben! Das soll wohl alles ein Zufall sein, wie? Klingsberg steht dahinter, mein unbotmäßiger Assistent, der sich mit einer Entdeckung von mir selbständig gemacht hat, wahrscheinlich aber Möllendorf!

LEHRERIN *sieht zum ersten Mal von ihren Heften auf:* Möllendorf?!

PROFESSOR *hat den Zwischenruf nicht gehört:* Ich kenne Sie zwar nicht, mein Fräulein, Sie mögen ein argloser, ja sogar ein ehrenwerter Mensch sein, – aber selbst Sie werden mir doch nicht erzählen wollen, daß die Kirchturmuhr um dreiviertel Stunden nachgeht!

BÜRGERMEISTER *der ebenfalls den Professor seit dessen Eintritt über die Zeitung hinweg beobachtet hat, legt die Zeitung weg, steht auf und setzt sich neben ihn.* Verzeihen Sie, wenn auch ich mich da einmische – *der Professor blickt erschrocken und kurzsichtig zum Bürgermeister hin* – aber darf ich mir die Frage gestatten, um welche Kirchturmuhr es sich da handeln mag?

PROFESSOR *wendet sich sehr ungehalten zum Bürgermeister:* Mein Herr, ich weiß zwar nicht, wer Sie sind, noch was Sie hier, in dem bescheidenen Rahmen eines Dorfgasthauses darstellen, aber wollen Sie einem Mann wie mir, der im Diesseitigen nicht minder zuhause ist als in der Welt der Spekulation, weismachen, daß ein Ort wie dieser, wie auch immer er sich nennen mag . . .

LEHRERIN *streng:* Er nennt sich Dohlenmoos!
BÜRGERMEISTER *ebenso:* Das sollten Sie sich endlich merken!
PROFESSOR ... kurz, daß ein Ort ohne Post und ohne Telefon mehr als eine Uhr aufzuweisen hat?
BÜRGERMEISTER *lächelnd:* Nur Ruhe, nur keine Erregung! – Gewiß, der Ort hat nicht mehr als eine Uhr. Ich wollte nur ganz sicher sein, daß Sie auch die unsere meinen.
PROFESSOR Ich meinte die Ihre. Sie geht nach, und zwar erheblich!
LEHRERIN *ist ebenfalls näher an den Professor herangerückt, so daß er inzwischen beiderseits flankiert wird, lächelnd:* Unsere Uhr geht nicht nach ...
BÜRGERMEISTER Sie geht nämlich überhaupt nicht.
PROFESSOR *wütend:* Das kommt, wenn man einen Zug erreichen will, auf das Gleiche heraus.
BÜRGERMEISTER *rückt noch näher an den Professor heran:* Nun werden Sie fragen, warum man diese Uhr nicht repariert!
PROFESSOR Ich frage nichts dergleichen. Es interessiert mich nicht.
BÜRGERMEISTER *unbeirrt:* Man repariert sie nicht, weil sie kein Werk mehr hat!
PROFESSOR *eingedrängt zwischen den beiden, wütend:* Ich wollte es nicht genau wissen! *Schlägt auf den Tisch:* Wo bleibt mein Enzian?!
BÜRGERMEISTER *unbeirrt:* Als die Kanadier hier einzogen, das achtundzwanzigste Infanterieregiment ...
LEHRERIN *in Erinnerung:* – – – es waren ein paar stramme Burschen darunter!
BÜRGERMEISTER ... schossen sie auf die Uhr ...
LEHRERIN ... vor allem so ein junger rothaariger Leutnant!
PROFESSOR *schlägt wütend auf den Tisch:* Das wollte ich nicht wissen!
BÜRGERMEISTER *mit bösem Spaß an der Sache, imitiert Schießen:* Bummbumm!
LEHRERIN Und da bleibt die Uhr stehen.
BÜRGERMEISTER Sie können zielen, diese Kerle!
PROFESSOR Das muß um halb elf gewesen sein.
BÜRGERMEISTER Es war genau um zehn Uhr fünfzehn.
LEHRERIN Die Uhr ging vor.

BÜRGERMEISTER Das Werk nahmen sie mit.

LEHRERIN Als Trophäe!

BÜRGERMEISTER Es soll jetzt im Kriegsmuseum in Toronto sein.

PROFESSOR *wütend und bedrängt:* Sie wissen nicht, wen Sie vor sich haben!

LEHRERIN Oder in Quebeck!

PROFESSOR Ich bin Professor . . .

BÜRGERMEISTER Der anderen Hauptstadt Kanadas!

PROFESSOR Ich bin Professor Scholz-Babelhaus!

LEHRERIN *ist wieder vom Professor abgerückt, macht sich wieder an ihre Hefte:* . . . zweihundertachtundzwanzigtausend Einwohner, Baumwollindustrie! *Korrigiert weiter.*

PROFESSOR *laut:* Der Forscher!!

Der Bürgermeister ist an seinen Platz zurückgekehrt und hat die Zeitung wieder aufgenommen, Pause und plötzliche Ruhe.

Professor erstaunt, daß er wieder allein ist, beinahe vereinsamt: Interessant! *Pause, lauter:* Interessant, sagte ich.

LEHRERIN *wieder über ihren Heften, ohne aufzublicken, beiläufig:* Nicht wahr? Ja, von hier gäbe es noch allerhand Interessantes zu erzählen. *Ohne jedes Interesse:* Sie kommen von weither?

WIRTIN *kommt zurück:* Ihr Enzian, mein Herr! *Stellt eine Flasche und ein Glas vor den Professor.*

PROFESSOR *animiert von der willkommenen Frage:* Von weither? – Nun, – man ist allerhand herumgekommen, herumgereicht worden, möchte ich beinahe sagen, obwohl mir das Ganze zuwider ist. Meist durch Preisverleihungen, auch ein paar Orden, Einladungen wissenschaftlicher Gesellschaften, königlicher Akademien und dergleichen. *Pause.* Ich habe es aufgegeben, die Ehrungen zu zählen, die mir im Laufe meines schaffensreichen Lebens zuteil wurden. Sie werden verdrängt durch das tiefe Erlebnis einsamer Forschungsreisen, die Zwiesprache mit der Schöpfung, die sich mir im Geheimen mitteilt. *Aber niemand hört ihm zu, die Wirtin strickt, die Lehrerin korrigiert, der Sargtischler schläft.* Ich bin Scholz-Babelhaus! *Pause mit Echo.* Professor Scholz-Babelhaus. *Pause.* Professor Karl Wilhelm Alexander von Scholz-Babelhaus – –

– der Forscher!!! *Pause, dann zaghaft:* – der bedeutende Forscher! *Pause, dann sehr müde:* Wann geht der nächste Zug? *Pause.*

WIRTIN *sieht von ihrer Arbeit auf, deutet mit dem Kinn auf die Flasche vor dem Professor:* Ihr Enzian!

PROFESSOR *schenkt sich ein, gießt ein Glas Enzian hinunter und schenkt sich nochmals ein, wieder sehr ungehalten:* Ich habe gefragt, wann der nächste . . .

LEHRERIN *sieht zu ihm hinüber:* Sie haben meine Frage mißverstanden! Ich habe gefragt, ob Sie heute von weit her kommen!

PROFESSOR *müde aber hochmütig:* Ich hatte mir den Südhang des Hohen Belz vorgenommen, dessen Existenz – *ironisch* – meinen werten Kollegen, vor allem Esterhazy und Möllendorf bisher entgangen zu sein scheint, vermutlich weil ihnen die heimatkundlichen Vorbedingungen fehlen. Das Gebiet ist ornithologisch noch nicht ergründet, wenn man von den lächerlichen Fehlversuchen der Markoffschen Schule absieht, und ihren zwei Arten von Buchfinken! Es wird, wie so vieles, mir vorbehalten bleiben . . .

LEHRERIN *beiläufig:* Dann sind Sie gewiß über Tottnang, Raspelfels gekommen.

PROFESSOR Nein. Der Pfad wurde mir als unwegsam beschrieben.

LEHRERIN *sieht kurz zu ihm hin:* Nun ja, nicht jedermann ist ihm gewachsen.

BÜRGERMEISTER *hat die Zeitung wieder weggelegt:* Man muß wohl im Training sein. *Steht auf, setzt sich wieder neben den Professor.* Die Tour ist insofern äußerst lohnend als bei schönem Wetter . . .

PROFESSOR *schroff:* Für mich offenbart sich die Schönheit der Natur nicht in dem, was jedermann mit seinen stumpfen Sinnen wahrnehmen kann.

BÜRGERMEISTER *rückt nah an ihn heran, streng:* Ich sagte lohnend, da man vom Kreszentienkreuz auf der Otto-Ludwigs-Höhe eine geradezu grandiose Aussicht hat.

LEHRERIN Hinreißend!

PROFESSOR *gerät wieder in Wut:* Die Aussicht interessiert mich nicht! Ich bin Forscher . . .

BÜRGERMEISTER *unbeirrt:* Man sieht den Hohen Rütten, die

Bolzenspitze, die Angerspitze ...

PROFESSOR ... bin Wissenschaftler. Das Erleben vollzieht sich bei mir auf einer anderen Ebene, ...

BÜRGERMEISTER ... *wie oben:* das hohe Windhorn, ...

PROFESSOR ... in einer tieferen Schicht!

BÜRGERMEISTER ... bei günstigem Wind sogar das niedere Windhorn, Wetterhorn, Gubelhorn ...

LEHRERIN *sitzt wieder an der anderen Seite des Professors:* ... den Wilden Brocken, Sesamspitze, Rotfelsspitze, Eibspitze ...

BÜRGERMEISTER ... und an ganz klaren Tagen im Frühherbst ...

BÜRGERMEISTER UND LEHRERIN *gleichzeitig, bedrängen den Professor:* Katafalkenspitze, Pelagonierspitze und Piz Bosch!

PROFESSOR *beengt, schlägt mit der Faust auf den Tisch:* Ruhe!

WIRTIN *mahnend zum Professor:* Ruhe!

PROFESSOR *brüllt:* Das interessiert mich nicht. Ich bin Forscher! Mich kümmert nicht, was sich jedem Bauernlümmel, jedem Gänselieschen offenbart! Ich schürfe tiefer, entdecke Verstecktes, entlocke den vier Kategorien der Natur ihre verborgensten Geheimnisse, bin großen Dingen auf ihrer winzigen Spur. Ich bin Anthropologe, Paläontologe, aber – *etwas ruhiger* – im Augenblick mache ich mir die Ornithologie zu eigen, bin an einer Spekulation, die nicht nur die Welt der Wissenschaft erschüttern wird. Ein Scholz-Babelhaus besteigt nicht Berge, um andere Berge zu sehen, er bückt sich nicht, um an Blumen zu riechen ...

LEHRERIN *beiläufig:* Ein großer Fehler. *Zuckt die Achseln, rückt ab und macht sich wieder an ihre Hefte, Bürgermeister ist zu seiner Zeitung zurückgekehrt, Wirtin strickt ruhig.*

PROFESSOR Das überlasse ich Versagern wie Esterhazy, der sein Leben lang nicht über die heimischen Singvögel hinausgekommen ist, – oder gar einem Möllendorf! Ich bin aus anderem Stein gehauen! *Pause,* sieht sich um. Ich bin Professor Doktor, Doktor honoris causa Karl Wilhelm Gustav Alexander von Scholz-Babelhaus! *Lange Pause, zaghafter:* Mitglied der königlich schwedischen Akademie! *Lange Pause, dann sehr müde:* Ich habe gefragt, wann der nächste Zug geht! *Pause.*

BÜRGERMEISTER *läßt die Zeitung sinken, sieht den Professor verächtlich und mitleidig an, rezitiert gelangweilt:* Um vierzehn Uhr vierundzwanzig geht ein Eilzug in nördlicher Richtung, ohne Halt in Tottnang, mit Anschluß nach Biederstedt, Grabenmühl. Aber er geht nur dienstags und donnerstags. Heute indessen ist Mittwoch. Wenn jedoch Markttag ist, geht – oder vielmehr ging – er auch samstags, aber heute ist nicht Samstag, sondern Mittwoch. Zudem ist der Samstag dieser Woche auch kein Markttag. Unsere Samstage sind keine Markttage mehr, Markttage gibt es hier seit einigen Wochen überhaupt nicht mehr. Sie müssen also wohl oder übel auf den unbeschleunigten Personenzug um achtzehn Uhr neunundfünfzig warten, der jeden Werktag geht, außer samstags. Aber heut ist nicht Samstag, darin haben Sie wieder Glück! Sie werden allerdings um einiges länger warten müssen, denn bei Schnee hat der Zug mitunter einige bis erhebliche Verspätung, manchmal verkehrt er überhaupt nicht. Aber diese Fälle sind selten. So tief wird es noch nicht geschneit haben, bis achtzehn Uhr neunundfünfzig. *Vertieft sich wieder in die Zeitung, Pause.*

PROFESSOR *sieht den Bürgermeister zweifelnd an, sieht dann zweifelnd auf die anderen:* Geschneit? – Schnee? – Was sagen Sie da? – Wollen Sie mich zum Narren halten? – Die Sonne strahlt am Himmel. Als wolle es niemals Winter werden.

BÜRGERMEISTER *ohne aufzublicken, zieht seine Uhr, schlägt sie an die Bank und sieht darauf:* Sie dürfte inzwischen untergegangen sein. Im Winter geht sie lange vor Mittagswende unter. *Steckt die Uhr wieder ein.*

PROFESSOR *wütend:* Es ist noch nicht Winter!

LEHRERIN *ohne aufzublicken:* Bald wird es schneien.

WIRTIN *wieder beim Stricken:* Ein früher Winter. *Zum Professor:* Sie sollten noch ein Gläschen trinken. Das beugt dem Wetterumschwung vor.

PROFESSOR *hat mit steigendem Unmut die Redenden abwechselnd angesehen. Er schenkt sich ein Glas ein, leert es in einem Zug und schenkt es wieder voll. Sehr ungehalten, quasi zu sich, aber mit seinen Zuhörern kokettierend:* Schnee auf den Geleisen – Züge fallen aus! Und all das heute! Am Tag des Abends der Sitzung des Präsidiums der Akademie der schönen Wissenschaften und der exakten Künste! Klingsberg wird triumphieren, mit seiner hohlen Stimme und seinen leeren Worten, wird sich in den Vordergrund spielen, nicht zu reden von Hergenrath! Er wird wieder tänzeln! Nun, man wird die beiden auslachen! Aber es beeinträchtigt die Würde der Gelegenheit! Man wird mich vermissen, gut! Aber die Vorbereitung des Vortrags vor dem Gremium der Förderungsgesellschaft zur Erforschung der Menschheit in Anwesenheit des greisen Staatspräsidenten und seiner feinsinnigen Gemahlin und weiteren Würdenträgern der Wissenschaft, der Kunst und der Kirche, morgen vormittag? Wer soll da repräsentieren? Wer findet die angemessenen Worte? Der Galaempfang mit kaltem Buffet? –

LEHRERIN *beiläufig:* Früher gab es noch den Schneepflug!

BÜRGERMEISTER *hinter der Zeitung:* Bis gestern!

PROFESSOR Ohne mein Referat werden die Anwesenden sich betrogen fühlen, und mit Recht. Wer holt der Gattin galant das Brötchen? Wer schiebt den Minister in die Mitte? Es fehlt der Schwerpunkt.

BÜRGERMEISTER *zur Lehrerin:* Bis vor kurzem gab es ja auch noch den Fünfzehn-Uhr-zwei! Ein schöner Zug!

LEHRERIN *zum Bürgermeister:* Ein bezaubernder Zug! Wie aus einem alten Märchen.

PROFESSOR Und wer soll dem höchsten Gremium die Ergebnisse unterbreiten! Wer außer mir hat alles im Kopf? Wer kann die Ziffern zitieren, wer das Spekulative dichterisch formulieren?!

LEHRERIN Er glitt nur so dahin! Ein Traum!

BÜRGERMEISTER Ja, es tat einem beinahe leid, wenn man angekommen war!

Man hört einen Zug.

PROFESSOR *will aufspringen:* Da geht ein Zug!

BÜRGERMEISTER *hält ihn zurück:* Ein Güterzug. Befördert Holz zu Tale.

PROFESSOR Ich werde mit dem Lokomotivführer ein Wort wechseln.

BÜRGERMEISTER Er versteht Ihre Sprache nicht.

PROFESSOR Ich habe die Gabe auch mit einfältigen Naturen

menschlich zu reden.

BÜRGERMEISTER Der Zug hält nicht hier.

PROFESSOR Ich halte ihn an.

Der Zug fährt vorbei.

BÜRGERMEISTER Er ist schon vorbei.

PROFESSOR *setzt sich, geschlagen:* Elendes Nest!

BÜRGERMEISTER *kalt:* Nur nicht verzagen!

PROFESSOR Inzwischen reibt sich Möllendorf die Hände in seinem Versteck.

LEHRERIN *sieht auf:* Wer?

PROFESSOR Mein Rivale! Vielmehr mein Widersacher. Ein Mann, der nichts geleistet hat. Nichts, außer dem vergeblichen Versuch, ein paar abwegige Urmenschentypen ins Gespräch zu bringen, die sich schon vor fünfzig Jahren als unhaltbar erwiesen.

LEHRERIN Meinen Sie Rudolf Emil Möllendorf?

PROFESSOR A h a ! Ich hätte es mir denken können. Den also kennt man hier!

LEHRERIN Gewiß! Wo kennt man ihn nicht?

PROFESSOR In der Welt der wahren Wissenschaft!

LEHRERIN Professor Möllendorf ist . . .

PROFESSOR *wütend:* Der Mann ist kein Professor! Er trägt den Titel zu Unrecht! Hat ihn sich erschlichen! Ein Hanswurst! Seine Irrlehren sind noch nicht einmal von ihm.

LEHRERIN *mit Verachtung:* Damit dürften Sie kaum durchdringen.

PROFESSOR In jeder abgelegenen Provinz, in jedem miserablen Nest breiten sie sich aus wie eine Krankheit!

LEHRERIN *zum Professor, mit Würde:* Mein Herr: einem Mann wie Sie mag dieser Ort als ein miserables Nest erscheinen. Aber ich kann Ihnen versichern, daß aufgeschlossenere Gäste, solche, die ein Auge für die unaufdringlicheren Schönheiten der Welt haben, ihn durchaus anders bewerten.

BÜRGERMEISTER Wohl gesprochen! Man muß den Dingen auch etwas entgegenbringen!

LEHRERIN Leider sind die Leute am Aussterben . . .

PROFESSOR *böse:* Ein Nest, ohne die elementarsten Segnungen der Zivilisation!

BÜRGERMEISTER *hat sich erhoben und setzt sich wieder neben den Professor:* Einer der ältesten Orte des Landkreises.

PROFESSOR Aber Möllendorf, den kennt man hier, ja den kennt man!

LEHRERIN *rückt näher an den Professor heran:* Und in einer Umgebung, die das Liebliche mit dem Grandiosen aufs Idealste zu vereinen weiß.

PROFESSOR Dafür hat er gesorgt, dieser Scharlatan!

BÜRGERMEISTER Daneben auch baulich der Beachtlichste!

LEHRERIN *zum Bürgermeister:* Außer Flözen, – *zum Professor* – wo es ein Rathaus aus dem elften Jahrhundert gibt.

PROFESSOR *hält sich die Ohren zu:* Nein, nein!

BÜRGERMEISTER Altes Fachwerk!

LEHRERIN Kuppelgewölbe.

BÜRGERMEISTER Streng genommen gehört das Rathaus zu uns. Es wurde während der Befreiungskriege Flözen zugesprochen.

WIRTIN *nickt, rezitiert:* Vom schwarzen Herzog! Vom bösen schwarzen Herzog!

LEHRERIN Ein Unrecht, das nie wieder gut gemacht wurde.

BÜRGERMEISTER Der Gemeinderat kämpft noch immer erbittert darum.

LEHRERIN Aber vergebens.

PROFESSOR *wütend:* Was geht das alles m i c h an? Ich bin Professor ... – Ah, ich verstehe! Sie haben es auf mich abgesehen, in meiner Eigenschaft als Persönlichkeit der wissenschaftlichen Öffentlichkeit. Aber Sie haben sich getäuscht! Denken Sie, ich werde meinen Ruf nutzen, um dieses elende aussterbende Kaff zu sanieren!? Ein Nest, in dem es keine Post gibt, kein Telefon und keine Uhr! – Obgleich ich es natürlich könnte, – oh ja! Ein winziger Hinweis von mir im Jahresbericht der Gesellschaft für analytische Heimatkunde, und schon horcht man auf ...

LEHRERIN *hat nicht zugehört, immer noch nahe bei ihm:* Haben Sie zum Beispiel gewußt, daß Gelbert hier geboren wurde?

PROFESSOR *immer wütender:* Wer?

LEHRERIN *zu den anderen:* Er hat es nicht gewußt. Das habe ich mir gedacht.

BÜRGERMEISTER Karl Anton Gelbert. Jedes Kind kennt ihn.

LEHRERIN Sie geben es also zu! Sie kennen Gelbert nicht!

PROFESSOR *verzweifelt:* Nein, zum Teufel, und ich will ihn auch nicht kennen!

BÜRGERMEISTER Mein Vater hat ihn noch gekannt.

LEHRERIN Einer der größten Söhne der Gegend.

BÜRGERMEISTER *zitiert:* ›Der sauberste Mann des neunzehnten Jahrhunderts‹! So hat man ihn genannt.

LEHRERIN Er hat das Wort ›Tugend‹ erfunden . . .

PROFESSOR Tugend!?

LEHRERIN . . . und es durch mutigen Gebrauch gefestigt.

BÜRGERMEISTER *nickt:* Im Jahre achtzehnhundertneunundsechzig.

LEHRERIN Er ist bald darauf gestorben.

BÜRGERMEISTER Unverstanden!

WIRTIN *gerührt zitierend:* In völliger Vereinsamung.

PROFESSOR *schlägt mit der Faust auf den Tisch:* Zum Teufel! Was geht mich das an!?

Sargtischler schlägt einen kurzen Moment die Augen auf, mustert den Professor und schließt sie wieder.

LEHRERIN *macht sich wieder an ihre Hefte, scheinbar beleidigt:* Nun, es hat manchen Gast interessiert.

BÜRGERMEISTER *wieder an seinem Platz, nimmt die Zeitung zur Hand, scheinbar beleidigt:* Manche Gruppe eifriger Studenten ist zu seinem Geburtshaus gepilgert, nicht zu reden von den Pfadfinderverbänden.

PROFESSOR *außer sich, hat mehrere Glas Enzian hinuntergestürzt, schlägt mehrmals mit der Faust auf den Tisch, sehr laut:* Ich bin Karl Alexander Theodor von Scholz-Babelhaus, Mitglied bedeutender königlicher Akademien, Inhaber hoher und höchster Auszeichnungen, Anthropologe, Ornithologe von Weltrang und Weltruf! Mir verdankt die Welt der Wissenschaften und – *trunkene Geste* – alle anderen Welten, wie sie da sind, wesentliche Entdekkungen!

LEHRERIN *hat ihr letztes Heft korrigiert, wendet sich ihm spöttisch lächelnd zu:* So? Welche zum Beispiel, wenn ich einmal so fragen darf?

PROFESSOR Welche? Nun – *denkt einen Augenblick nach* – zum Beispiel – zum Beispiel: daß die heterozesken Ganoiden alljährlich im Mai ihre Bauchschuppen abwerfen.

LEHRERIN *wendet sich spöttisch ab:* Das stammt von Möllendorf!

PROFESSOR *zischt giftig:* Das dachte ich mir. – Oh nein, das überrascht mich nicht! Möllendorf, natürlich! Nur den kennt man hier, in diesem elenden gottverlassen Loch . . .

LEHRERIN *lacht:* Kennt?! – *Mit Pathos:* Man verehrt ihn geradezu! Dafür habe ich gesorgt, in meiner Eigenschaft als Erzieherin.

BÜRGERMEISTER *hat die Zeitung wieder weggelegt und sich neben den Professor gesetzt, legt ihm die Hand schwer auf den Arm:* Mein Herr, Ihre Verachtung unseres Dorfes empfinden wir hier nicht nur als taktlos, sondern als im höchsten Grade beleidigend.

WIRTIN UND LEHRERIN Sehr richtig!

BÜRGERMEISTER Gewiß, es entvölkert sich, es wird still in den Straßen und Häusern. Ich gebe zu: die Straßen sind aufgerissen, die Häuser zum Teil eingestürzt, der Huflattich breitet sich aus, die Schmeißfliege brütet, Abfall und Unrat fließen die Gosse hinab! Aber: spricht das etwa gegen das Dorf? Nein, es spricht gegen die Abwanderer, die es elend im Stich lassen.

LEHRERIN Sehr richtig. Dabei war es einst sogar ein stolzer Marktflecken.

WIRTIN *seufzt:* Ja, ja, zu Georgs Zeiten, da gab es hier ein Leben! Die Stube voller Gespräch und milchig von würzigem Rauch . . .

BÜRGERMEISTER Und früher – da lag der Ort am Ufer der Murthe, aber seit der Schlacht bei Simpfen liegt er nur noch am Wührener Loch.

PROFESSOR *wütend, versucht, sich die Ohren zuzuhalten:* Was geht mich das an!

BÜRGERMEISTER Auf dem Friedhof kann man die guten stillen Zeiten noch zurückverfolgen.

LEHRERIN Richtig! *Zieht den Professor am Ärmel:* Waren Sie hier schon auf dem Friedhof?

PROFESSOR *schüttelt die beiden ab, springt auf:* Nein!

Der Sargtischler ist aufgewacht, öffnet die Augen, sieht den Professor lange an, ohne sich zu bewegen, greift dann zu seinem Bierkrug, trinkt einen großen Schluck, stellt ihn ab, wischt sich den Mund, wechselt die Lage und schläft weiter.

BÜRGERMEISTER *hat den Professor wieder auf den Sitz gezogen:* Das ist ein großer Fehler! Glauben Sie mir.

LEHRERIN Ja, ein großer Fehler! Auf Friedhöfen offenbart sich dem gebildeten Menschenfreund das wahre Wesen eines Ortes, in Form der alten Familiennamen Verblichener.

WIRTIN *zitiert:* ›Die Gräber lügen nie‹!

LEHRERIN Der Aufgeschlossene erkennt hier den großen Zusammenhang, der die ganze Menschheit verbrüdert und verbindet.

BÜRGERMEISTER Unser Friedhof zum Beispiel ist einer der aufschlußreichsten des Landkreises.

LEHRERIN Da gibt es denn zum Beispiel Familiennamen, die sich schon im fünfzehnten Jahrhundert gespalten haben, wie zum Beispiel der Name Hirzel.

BÜRGERMEISTER Da sind die Hirzels mit i, und die Hyrzels mit Ypsilon . . .

LEHRERIN . . . ursprünglich eine Familie, die sich auseinandergelebt hat. Beide sind beinahe ausgestorben.

BÜRGERMEISTER Ja, das ist ein weites Gebiet. Sie sollten wirklich einmal darüber schreiben, Fräulein Demuth!

LEHRERIN Bisher arbeite ich ja noch immer an meiner These über die Knochenfunde. *Zum Professor, legt ihm wieder die Hand auf den Arm:* Das ist auch ein hochinteressantes Gebiet!

Der Professor hat in Verzweiflung mehrere Gläser Enzian heruntergestürzt, verbirgt sein Gesicht in seinem Arm und hält sich mit beiden Händen die Ohren zu.

Aber leider, leider muß ich jetzt gehn! *Zum Professor, zynisch:* Sie müssen mich jetzt wirklich entschuldigen. Ich muß in die Schule, bitte halten Sie mich nicht länger zurück! Es sind meiner Obhut zwar nur noch wenige Kinder anvertraut, dennoch, sie warten bereits auf mich, sehnsüchtig, fast schwärmerisch, mit gespitzten Mündchen und gezückten Schiefertafeln, die entzückenden Kleinen. Schönschreiben, das ist ihre allerliebste Stunde. Daher bitte ich Sie nochmals: halten Sie mich nicht zurück. Es war ein anregendes Gespräch, ich hoffe sehr, daß wir es später fortsetzen, denn es ist beileibe noch nicht erschöpft. Oh nein. Gerade zum Beispiel was die Gräber betrifft, da gäbe es zum Beispiel noch einige sehr interessante Beispiele. Es sind zum Beispiel damals beim Ausheben des Schulgebäudes Skelette gefunden worden, deren Schädelform, ob Sie es glauben oder nicht, stark cheruskische Merkmale aufweist. Das deutet auf ein prächtiges Beispiel frühhistorischer Pfahlbausiedlungen hin, wie es sie in dieser Form, in der sie erhalten wäre, wenn sie erhalten wäre, nur noch am Hümmelstädter See gibt, und auch dort nur in wesentlich kleinerer, quasi verkümmerter Form. Dies nur als Beispiel! Eine vermutliche Rekonstruktion finden Sie im Heimatmuseum in Waltershausen, der Kreisstadt, dreiviertel Stunden zu Fuß über Butzbach. Es ist geöffnet von zehn bis zwölf Uhr vormittags, außer montags. Ich bin soeben dabei, eine kleine Broschüre über diese Funde zu schreiben. Ein bekannter Verlag, der sich die Heimatkunde ein nachahmungswürdiges Anliegen sein läßt, hat mich darum gebeten. *Trinkt ihr Glas Milch leer.* Noch ein Glas Milch bitte, Frau Körber!

WIRTIN Müssen Sie nicht gehen?

LEHRERIN Gehen? Wohin?

WIRTIN Schönschreiben um halb zwölf!

LEHRERIN Die kleinen Rotznasen sollen gefälligst warten, bis es mir paßt.

Wirtin steht auf, nimmt das Glas der Lehrerin.

Die Lehrerin hält sie zurück: Nein, lassen Sie! Sie haben recht. Ich darf die Kleinen nicht enttäuschen. Wenn ich sie so sehe, mit ihren reinen Schiefertafeln und Gedanken. – Es sind eben doch schon kleine Menschlein, wenn man sich richtig auf sie einzustellen versteht. *Steht auf.* Man sieht sich ja wohl noch später!

PROFESSOR *ist in sich zusammengesunken, erschöpft:* Ich hoffe nicht!

LEHRERIN Ich wüßte nicht, was es mit Hoffnung zu tun haben sollte.

Geht zum Kleiderständer, zieht sich den Mantel an. Auf Wiedersehen allerseits. *Sie nimmt einen Regenschirm und geht.*

PROFESSOR *vernichtet, fragt demütig und mit letzter Fassung:* Sind Sie ganz sicher, mein Herr, daß der Zug um vierzehn Uhr vierundzwanzig heute nicht geht?

BÜRGERMEISTER *wendet sich ihm zu wie ein übergeduldiger Schullehrer:* Sehen Sie mal her! *Hält sieben Finger hoch:* Wieviel Tage hat die Woche?

PROFESSOR *kleinlaut:* Sieben.

BÜRGERMEISTER *lobend:* Gut. *Deutet auf den dritten Finger:* Ist nun heute Dienstag?

PROFESSOR Nein.

BÜRGERMEISTER Sehr gut! Dann ist vielleicht heute – *deutet auf den fünften Finger* – Donnerstag?

PROFESSOR Auch nicht.

BÜRGERMEISTER Ausgezeichnet. Was gibt es noch für Tage, zum Beispiel?

PROFESSOR Zum Beispiel Samstag. *Eifrig:* Markttag!

BÜRGERMEISTER Ausgezeichnet. Ein gutes Beispiel. Ist heute Samstag?

PROFESSOR Nein.

BÜRGERMEISTER Sondern?

PROFESSOR Mittwoch!

BÜRGERMEISTER Hervorragend. Man merkt sofort, daß Sie ein Gelehrter sind ...

PROFESSOR Einer von Weltrang.

BÜRGERMEISTER Sehen Sie, das habe ich mir gleich gedacht, als ich Sie sah.

PROFESSOR Dann können Sie gewiß auch verstehen, daß zuhause Verpflichtungen großen Stils auf mich warten.

BÜRGERMEISTER Mein Gott, nichts kann ich leichter verstehen als das.

PROFESSOR Jahresberichte, die ohne meine Gegenzeichnung wertlos sind.

BÜRGERMEISTER Andrerseits verstehe ich aber auch nicht, warum Sie nicht hier übernachten.

PROFESSOR Mir als letzter Instanz obliegt außerdem die Redaktion der Blätter für angewandte Menschenkunde.

BÜRGERMEISTER Dieses ist ein zwar altes, aber ein sehr gepflegtes Haus, nicht wahr, Frau Körber?

WIRTIN Allerdings.

BÜRGERMEISTER Mit frisch gebügelter Wäsche kann man stets rechnen.

WIRTIN Es hat zwar kein fließendes Wasser, – aber es ist ruhig und sauber gelegen.

PROFESSOR Nicht zu reden von meiner Korrespondenz in alle Teile der bewohnten Welt.

BÜRGERMEISTER Und eine gute Mahlzeit versteht sie auch zuzubereiten, unsere Wirtin.

WIRTIN Meine Küche wurde seinerzeit viel gelobt.

PROFESSOR Ganz zu schweigen von meiner eigenen, privaten Arbeit.

WIRTIN Mancher Gast kam von weither, um meine Omelettes zu kosten.

BÜRGERMEISTER Und die sie kosteten, werden sie niemals vergessen.

PROFESSOR *ist bei dem Wort ›Omelettes‹ aufmerksam geworden, heuchelt zunächst noch Desinteresse:* Welcherart Omelettes?

WIRTIN *ignoriert scheinbar zunächst den Professor:* Nicht zu reden von meinen köstlichen Soufflées. Mancher muntere Gast lobte sie als die luftigsten der heimischen Bergwelt.

BÜRGERMEISTER Das Wasser läuft mir im Mund zusammen, wenn ich daran denke.

Der Professor ist verstummt und horcht auf.

WIRTIN *mit verstohlenem Blick zum Professor hin:* Na, und der Dienst beim alten Oberst hat mich manches Ungewöhnliche gelehrt, –

BÜRGERMEISTER Und auch von Weinen verstand er etwas, der alte Knabe.

WIRTIN Auch das wäre zu nichts nütze, hätte er mir nicht einige seiner besten Flaschen vererbt. *Professor tritt näher an sie heran.*

BÜRGERMEISTER Mir lacht das Herz im Leibe, wenn ich an sie denke. *Zieht die Uhr, sieht auf sie, schüttelt sie und sieht nochmals auf sie.* Ich muß gehen, so erquicklich diese Gespräche auch sind. Ich habe mich noch um mancherlei zu kümmern. *Zum Professor:* Und daher bitte ich Sie, mich für jetzt zu entschuldigen. Die Gemeinde ruft! Gewiß, sie ist nicht mehr groß. Und von Tag zu Tag, ja, von Stunde zu Stunde schmilzt sie zusammen, – dennoch will sie versorgt sein, bis zum letzten schlohweißen Mütterchen. Aber wissen Sie, diese Aufgabe gibt auch Befriedigung, wenn man ihr gerecht wird, wie ich, ein Mann der raschen aber überlegten Tat. Auch wenige Menschen bilden eine Gemeinschaft, die ihre Freuden und Leiden miteinander teilt, – wenn auch nicht gern, – oh nein, vor allem die Freuden, die naturgemäß ein jeder am liebsten für sich allein genießt. *Steht auf.* Also, dann auf später! Wir sehen uns ja bald wieder.

Zur Wirtin: Bewirten Sie ihn gut, Frau Körber! Lassen Sie unseren neuen Freund nicht fort; es wird schnell Abend bei uns. Zudem geht ja ohnehin kein Zug – *vielsagend* – zumindest kein geeigneter. *Holt Mantel, Hut und Stock vom Kleiderständer, zieht sich an und geht.*

PROFESSOR *hat dem Bürgermeister nicht zugehört, sondern gewartet, bis er mit der Wirtin sprechen kann:* Habe ich recht gehört, Frau Wirtin?! Sie haben ...

WIRTIN Aha, da hat unser Herr Professor also doch zugehört!

PROFESSOR Das Gespräch war ja nicht zu überhören.

WIRTIN Und es hat Sie auch interessiert, wie ich sehe!

PROFESSOR Der echte Gelehrte ist der Schöpfung näher als der andere. Und die Nahrung gehört zu den ersten Dingen der Schöpfung.

WIRTIN *ironisch:* Und die gute Nahrung zu den besten.

PROFESSOR Dazu kommt, daß ich hungrig bin. Sie müssen bedenken, daß ich eine anstrengende Wanderung hinter mir habe.

WIRTIN Gewiß, gewiß!

PROFESSOR Stunden innerer Sammlung, die einer großen Entdeckung dienen, vielleicht meiner letzten großen Entdeckung, aber dafür auch der größten. Sie wird meine Widersacher endgültig vernichten.

WIRTIN Na, sehen Sie! Da ist es nur natürlich, daß Sie eine Stärkung brauchen.

PROFESSOR Eine ungeheure Entdeckung, eingehüllt in eine These, deren Stichhaltigkeit kein Wohlgesinnter sich entziehen kann. Ich will sie Ihnen verraten: – *leise* – Der Mensch stammt vom Vogel ab!

WIRTIN *wie zu einem Kind, scheinbar erstaunt:* So so! – Und was wünschen Sie denn ...?

PROFESSOR Und wissen Sie auch, von welchem Vogel?

WIRTIN Nein, das weiß ich nicht.

PROFESSOR Vom Guricht!

WIRTIN *wie oben:* So? Das hätte ich nicht gedacht! Und was

ißt denn nun unser Professor am liebsten.

PROFESSOR Richtig, man muß ja auch ans Essen denken! Das vergesse ich so leicht.

Patronisierend: Nun, was kann sie uns denn zubereiten, die schmucke Wirtin?

WIRTIN Wie wär's denn zum Beispiel mit einem Kalbsfricassee mit Steinpilzen, nach Gärtnerinnenart?!

PROFESSOR Nach Gärtnerinnenart?! Das kann sie?

WIRTIN Und mehr!

PROFESSOR Mehr brauche ich nicht. Ich bin kein Vielfraß. Nur ein Genießer des Erlesenen.

WIRTIN Dem bin ich gewachsen.

PROFESSOR Wie bereitet sie es denn zu, die hübsche Wirtin?

WIRTIN Zum Beispiel mit feingewiegten Salbeiblättchen!

PROFESSOR *seine Miene erhellt sich:* Gewürzt mit zarten frischen Salbeiblättchen! *Nickt:* Oh, ja. Ich sehe ...

WIRTIN *verschmitzt:* Und ein klein wenig Thymian!

PROFESSOR *grinst:* Die Frau Wirtin versteht sich auf manches, wie? *ernst:* Aber nicht zuviel Thymian!

WIRTIN *scheinbar beleidigt:* Für was halten Sie mich!

PROFESSOR *tritt näher an sie heran:* Ich wollte ihr nicht zu nahe treten! – Und was gäb's denn dazu?

WIRTIN Dazu? Nun da wäre – – –

PROFESSOR *zwinkernd:* Ich liebe ganz junges Gemüse, – *nahe bei ihr* – vielleicht aus Ihrem Gärtchen?

WIRTIN *kokett:* Was hätte er denn da gern, – *ironisch* – unser Herr Professor?

PROFESSOR *denkt nach:* Wie wär's denn mit ... – *denkt nach* – ... mit ... *flüstert ihr ins Ohr:* junge Erbschen, wie? Petits pois? *Leise zwinkernd:* Petits petits pois?

WIRTIN *droht ihm neckisch mit dem Finger:* Professor, Professorchen!

Man hört einen Zug einfahren, die Wirtin hört ihn und spricht ein wenig lauter: Sie sind mir ja ein echter Kenner alter Schule!

PROFESSOR *kneift sie in die Wange:* Und ein wenig eingelegte Zwiebelchen!

WIRTIN *spitzt den Mund, zieht ihn am Ohr:* Und ein Messerspitzchen Koriander!

PROFESSOR *klatscht in die Hände:* Koriander, Koriander! *Der*

Zug fährt ab, er hört ihn nicht. Das kannten schon die Römer! adiciem semen coriandri, mentam, rutam, etcetera, etcetera . . .

WIRTIN Was es alles weiß, das Professorchen!

PROFESSOR *leise, hinter der Hand:* Und ein gutes Fläschchen, wie?

WIRTIN Gut gekühlt!

PROFESSOR *reibt sich die Hände:* Das hält Leib und Seele zusammen!

Wirtin will gehen, er hält sie zurück. Aber wird es auch bald fertig sein? Ich muß den Achtzehnuhrneunundfünfzig erreichen!

WIRTIN Ich werde tun, was ich kann. *Ab.*

Es wird dunkler.

PROFESSOR *sieht sich in der Stube um, sieht aus dem Fenster, öffnet das Fenster, sieht sich nochmals in der Stube um, setzt den Feldstecher an, sieht damit eine Weile angestrengt aus dem Fenster, dann ruft er leise, mit krächzender Stimme:* Hu-jii-huu! *Stille, dann ruft er lauter:* Hu-jii-huu!

Der Sargtischler schlägt die Augen auf, mustert den Professor, zieht die Uhr, sieht auf die Uhr, trinkt einen Schluck Bier, wischt sich mit dem Ärmel den Mund, wechselt die Lage und schläft weiter.

PROFESSOR *späht angestrengt mit dem Feldstecher durch das Fenster, ruft nochmals leiser:* Hu-jii-huu!

LEHRERIN *tritt ein, mit einem Stoß von Heften. Sie hat den letzten Ruf gehört und bleibt einen Augenblick unter der Tür stehen.* Es ist wie ich dachte. Sie sind nicht normal, wahrscheinlich sogar umnachtet. *Sie dreht das Licht in der Stube an, dann legt sie die Hefte auf den Tisch.*

PROFESSOR *wendet sich zu ihr um:* Ich bin ein Mann, der im Außerordentlichen zuhause ist, nicht einer, den Sie mit Ihren Maßstäben messen können.

LEHRERIN *schließt das Fenster, zieht sich den Mantel aus, etc., setzt sich vor ihre Hefte und macht sich an die Arbeit.* Worüber ich mir freilich noch nicht im Klaren bin, ist, ob Sie auch gemeingefährlich sind.

PROFESSOR Auch diesen Verdacht erfahre ich beinahe täglich. Ich nehme ihn mit Fassung hin. Ja, bald werde ich ihn sogar erwarten, als eine Bestätigung.

LEHRERIN *sieht ihn kopfschüttelnd an:* Steht er am Fenster und stößt Laute aus, als gelte es, die letzten spärlichen Einwohner zu verscheuchen.

PROFESSOR Das war nicht der Zweck. *Überlegen:* Es galt, einen großen Vogel anzulocken.

LEHRERIN In der Tat? Und welchen Vogel, wenn ich fragen darf? *Pedantisch:* Der Singvögelbestand in dieser Gegend beschränkt sich im wesentlichen auf die Amsel und den gefleckten Distelfink.

PROFESSOR Es handelt sich nicht um den Distelfink.

LEHRERIN *mit Hohn:* Was Sie nicht sagen! Schade. Sein Gesang ist lieblich, vor allem in der Abenddämmerung.

PROFESSOR Die Töne meines Vogels sind stärker als Gesang.

LEHRERIN *sehr pedantisch:* Das Raubvogelvorkommen in dieser Gegend ist gering. Und was die Zugvögel betrifft, so verdanken wir dem großen Forscher Möllendorf die Erkenntnis . . .

PROFESSOR Natürlich Möllendorf!

LEHRERIN Ein großer, ja ein einzigartiger Mann, wie man sagt, auch als Mensch. Ich hatte seinerzeit im Gemeinderat dafür gestimmt, eine Straße nach ihm zu benennen. Man gab diesem Vorschlag, angesichts der großen Bedeutung seiner Persönlichkeit für unser Naturleben, sofort statt. Leider ist die Straße verkommen, bevor es zur Namengebung kam.

PROFESSOR *gerät wieder in Erregung:* Ein Mann, der von der schöpferischen Tiefe und Kraft anderer lebt! Ein Gaukler, der sich die Oberflächlichkeit der Zeit zunutze macht! Der nichts vermag, als dem erhabenen Höhenflug eines Größeren krächzend nachzuflattern! M e i n e m Höhenflug, von den Gipfeln der anorganischen Anthropologie, deren Rätsel ich gelöst hinterlasse, hinüber zur Paläontologie, zu deren Erneuerern ich mich mit Fug zählen darf. Denn i c h habe als erster zwischen Süßwasser- und Salzwasserresten unterschieden. Möllendorf schwimmt hinterdrein, angelt in den trüben Restbeständen, meine Erkenntnisse für die reifende Jugend verwertend, die aber mit solcherlei Material zur Unreife verdammt bleibt. Indessen schwinge ich mich weiter empor, in die analytische Kühle der Ornithologie, der ich erst ihre wahre Bedeutung zu geben vermochte. *Groß und pathetisch:* Der Mensch stammt vom Vogel ab!

Die Lehrerin lacht schallend.

BÜRGERMEISTER *tritt ein:* Hier geht's ja lustig zu!

Er stampft sich den Schnee von den Schuhen, zieht den Mantel aus, etc.

LEHRERIN Lustig, ja! Das kann man sagen! *Deutet vielsagend mit dem Kopf auf den Professor.*

BÜRGERMEISTER Und unser Freund ist also auch noch hier. Das dachte ich mir doch, sehen Sie, daß Sie so bald nicht von uns loskommen.

PROFESSOR *unwillig:* Ich bin nicht freiwillig hier, das wissen Sie genau.

BÜRGERMEISTER *hat ihm nicht zugehört:* Und Fräulein Demuth? Keinen Unterricht heute nachmittag?

LEHRERIN Es war nicht mehr der Mühe wert. Nur noch vier Schüler waren anwesend.

BÜRGERMEISTER Das Dorf leert sich. Säcke und Kisten und Körbe stehen vor den Türen. Der Küster löscht die Kerzen am Altar.

LEHRERIN Und es wird kalt. Der Ofen war nicht mehr geheizt.

BÜRGERMEISTER Der Schuldiener ist verschwunden.

LEHRERIN Da habe ich denn die Kinder mit einer Schreibaufgabe beschäftigt.

BÜRGERMEISTER *setzt sich:* Sehr vernünftig!

LEHRERIN Zwanzigmal das siebte Gebot sollen sie schreiben.

BÜRGERMEISTER *erwärmt sich die Hände:* Davon wird ihnen warm. – Auch im Gemeinderat war es kalt. Der Gemeindediener Hirzel hat mit seiner Familie das Dorf verlassen. Mit dem Vierzehnuhrzweiundzwanzig ist die ganze Bagage abgedampft.

PROFESSOR *der aus dem Fenster gesehen hat, fährt herum:* Mit dem Vierzehnuhrzweiundzwanzig! Sie haben mir gesagt, er fahre nur dienstags und donnerstags.

BÜRGERMEISTER Habe ich das gesagt? Das tut mir leid. Wie dem auch sei, es ist kein schöner Zug. Offene Waggons, durch die der Wind pfeift. Befördert alles, was so an Kram und Krempel anläuft, dazu Schlachtvieh!

PROFESSOR Mir wäre es nicht mehr darauf angekommen.

BÜRGERMEISTER Abgehärtete, wetterbeständige Leute können so eine Fahrt im Viehwagen schon vertragen, und bei den Hirzels handelt es sich um solche Leute.

PROFESSOR *am Rande der Verzweiflung:* Eine Verschwörung, das ist es! Da haben sie alle ihre Hand im Spiel, alle meine Feinde und Widersacher! Möllendorf an der Spitze!

BÜRGERMEISTER *gleichgültig, zur Lehrerin:* Auch das Licht läßt nach. Aber das mag mit dem Schneefall zu tun haben.

PROFESSOR Schneefall? *Er öffnet das Fenster. Es ist inzwischen dunkel.*

LEHRERIN Daß es ausgerechnet dieses letzte Jahr so schneit!

PROFESSOR *am Fenster:* Vielleicht kommt er doch! *Er zieht ein Notizbuch, blättert darin.* Vielleicht!

Die Lehrerin macht dem Bürgermeister ein Zeichen, indem sie mit dem Kopf auf den Professor deutet.

Der Bürgermeister folgt ihrem Blick.

Vielleicht gibt es ihn, und er ist näher als ich denke. Dann wäre ich nicht umsonst hier! *Bürgermeister und Lehrerin sehen einander fragend an.* Zwar meidet er menschliche Behausungen, aber im Schnee – wer weiß – *sieht in das Buch* – das habe ich noch nicht erforscht. *Steckt das Buch ein.*

BÜRGERMEISTER Wer?

PROFESSOR *sieht aus dem Fenster:* Zudem sind das ja auch gar keine menschlichen Behausungen mehr.

LEHRERIN Von was sprechen Sie eigentlich!?

PROFESSOR *wendet sich zu ihnen um:* Von was ich spreche? Ja, da fragen Sie! Ich spreche vom Guricht! *Bürgermeister und Lehrerin sehen einander an, als wollten sie einander auf die Unzurechnungsfähigkeit des Professors hinweisen.* Davon hat Ihnen noch niemand gesprochen, wie? Auch Möllendorf nicht! Der Vogel Guricht, der tief verborgene König des Vogelreiches, seine Krone, bevor seine niedere Abart zum Menschen verkümmerte. Das war zur mittleren Eiszeit, als alles schon so gut wie verloren war. Schon damals machte die Schöpfung die entscheidenden Fehler, die auch ein Möllendorf oder ein Esterhazy nicht mehr vertuschen können! *Bürgermeister und Lehrerin machen einander Zeichen.* Im fallenden Jahr – *besinnt sich* – nein, nicht fallenden Jahr, – später: bei Winterbeginn hält er sich gern in vorgebirglichen Sumpfgebieten auf, zwar selten in der Nähe menschlicher Behausungen, aber – *grimmig* – dieses Kaff kann man ja schon keine menschliche Behausung mehr nennen. Da mag er denn – wenn die Lichter erlöschen – heranstelzen – *besinnt sich* – nein er stelzt nicht! Er wandelt, – *nickt bestätigend* – ja, er wandelt. Er ist ein Wandelvogel. Da mag er denn heranwandeln, wenn es dunkelt –, ein ungeheuerliches Tier, schwarz mit weißem – *zögert* – oder nein – *besinnt sich* – vielleicht mit weißgrauem Säbelschnabel? *Überlegt* – Nein, er ist ein Scherenschnäbler, – *überlegt* – ein riesenhafter Wandelfüßler, – *gibt die Größe an* – So groß! Nein! – *Korrigiert sich* – Größer noch, ja, viel größer! *Trumpft auf* – Ein Meter fünfundsiebzig, ausgewachsen und aufrecht! – *Beginnt, den Vogel zu spielen.* Langsam nähert er sich, allein oder in großen Horden – *besinnt sich* – nein: in kleineren Gruppen, vielleicht zu viert oder fünft! Schon von weitem vernimmt man seinen klagenden Ruf. *Er ruft verhalten:* Hu-jii-huu!

Der Sargtischler schlägt die Augen auf, verfolgt das Gebaren des Professors einen Augenblick lang, trinkt einen Schluck, wischt sich den Mund, schläft weiter.

Dann wartet er, scharrt ein wenig, stellt sich vielleicht gar auf ein Bein – *stellt sich auf ein Bein* – sieht sich nach einem Echo um, das nicht erfolgt, und plötzlich ruft er laut: – *laut* – Hu-jii-huu, hu-jii-hu!

WIRTIN *tritt ein, mit Schürze, einem Tischtuch, Besteck, Geschirr, Servietten. Erschrocken:* Was ist geschehen?!

PROFESSOR *bemerkt sie nicht:* Wieder wartet er. Aber es erfolgt nichts. Das Gelände ist tot, ausgestorben wie der Mond. Dann hüpft er – *er hüpft, hält inne, überlegt* – nein: er hüpft nicht, er wandelt. *Wandelt* – Er wandelt näher und flattert auf! *Besinnt sich* – Nein: er flattert nicht, er fliegt, er schwebt, mit Eckflügeln und Schulterfittichen. Seine Spannweite ist groß, – *demonstriert die Spannweite* – sie ist ungeheuerlich. Sie ist – *trumpft auf* – ein Meter neunzig! Er schwebt, knapp über dem Boden, sein gewaltiger Flügelschlag rührt die Luft auf, Blätter und Zweige werden vom Wirbelsturm ergriffen, bilden eine Wolke um ihn. *Er macht gewaltige, groteske Fliegebewegungen, so daß alle erschrecken, und sich in eine Ecke drängen, außer dem Sargtischler, der wieder aufgewacht ist und den Professor genau beobachtet.* Hu-jii-huu! Hu-jii-huu, hu-jii-huu!!

BÜRGERMEISTER Er ist wahnsinnig.

LEHRERIN Das sage ich doch. Aber hoffentlich nicht gefährlich.

BÜRGERMEISTER Aber reif für die Anstalt.

WIRTIN Er hat vielleicht Hunger!

PROFESSOR Hunger? Nein. Er findet genug unter der Oberfläche. Er lebt von Keimen, von Samenkörnern, von den Wurzeln alles Seins und Gedeihens. *Zu sich:* Ist er auch Fleischfresser? *Pause.* Nein. Menschenleben bedroht er nur, wenn er sich angegriffen fühlt. Dann hackt er mit klapperndem Scherenschnabel! *Demonstriert es. Den anderen außer dem Sargtischler wird es unheimlich.* Sie alle hier wären bedroht.

BÜRGERMEISTER *überspielt Unbehagen mit Spott:* Wir greifen ihn doch gar nicht an, nicht wahr, Fräulein Demuth?

LEHRERIN Wir werden uns hüten!

BÜRGERMEISTER Wir denken gar nicht daran. Wir freuen uns an ihm.

PROFESSOR *aggressiv:* Ich sagte, wenn er sich angegriffen fühlt! Auf sein Gefühl kommt es an.

LEHRERIN Ein fühlender Vogel. Ein Fühlvogel.

WIRTIN Nun aber genug von Ihrem Vogel. Sie sind ja schon ganz erschöpft! Und jung sind Sie schließlich auch nicht mehr. Setzen Sie sich hin! Das Essen ist gleich fertig. Und öffnen Sie nicht immer das Fenster! *Sie schließt es.* Es schneit ja herein! *Sie deckt den Tisch und geht wieder ab.*

BÜRGERMEISTER *klopft dem Professor auf die Schulter:* Und wo, sagten Sie, Bester, ist dieses possierliche Tierchen zu finden?

LEHRERIN Haben Sie es etwa zuhause im Käfig, das hübsche Vögelchen?

BÜRGERMEISTER Wann dürfen wir es erwarten?

PROFESSOR *unwillig:* Wann? Wo? Ich bin Forscher! Ich bin nicht Gott!

LEHRERIN Wirklich nicht? Ich hätte geschworen, Sie sind . . .

BÜRGERMEISTER Sie sehen ihm aber zum Verwechseln ähnlich.

LEHRERIN Vor allem im Profil!

BÜRGERMEISTER Zeigen Sie mal her! *Betrachtet ihn im Profil.* Tatsächlich. Genau! Wie aus dem Gesicht geschnitten!

PROFESSOR *inzwischen gleitet Spott an ihm ab. Mit lächerlichem Pathos:* Aber ich bin auserwählt, ja, das bin ich! Ausersehen, Platz zu schaffen für die Rückkehr des Vogels aller Vögel. Ich werde an der Spitze schreiten, wenn er kommt und Besitz ergreifen von den Gebieten, die ehemals die seinen waren! *Er zieht ein Notizbuch hervor und macht eine Eintragung, indem er sich tief über das Buch beugt.*

BÜRGERMEISTER *des Spaßes müde, wendet sich ab:* Gesprochen wie ein Mann! Bravo, bravo! *Sieht auf die Uhr, schüttelt sie.* Wir sollten uns fertig machen, wenn wir zur Sitzung wollen. Der Achtzehnuhrneunundfünfzig ist immer pünktlich. *Steht auf.*
Die Lehrerin steht auf.

PROFESSOR *hat sein Notizbuch wieder eingesteckt, steigert sich von jetzt ab in Ekstase:* Ich werde mich in seinen Dienst stellen und seine Stellung auf der Erde verteidigen gegen alle Vogelsteller, alle Leugner und Lügner!

LEHRERIN *zieht sich den Mantel an:* Aber geht auch wieder ein Zug zurück?

BÜRGERMEISTER *zieht sich den Mantel an:* Wenn nicht, so übernachten wir in Klagebiel.

PROFESSOR Sie werden vor seinem schwarzen Federkleid niedergehen, seinen Sporn küssen, alle wie sie da sind, – Möllendorf, Esterhazy und Kuhnreuther – werden zähneknirschend ihr Versagen eingestehen und sich anderen Gebieten ihrer kärglichen Welt zuwenden müssen, – *man hört einen Zug kommen* – während ich vor dem Weltausschuß stehe, von Wesen und Herkunft meines Vogels berichte!

BÜRGERMEISTER Der Zug fährt ein. Gehen wir?

LEHRERIN Gehen wir!

WIRTIN *tritt ein, mit Schüsseln und Flaschen, zu Bürgermeister und Lehrerin:* Gehen Sie schon?

LEHRERIN Zur Sitzung.

PROFESSOR *hat den Vorgang nicht wahrgenommen. Er hat sich eine Serviette vorgebunden – er sieht sehr lächerlich aus*

– sich hinter den Tisch gestellt und an sein Glas geklopft. Er sieht sich triumphierend um und spricht sehr laut: Meine Damen und Herren! *Inzwischen ist der Zug quietschend eingefahren.*

BÜRGERMEISTER UND LEHRERIN *klatschen im Abgehen Beifall:* Bravo, bravo! *Laut lachend ab.*

PROFESSOR *verbeugt sich, wehrt lächelnd mit der Hand ab:* Danke, danke! *Räuspert sich:* Meine Damen und Herren! Lassen Sie mich zunächst meiner Befriedigung darüber Ausdruck geben, im Rahmen eines *– er blickt sich lächelnd um –* derartig erlesenen, ja illustren Kreises das Ergebnis meiner letzten Forschungen darlegen zu dürfen. Wie ich vor nunmehr vierzehn Jahren habe voraussagen können –. . .

WIRTIN *kopfschüttelnd:* Das Essen wird kalt!

PROFESSOR . . . und schon damals befand ich mich im Kampf gegen einen kleinen aber hartnäckigen Kreis mißgünstiger Kollegen, von denen sich freilich die meisten sehr bald als ganz gemeine, ja niederträchtige Ehrabschneider, andere wieder als noch gemeinere Rufmörder. . .

Das Fenster wird von außen aufgestoßen und

BÜRGERMEISTER UND LEHRERIN *sehen durch das Fenster, lachen schallend:* Bravo! Bravo! Hoch soll er leben! *Ab.*

WIRTIN *schließt lächelnd das Fenster:* Immer lustig! Wie die Kinder!

PROFESSOR *verneigt sich zum Fenster hin:* Danke, danke, meine Freunde! *Wieder mit Pathos:* . . . die meisten also als Ehrabschneider, andere als Rufmörder, wieder andere als beides vereint, von diesen etwa die Hälfte als Ignoranten, davon ein Teil als Scharlatane herausstellen sollten, die keine Mühe scheuten, einer allem falschen Schein abholden und öffentliche Anerkennung verschmähenden Forscherpersönlichkeit Stein nach Stein auf den ohnehin schon entsagungsreichen Weg zu legen, den er beschritten hatte, als er, kaum den Knabenschuhen entwachsen und noch vor den Pforten des Jünglingsalters, erschöpfende Studien vollendet habend, einer inneren Stimme folgend, anzutreten das von höheren Instanzen vorbestimmte Schicksal hatte. . . *Man hört das Pfeifen und das quietschende Anfahren des Zuges. Der Professor hält zutiefst erschrocken inne und fragt fassungslos:* Was ist das? *Pause.*

WIRTIN *hat ihr Strickzeug wieder aufgenommen, blickt kurz auf:* So setzen Sie sich doch endlich hin. Das Essen wird kalt, der Wein wird warm.

Der Sargtischler ist vom Pfeifen der Lokomotive wieder aufgewacht, trinkt einen Schluck und beobachtet von nun an den Professor.

PROFESSOR *tonlos:* Was war das?! *Sieht sich um.* Wo bin ich denn überhaupt? – Bin ich etwa noch immer in. . . *Sieht die Wirtin an. Sie strickt.* Der Zug?! – Achtzehn Uhr neunundfünfzig! – Bedeutet das. . .? *Sieht die Wirtin an. Sie strickt.* . . daß ich auch diesen – letzten – Zug versäumt habe? *Pause.* Versäumt. Alles hinfällig! *Geht ziellos in der Stube umher.* Mein Vortrag heute abend vor dem kalten Büffet der Ehrengesellschaft zur Wahrung der Wissenschaft – der Empfang beim Gremium in Gegenwart des diplomatischen Corps – hinfällig! Alles hinfällig! Und morgen vormittag die Antrittsvorlesung vor dem Forschungszentrum für Erdoberflächenvermittlung unter Beisein des Weltsicherheitsrates . . . alles hinfällig. Gestrandet! Ich, Professor Karl Wilhelm Alexander von Scholz-Babelhaus bin – *schluchzend* – in diesem elenden Nest gestrandet!

WIRTIN *sieht auf, sachlich:* Es heißt Dohlenmoos. Ich weiß nicht, wie viele Male man Ihnen das heute schon gesagt hat. Und Sie sollten sich endlich beruhigen. Eine kleine Verspätung kann doch einem Mann, wie Sie es sind, nichts anhaben!

PROFESSOR *sinkt erschöpft und völlig vernichtet auf einen Stuhl:* Nein. Sie kann mir nichts anhaben.

WIRTIN Ein Mann wie Sie gerät doch nicht so schnell in Vergessenheit.

PROFESSOR *nickt, vernichtet:* Da haben Sie recht. Ich kann nicht in Vergessenheit geraten.

WIRTIN *beim Stricken, immer unbeteiligt, quasi automatisch:* Na also!

PROFESSOR *nickt:* Na also!

WIRTIN Ein Mitglied der schwedischen Adademie der schönen Wissenschaften.

PROFESSOR *schüttelt den Kopf:* Meine Mitgliedschaft wurde

seinerzeit abgelehnt.

WIRTIN So etwas kann dem berühmtesten Gelehrten geschehen.

PROFESSOR Ich bin nicht der berühmteste Gelehrte.

WIRTIN Man muß ja auch nicht gleich der berühmteste sein.

PROFESSOR Ich bin überhaupt kein berühmter Gelehrter.

WIRTIN Aber immerhin doch ein Mann mit Titeln und Orden verziert.

PROFESSOR Mich ziert kein Titel oder Orden.

WIRTIN Andere Auszeichnungen, Mitgliedschaften. . .

PROFESSOR Nichts. Alles erfunden, mit leeren Händen, aus der leeren Luft gegriffen.

WIRTIN Auch der bedeutendste Mensch wird verkannt.

PROFESSOR Ich bin der unbedeutendste Mensch, der jämmerlichste.

WIRTIN Immerhin ein Forscher von Rang.

PROFESSOR Von welchem Rang ab darf man sich Forscher nennen?

WIRTIN Sie haben sich bewundernswerte Kenntnisse angeeignet.

PROFESSOR Keiner bewundert sie.

WIRTIN So schlimm wird es nicht sein.

PROFESSOR Schlimmer noch. Kein Gelehrter hat sich je mit mir eingelassen.

WIRTIN Eifersucht.

PROFESSOR Noch nicht einmal das habe ich jemals erregt.

WIRTIN Sie haben sich namhafte Feinde gemacht.

PROFESSOR Ich habe keinen einzigen guten Feind.

WIRTIN Möllendorf, oder wie er heißt. . .

PROFESSOR Ich habe ihn erfunden.

WIRTIN So etwas will auch erfunden sein.

PROFESSOR So wie Esterhazy und Kuhnreuther.

WIRTIN Kann man denn die erfinden?

PROFESSOR Ich habe mich an klingenden Feindesnamen emporzuranken versucht.

WIRTIN Aber Sie sind dafür aus schöner, alter Familie.

PROFESSOR Ich bin aus keinerlei Familie. Mein Vater war Buchhalter.

WIRTIN Das muß es auch geben.

PROFESSOR Kleinster Abkunft.

WIRTIN Das ist keine Schande.

PROFESSOR Ich war – *improvisiert* – Weihnachtsmann in einem Warenhaus. . .

WIRTIN So etwas erfreut die Kleinen.

PROFESSOR . . . oder auch der hintere Teil eines Esels im Zirkus. . .

WIRTIN Das ist sogar etwas für Erwachsene.

PROFESSOR Entlassen.

WIRTIN Was Sie nicht sagen!

PROFESSOR Mein Hang zu Trunksucht! Zu Völlerei!

WIRTIN Ich dachte mir gleich, der lebt gern gut!

PROFESSOR Mit Schimpf und Schande fortgejagt!

WIRTIN Tatsächlich!

PROFESSOR Geld hatte ich entwendet.

WIRTIN Schämen Sie sich.

PROFESSOR Ich wollte die Geheimnisse der Welt erforschen, die verborgene Natur entdecken!

WIRTIN Das ist durchaus ehrenhaft.

PROFESSOR Aber ich habe nichts erforscht, nichts entdeckt. Alles war erforscht, entdeckt, vom Größten bis zum Kleinsten. Da habe ich Entdeckungen erdacht, mir aus den zehn Fingern gesogen, habe Akademien bestürmt, in dröhnenden Aufsätzen, habe gegen Widersacher gewettert, widerlegt, was ich las, habe Thesen an die Türen der Hochschulen und Institute angeschlagen. Und wissen Sie, was geschah?

WIRTIN Man hat Sie ausgelacht und eingesperrt!

PROFESSOR Schlimmer! Alles, was ich in der Qual schlafloser Nächte ersonnen hatte, gab es schon, sowohl das Erdachte als auch das Widerlegte! Nur war es von anderen entdeckt worden. Andere hatten die Kerne gespalten, die Schriften entziffert, die Meere vermessen, Gehalte bestimmt, die Körper zerlegt, die Räume erforscht, die Stille genormt, die Mitte gefunden, die Formel erdacht. . .

WIRTIN *kopfschüttelnd:* Ich werde Ihnen ein Bett richten.

PROFESSOR So mußte ich denn zum Äußersten greifen: das ist der Guricht! Meine letzte Erfindung, der Schwanengesang eines Gescheiterten. *Völlig zermürbt:* Was sage ich? Schwanengesang? – Das Dohlengekrächz, der erstickte Ruf des Versinkenden im Morast! Der Guricht. Ich habe ihn mir mit Mühe und Schweiß erdacht, ihn beschrieben, bestimmt, begründet, untermauert, ihn gezeichnet und gemalt und gemessen, mit Träumen gestopft, gemästet, aber es nützt nichts. Man wird ihn mir nicht abnehmen, ich habe alles verwirkt.

WIRTIN Sie sollten zu Bett gehen.

PROFESSOR Ja – das Bett. Der letzte Hafen des Versagers.

WIRTIN Ich verstehe ohnehin Ihre Eile nicht.

PROFESSOR Ich habe keine Eile mehr. Ich habe den letzten Zug versäumt. Achtzehn Uhr neunundfünfzig. Eine gute Zeit für den tiefsten Punkt.

WIRTIN Wenn der tiefste Punkt erreicht ist, kann es nur aufwärts gehen.

PROFESSOR *schenkt sich ein Glas voll ein, stürzt es herunter:* Mein letzter Widersacher war die Eisenbahn, mein letzter Freund der Schlaf. Wenn er nur ein wenig endgültiger wäre! Aber – *er trinkt* – es sind die Umstände, an denen ich zugrunde gehe! Ich bin es nicht selbst!

WIRTIN *nickt gelangweilt:* Ein guter Trost!

PROFESSOR *steht auf:* Ich war groß angelegt, oh ja, größer als mancher andere. Ich hätte auch anderes werden können als Forscher.

WIRTIN *trocken:* Sie sind ja auch etwas anderes geworden.

PROFESSOR Ein Herrscher mit samtener Faust und stählernem Weitblick.

WIRTIN *trocken, strickend:* Es wird bereits alles beherrscht.

PROFESSOR *beginnt in der Stube umherzulaufen:* Ein Weltumsegler!

WIRTIN Es ist alles umsegelt.

PROFESSOR Nein. Da gibt es Kontinente – das Weiße auf dem Globus – Landstriche, Schneestriche, wo ewige Nacht herrscht. Dort den Tag einzuführen, so wie Drake die Kartoffel in Europa, – das wäre eine Aufgabe für mich gewesen. . .

WIRTIN *gelangweilt:* Gewiß, das wäre eine Mannesaufgabe gewesen.

Der Sargtischler erhebt sich während des Folgenden, langsam, schwer und ächzend, streckt und dehnt sich stöhnend, wankt zum Tisch, setzt sich behäbig hin, bindet sich eine Serviette vor, prüft Messer und Gabel in seinen Hän-

den, schenkt sich aus einer Flasche ein – es ist Bier – legt sich Essen auf – es sind Knödel und Leberkäs – und beginnt, gemächlich zu essen.

PROFESSOR *torkelt kläglich und kurzsichtig, immer mit vorgebundener Serviette, in der Stube umher:* . . . einen Archipel am Golfstrom, mit versteinerten Urwäldern, in denen nichts als ein altes Echo haust – oder bärtig lachend und gebräunt, im Kreis der Vermesser im Winterquartier am Westpol bei eisknisternder Nacht – *torkelt weiter* – oder – oder – *bleibt vor dem Bild stehen* – oder auch Maler, ja warum nicht? Vision bändigen – in zwei Dimensionen bannen und sich mit dem Lächeln des Wissenden über die Zukunft der Künste ausschweigen!

WIRTIN *strickt, automatisch:* Ja, das will alles gelernt sein.

PROFESSOR *sinkt auf den Stuhl vor dem Klavier:* Oder Pianist, Virtuos! Auch dazu hätte ich das Zeug gehabt. Die Vormittage voller geduldiger Tonleitern, die Geheimnisse jeglicher Weltgeltung, – die Nachmittage hinter den Portieren der aussterbenden Salons, ein marmorner Chopin für herrliche, seidenknisternde Damen. . .

WIRTIN *sieht aus dem Fenster:* Wie es schneit!

PROFESSOR Und nachts mit müden Mundwinkeln Lorbeeren zurückweisen, weil man der Welt gehört, – alles – alles hätte ich werden können, aber ich habe den letzten Zug versäumt!

Er schlägt mit großer Wucht und Wut ein paar dröhnende, entsetzlich falsche Akkorde an, sein Kopf sinkt auf die Tasten, in hilfloser, theatralischer Verzweiflung.

WIRTIN *sieht aus dem Fenster:* Große, nasse Flocken.

SARGTISCHLER *wendet sich zum Fenster, sieht hinaus, wendet sich wieder dem Essen zu, spricht kauend und schluckend, sich an niemand Bestimmten wendend:* Ja, also – mein Vater war Totengräber, wie sein Vater vor ihm und dessen Vater und Vatersvater, hier ansässig von eh und je, eine alte Gräberfamilie, Hyrzel mit y. *Nimmt einen Bissen.* Aber ich wollte nicht Totengräber werden, nein. Graben ist nicht mein Fall, je mehr man von einem Loch wegnimmt, um so größer wird es. *Streut Salz.* Ich wollte etwas Rechtes lernen, Schädel und Knochen und Erde waren meine Sache nicht, das heißt, Schädel schon, auch Kno-

chen, wenn sie nicht zu grob sind, aber Erde nicht. *Trinkt einen Schluck mit Genuß, ißt.* Und so entschied ich mich für die Sargtischlerei, ein altes Gewerbe seit den Tagen der Pest. *Wischt sich den Mund.* Ich ging zu dem berühmten Hirzel in die Lehre, Hirzel mit i. Damals waren seine Särge die begehrtesten seiner Zeit, er lieferte bis tief hinunter ins Wührener Land, damals, vor allem zur Zeit der großen Grippen. *Er zerlegt ein großes Stück Fleisch und ißt mit Genuß.*
Damals –
Die Wirtin hat währenddessen ihr Strickzeug weggelegt, einen Stuhl herangezogen und sich dem Sargtischler gegenüber gesetzt, sich Bier eingeschenkt und sich mit Essen bedient.

SARGTISCHLER *beim Essen:* Bald mußte ich die gichtigen Finger meines verehrten Meisters entlasten. Mein Meisterwerk war denn auch der Sarg für die Gräfin Bühlacker. Sie starb, hochbetagt, zweiundneunzigjährig, an einem Jagdunfall, angefallen, von einem wütenden Eber, der damals noch in unseren Wäldern sein Wesen trieb und sie in die Wade biß. *Ißt.* Blutvergiftung. *Trinkt.* Exitus!
Der Professor richtet sich plötzlich auf, sieht sich um und horcht.
Die Wirtin ißt.
Der Sargtischler lächelt in Erinnerung: Mein Sarg! Außen transsylvanisches Palisander, verziert mit blanken Messingknöpfen und Perlmutterintarsien. Sie stellten die zehn Plagen und die sieben Todsünden dar. . . *behaglicher Bissen* – immer abwechselnd: Plage – Todsünde – Plage – Todsünde – Plage – Todsünde und zum Schluß Plage – Plage – Plage, denn es gab mehr Plagen als Todsünden. *Er trinkt.* So ist es auch heute noch, das wenigstens hat sich nicht geändert.
Der Professor erhebt sich langsam, schleicht vorsichtig zum Fenster, setzt den Feldstecher an und beobachtet angestrengt.

SARGTISCHLER Das Sarginnere war weich gepolstert und mit hellblauer Seide beschlagen und geknöpft. Der Deckel barg einen Spiegel für den letzten Blick der Toten. *Trinkt mit Genuß.* Es war ein einzigartiger Sarg. Ich wollte ihn nicht aus den Händen geben. Nach hartem Hin und Her mit den schwergeprüften Hinterbliebenen machte ich einen anderen, nicht minder glanzvollen Sarg für sie. Es war aber auch höchste Zeit. Das Original jedoch behielt ich für mich. Es soll für mich sein, oder aber – *mit Bedeutung* – für einen, der besser ist als ich. Ich habe ihn bei mir, wo immer ich bin. *Klopft an einen Sarg, der unter der Bank steht. Er ißt weiter.*

Die Wirtin ißt. Man hört eine Sekunde lang nur das Klappern des Bestecks.

PROFESSOR *zischt plötzlich:* Still!! *Es herrscht absolute Stille. Der Professor sieht aus dem Fenster, horcht, wendet sich ab, sieht im Raum umher, nach oben, immer horchend. Pause. Plötzlich ertönt von draußen das Getöse eines einstürzenden Gebäudes.*

WIRTIN *sieht aus dem Fenster, ohne aufzustehen:* Der Bahnhof ist eingestürzt. *Sie und der Sargtischler essen weiter.* Er war schon lange fällig. *Sie essen.* Und so gut wie überflüssig. *Sie essen stumm.*

PROFESSOR *sieht sich um, leise:* Der Guricht?! *Er setzt den Feldstecher an und sieht aus dem Fenster.*

Zweiter Teil

Dasselbe Bild wie zuvor. Es ist vormittag. Der Professor steht unbewegt, in der gleichen Haltung wie zuvor, am Fenster und späht mit dem Feldstecher hinaus. Wirtin und Sargtischler sitzen, schlafend in sich zusammengesunken, vor den Resten der Mahlzeit und leeren Flaschen. Ein paar Sekunden lang herrscht absolute Stille. Dann hört man von fern angeheiterten Gesang: es sind der Bürgermeister und die Lehrerin, die sich nähern.

BÜRGERMEISTER *erscheint am Fenster:* Ja, wahrhaftig, da steht er ja noch, unser lustiger Vogelsteller.

LEHRERIN *erscheint am Fenster:* Ja, da steht er. Der einzige Gelehrte von Bedeutung, den unser erbärmliches Jahrhundert hervorgebracht hat!

BÜRGERMEISTER Nun – und das Vögelchen? Wo haben wir es denn? Im Sack?

LEHRERIN War da? Und ist wieder fortgeflogen?

BÜRGERMEISTER Fortgeflattert! *Imitiert Flattern.*

LEHRERIN Nein, geflogen! *Imitiert Fliegen.*

BÜRGERMEISTER Laut krächzend!

LEHRERIN Nein, zwitschernd! Tirili-tirili!

BÜRGERMEISTER *krächzt:* Kraaaa!

LEHRERIN *klatscht in die Hände:* Husch husch! *Verschwindet vom Fenster.*

BÜRGERMEISTER *imitiert Schießen:* Piff paff! *Er schwingt sich ins Zimmer, steht vor dem Professor und besieht ihn von oben bis unten.* So ist's recht! Immer mit Würde und Anstand! Zum Standbild erstarrt, ein Monument! *Lacht.* Man sollte ihn in Bronze gießen.

LEHRERIN *ist eingetreten:* Erz ist besser. Es hält den Gezeiten besser stand.

PROFESSOR *setzt den Feldstecher ab, wendet sich um und spricht zu niemandem Bestimmten. Sein Ton ist ernsthaft und natürlich:* Ich habe ihn gehört. *Modifizierende Geste.* Nein –, gehört, das ist schon zu viel gesagt. Gespürt habe ich ihn. *Überlegt.* Nein, noch nicht einmal das. Nicht ihn. Nur die Schwingungen, die Wellen in der Luft, die sein

Flügelschlag verursacht. *Erläutert:* Er ist sehr sanft, und sehr kraftvoll zugleich! *Er setzt sich hin, Lehrerin und Bürgermeister betrachten ihn amüsiert und erstaunt.* Es müssen wohl mehrere gewesen sein, es kam von vielen Seiten. Eine Art Wind. Jetzt hat es nachgelassen, hat sogar aufgehört. *Pause.* Jetzt heißt es warten. Ich habe warten gelernt, es ist nicht schwer, wenn man den Willen hat, den Willen zu warten! Beispiel: – *überlegt* – Ja: der heilige Franziskus saß vier Tage und drei Nächte auf einem Kirschbaum und ließ einen gemeinen Waldsperling an seinem Finger picken, weil er die Borkenwürmer vor ihm gerettet hatte. Er wartete. *Pause.* Das ist ein gutes Beispiel. *Pause.* Aber: auf was wartete er eigentlich? *Denkt nach.* Ich habe es vergessen. *Zu Bürgermeister und Lehrerin:* Sie sehen mich an? Auch Sie warten, nicht wahr? Sie erwarten, daß etwas nicht geschehe, was aber geschehen wird. *Überlegt:* Geschehen wird? *Modifiziert:* Nun, wahrscheinlich geschehen wird! Ich kann mich irren. Auch der größte Mensch kann sich irren. Aber ich bin ja nicht der Größte, ich bin der Kleinste, einer der Kleinsten. *Bürgermeister und Lehrerin sehen einander erstaunt an.* Ein Beispiel für Irrtum: – *überlegt* – Ja: als Napoleon die erste Dampfwalze sah, rief er aus: ›Jetzt können wir nimmermehr einen Krieg verlieren!‹ *Pause. Bürgermeister und Lehrerin lachen.* Das ist sogar gar kein schlechtes Beispiel! *Zieht sein Notizbuch hervor.* Denn was dann geschah, das wissen Sie ja wohl! *Bedauernd:* Mir ist es leider in den Einzelheiten entfallen. *Macht eine Eintragung, währenddessen:* Ja, entfallen, wie das meiste, was vorher geschah, und seitdem geschehen ist. Wie gut, daß es alles nicht wichtig ist.

BÜRGERMEISTER *hat sich gelangweilt abgewandt, deutet auf die schlafende Wirtin:* Und unsere gute, rechtschaffene Wirtin! Zuguterletzt über dem Essen eingeschlafen! *Sieht auf die Reste der Mahlzeit.* Das Übliche! *Hebt den Deckel von einer Schüssel.* Ein letzter kalter Knödel klebt an der Schüssel.

LEHRERIN Pfui! *Sie hat sich ernüchtert vom Professor abgewandt und an den Ofen gestellt, an dem sie sich die Hände zu wärmen versucht.* Sie sollten sie aufwecken, Herr Geiser. Es wird kalt hier. *Unwillig:* Wenn es kalt ist, ist es immer am Morgen am kältesten. Man sieht so weit, und alles, was man sieht, ist kalt. *Verkatert:* Ich fühle mich beklemmt. Es breitet sich etwas aus in mir.

BÜRGERMEISTER Das nennt man Nüchternheit.

LEHRERIN Ein häßliches Wort.

BÜRGERMEISTER Ein häßlicher Zustand. Da hilft nur eines: etwas trinken.

LEHRERIN Ich war es nicht gewohnt. Jetzt schmerzt mir der Kopf. *Sie klammert sich an den Ofen.* Und mir wird jämmerlich kalt. Ich brauche Sonne. *Sieht hinaus.* Sie ist fahl, verbirgt sich hinter Tierkreiszeichen.

BÜRGERMEISTER Dafür haben Sie jetzt keine Schüler mehr. Sie sind entlastet, haben Zeit. Viel schöne Zeit.

LEHRERIN Ja, ich werde meine Kleinen vermissen. Sie waren mir ans Herz gewachsen. Aber meine Entfaltung haben sie behindert, das ist wahr.

BÜRGERMEISTER All das kommt jetzt.

LEHRERIN Jetzt? Was kommt jetzt?! – So wecken Sie doch endlich die Wirtin!

BÜRGERMEISTER *schüttelt die Wirtin:* Frau Körber! Aufwachen! Wir sind wieder da!

LEHRERIN Die Letzten im Ort.

Der Professor hat die Eintragung beendet, horcht auf.

WIRTIN *wacht schwer auf:* Schon zurück?

BÜRGERMEISTER Es ging schnell, mit der Tagesordnung, diesmal.

WIRTIN *schlägt die Augen auf, sieht sich um:* Es ist ja schon Tag!

LEHRERIN Tiefer Tag!

WIRTIN *sieht sich um:* Donnerstag. Und Sie sind erst jetzt zurückgekehrt?

BÜRGERMEISTER Ja, es hat lang gedauert mit der Tagesordnung, diesmal.

WIRTIN *faßt sich allmählich:* War die Sitzung interessant?

BÜRGERMEISTER Hochinteressant. Der Landrat war selbst zugegen.

LEHRERIN Gekleidet wie ein Traum.

BÜRGERMEISTER Hatte der Sitzung zuliebe ein Schlachtfest abgesagt.

LEHRERIN Er zeigte tiefes Verständnis für die Nöte der Natur.

BÜRGERMEISTER Und auch für die der Gemeinden.

LEHRERIN Etwas weniger. Aber immer noch genug. Er ist ein passionierter Jäger.

BÜRGERMEISTER Und wissen Sie, was er sagte? Er sagte – und seine Stimme zitterte merklich ... *Zur Lehrerin:* Was sagte er noch?

WIRTIN *hat nicht zugehört, ist aufgestanden und deutet aus dem Fenster:* Haben Sie gesehen? Inzwischen ist der Bahnhof eingestürzt.

BÜRGERMEISTER *sieht aus dem Fenster:* Jetzt steht nur noch die Bedürfnisanstalt.

LEHRERIN Pfui! Man sollte sie entfernen.

BÜRGERMEISTER Entfernen? Wozu? Soll sie stehen, als Erinnerung, bis sie einstürzt. Sie wird ja nicht mehr benützt. Dieses Dorf hat keine Bewohner mehr. Es ist leer.

PROFESSOR *angeregt:* Sind Sie sicher, daß es völlig leer ist?

BÜRGERMEISTER *beachtet ihn nicht:* Keine Gemeinde mehr zu besorgen, keine Kinder zu betreuen, keine Gäste mehr zu bewirten. Die Häuser ausgestorben, hinter den Fenstern ist es schwarz.

WIRTIN Niemand mehr im Dorf!

BÜRGERMEISTER Außer uns.

WIRTIN Und wir? Was tun wir?

PROFESSOR *eifrig, beinahe erregt:* Jetzt darf ich mich einmischen!

BÜRGERMEISTER Sie?! Nein, das dürfen Sie nicht.

LEHRERIN Was geht es Sie an!

PROFESSOR *unbeirrt:* Was tun wir? – Oder, anders formuliert: was sollen wir tun? Eine schöne, reiche Frage, eine ergiebige Frage, auf die es viele köstliche Antworten gibt, einen ganzen Wald voll Antworten. Aber – *sachlich* – je länger man die Frage vor sich herschiebt, desto lichter wird es im Wald der Antworten. Und schließlich kommt der Punkt, da man sich vergeblich nach einer Antwort umsieht, denn es sind keine mehr da, keine außer der einen, die sich vor einem auftürmt. Sie hier, Sie sind an dem Punkt angelangt. Für Sie gibt es nur eine Antwort: Sie müssen fort.

Die anderen sehen einander sprachlos an.

Bleiben Sie hier, so gibt es außer den gewaltsameren Möglichkeiten – als da sind Mord oder Totschlag – nur zwei Arten einer Zukunft. Entweder Sie verhungern oder Sie erfrieren. Beides sind keine wünschenswerten Zukünfte, – *diabolisch-sachlich* – obgleich – das muß ich der Ordnung halber erwähnen – die Erfrorenen steif und fest behaupten, ihr Tod sei dem der Verhungerten vorzuziehen. Woher sie diese Kenntnis beziehen, weiß ich nicht, denn sie sind ja nicht verhungert, sondern erfroren. Dennoch, wenn Sie mich fragen, ich persönlich neige zu dieser ihrer Auffassung. Beim Erfrierenden verhärtet sich der Körper zu einem kristallenen Palast, in dessen Flüchten das Blut zu rubinernen Ketten gerinnt. Der Verhungernde dagegen verdorrt und verfault, indem ...

LEHRERIN Wie lange sollen wir uns das anhören?! Frau Körber, machen Sie von Ihrem Recht Gebrauch!

WIRTIN *zum Bürgermeister:* Herr Geiser, helfen Sie mir!

BÜRGERMEISTER *hat sich drohend dem Professor genähert:* Genug! Ich fordere Sie auf, dieses Haus zu verlassen.

PROFESSOR *ist ein wenig zurückgewichen, aber immer noch unbeirrt:* Muß ich Ihren unmutigen Ausrufen entnehmen, daß Sie dieses Thema beunruhigt? Wenn ich mich nicht täusche, so haben Sie selbst es angeschnitten. Und daher bleibt mein Rat: verlassen Sie dieses Haus, bevor es einstürzt! Sehen Sie! *Deutet auf die Wand:* Risse hat es schon.

WIRTIN *sieht zur Wand:* Mein Gott!

LEHRERIN *sieht zur Wand:* Ein großer Riß!

BÜRGERMEISTER *ebenso:* Nun, so groß ist er noch nicht.

WIRTIN *besieht den Riß:* Aber es ist ein Riß! Und woher sollen wir wissen, daß nicht – *deutet auf den Professor* – er ihn verursacht hat.

PROFESSOR *lächelt:* Oh nein, zu viel der Ehre! Könnte ich Gebäude zertrümmern, wäre ich ein Simson, so hätte ich es leichter gehabt und stünde nicht hier, in diesem schwindenden Gasthof. *Nachdenklich:* Wo stünde ich dann? – Aber das ist ein weites, weites Gebiet. – Immerhin, – *deutet auf den Riß* – dies ist ein Warnzeichen, verständlich für jedermann, der sein Säckchen Last auf dem Gewissen trägt. Gehen Sie fort. An einem anderen Ort können Sie nochmals beginnen, die Karten neu mischen. Vielleicht denken Sie, viel sei nicht mehr zu ändern, das beeinträchtigt die Entschlußkraft. Aber es läßt sich doch dieses oder jenes noch zurechtbiegen, für Leute wie Sie. Hier dagegen ist alles zu Ende, glauben Sie mir. Gewiß, ich kann kaum von Ihnen verlangen, daß Sie auch mein Interesse berücksichtigen. Denn ich wäre gern allein. Mir wäre mit einem leeren Haus gedient, das kann ich nicht leugnen.

WIRTIN *empört:* Haben Sie das gehört?!

BÜRGERMEISTER *drohend zum Professor:* Noch ein Wort, und ich werfe Sie hinaus! *Er geht auf ihn zu.*

PROFESSOR *unbeirrt, springt mit einer Behendigkeit, die man nicht an ihm erwartet hätte, auf die Bank.* Gewiß, da ist auch die Frage der Verkehrsmittel, eine bange, leidige Frage, die sich nicht verdrängen läßt. Die Eisenbahn hat, wie ich Ihren freundlichen Ausführungen entnehmen zu dürfen glaube, den Verkehr in dieser Gegend eingestellt. Die Gründe sind, wie Sie mir erklärten, nicht ausschließlich wettertechnischer Natur. Es gesellt sich dazu die Tatsache der Entvölkerung, beinahe eine etwas absonderliche Tatsache, wenn man sie sich recht betrachtet. *Bürgermeister versucht, den Professor zu packen, aber der Professor entzieht sich ihm.* Ein Telefon gibt es hier, wenn ich Sie recht verstanden habe, nicht. Oder irre ich mich. Zögern Sie nicht, mich zu korrigieren!

LEHRERIN *wütend:* Still! Hinaus mit ihm! Herr Geiser . . .!

PROFESSOR Ganz zu schweigen von einer Post.

BÜRGERMEISTER Ich werde ihn zum Schweigen bringen. *Aber er wagt es nicht.*

WIRTIN Gehen Sie und suchen Sie Ihren Vogel!

BÜRGERMEISTER Aber nicht hier! Hier ist er nicht. Suchen Sie ihn im Gebirge dort hinten! Ich rate es Ihnen im Guten, verstehen Sie? Sie finden den Weg über Grubmühlen jenseits der Geleise, bei der Kreuzung rechts. Von dort ist es ein leichter Anstieg zur Nordwand des hohen Göll, mit Felsvorsprüngen für ein wetterfestes Winterquartier, Platz genug für ein kleines Feuerchen, wenn Ihnen die Füße frieren. Ihren Durst können Sie mit Schnee stillen, Ihren Hunger mit freudiger Erwartung. Am besten gehen Sie jetzt, solange es noch hell ist. Denn hier behalten wir Sie nicht! Wir haben Sie eine Nacht bei uns geduldet, das ist das Äußerste . . .

PROFESSOR *fährt auf:* Still!! *Er wendet sich zum Fenster und setzt den Feldstecher an. Die anderen beobachten ihn einen Augenblick, dann wenden sie sich einander zu.*

LEHRERIN *sehr nervös:* Er treibt mich zum Wahnsinn. Er und die Kälte hier. *Im Befehlston:* Frau Körber, heizen Sie bitte den Ofen!

WIRTIN Heizen? Und womit, wenn ich fragen darf? Drei Klafter Buche hatte ich bestellt, schon zu Martini. Kein einziger ist gekommen.

LEHRERIN Es wird sich doch wohl noch etwas finden lassen. *Sieht sich um.* Noch gibt es hier alten Kram und Möbel in Hülle und Fülle.

WIRTIN *geht auf die Lehrerin los:* Nun ist es aber genug!

LEHRERIN *wehrt sie ab:* Gut, gut, Frau Körber, es war ja nur ein Vorschlag zur Güte!

PROFESSOR Nein. Er ist es noch nicht. Aber es nähert sich etwas! *Wendet sich den anderen zu:* Wenn Sie alle ein wenig ruhiger wären, könnte ich Ihnen sagen, was es ist. Allerdings, ich fürchte, es ist etwas ganz Alltägliches.

BÜRGERMEISTER *herrscht ihn an:* Ruhe! *Aber der Professor hat sich wieder dem Fenster zugewandt.* Behalten Sie Ihre Beobachtungen für sich!

LEHRERIN *zur Wirtin:* Zwar verstehe ich nicht recht, warum Ihnen an dem alten Zeug so viel gelegen ist, aber das ist Ihre Sache, ich will Ihnen da nicht dreinreden. Es ist – *deutet mit dem Kinn auf den Bürgermeister* – seine Pflicht, uns etwas zum Heizen zu suchen.

WIRTIN Das ist wahr. Herr Geiser, Sie sind für unser Wohl verantwortlich. Ich muß meinen Rücken warm halten, ihn gegen die alten Beschwerden schützen. Und Fräulein Demuth ist nun einmal zart, sie wird sich die Finger verkühlen. Womit soll sie denn den kleinen Lieblingen der Zukunft die Hefte korrigieren, womit soll sie ihnen Tätzchen verabreichen, wenn sie einen bleibenden Schaden davonträgt?

BÜRGERMEISTER So schnell entstehen keine bleibenden Schäden. Und mit den kleinen Lieblingen hat es noch gut Zeit. Die Zeit wird zeigen, ob sie uns Lieblinge beschert.

PROFESSOR *wendet sich wieder den anderen zu:* Meine Befürchtung war richtig. Es handelt sich um etwas ganz Alltägliches, wahrscheinlich um ein Fahrzeug. Bitte, vergessen Sie die Spannung, in die ich Sie versetzt habe! *Wendet sich wieder zum Fenster.*

LEHRERIN *hat ihn nicht beachtet, hysterisch:* Irgend etwas muß es doch auch hier geben! *Sieht sich um.* Nichts außer dem, was sie – *deutet mit dem Kinn auf die Wirtin* – nicht hergeben will!

BÜRGERMEISTER Sehr freigiebig war sie ja nie, unsere gute Wirtin. Hat auch stets mit Flaschen gegeizt!

WIRTIN *entrüstet:* Sie Säufer!

LEHRERIN Und nicht nur damit! Ich habe sie im Verdacht, daß sie selbst die Milch gepanscht hat.

WIRTIN *empört:* Ist das der Dank für alle meine Gefälligkeiten?

LEHRERIN *läuft in der Stube umher, sieht sich um:* Viel Unnützes, viel Brennbares! *Sieht unter die Bank, findet den Sarg.* Und was ist das?

BÜRGERMEISTER Ein Sarg! *Zieht den Sarg hervor.* Ein Prunksarg.

WIRTIN Er gehört Hyrzel. Sein letzter Besitz.

LEHRERIN *besieht den Sarg:* Was soll ihm jetzt noch Besitz? Er gibt ein paar Stunden Wärme.

PROFESSOR *wendet sich den anderen zu:* Ich fürchte, Sie werden sehr enttäuscht sein. Es ist – um es vorwegzunehmen – nichts Großartigeres als ein Automobil. Allerdings auch nichts Geringeres. *Wendet sich wieder zum Fenster.*

BÜRGERMEISTER *beachtet ihn nicht, betrachtet den Sarg:* Ja, den kenne ich. Das Prunkstück des Ortes, Stolz seiner Innung. Brachte ihm seinerzeit einen handgestochenen Meisterbrief. Hat auf vier Handwerksmessen die goldenen Medaillen davongetragen.

LEHRERIN Dann hat er jetzt ausgedient.

BÜRGERMEISTER Das haben wir bald. Ein paar wohlgezielte Hiebe ins Hirnholz, entlang der Faser, und – *zur Lehrerin* – Sie haben es warm bis es dunkel wird.

LEHRERIN Schnell, ehe der Ofen ausgeht!

BÜRGERMEISTER *zur Wirtin:* Geben Sie mir die Axt. *Wirtin zieht die Axt hinter dem Ofen hervor. Draußen fährt ein Auto vor.*

PROFESSOR *wendet sich um:* Ein ganz gemeines Automobil, das war alles! *Er wendet sich wieder zum Fenster und nimmt von dem Folgenden keine Notiz. Die anderen sind verstummt und starren aus dem Fenster. Die Wirtin hat die Axt abgestellt. Draußen wird eine Autotür zugeschlagen.*

VERTRETER *erscheint lächelnd am Fenster, zieht den Hut und verneigt sich mehrmals. Nach einer Pause:* Guten Morgen, meine verehrten Herrschaften! Ist es gestattet? *Verschwindet vom Fenster. Alle außer dem Professor – und dem Sargtischler – wenden sich der Tür zu. Sie öffnet sich, und der Vertreter tritt ein. Er ist in den mittleren Vierzigern, groß, feist, sportlich elegant, gewandt, jovial, gelenkig, lächelt immer. Er schließt die Tür und sieht lächelnd von einem zum anderen, sieht auch den Sarg. Pause.* Es ist also gestattet! *Hängt den Hut auf. Pause. Dann beginnt er nochmals:* Ah – ich sehe. Eine ausgelassene Gesellschaft ist da beisammen und vertreibt sich einen schönen Wintertag. *Er reibt sich die Hände.* Man darf gewiß ablegen und sich ein wenig dazugesellen. *Er zieht Mantel und Seidenschal aus, hängt sie auf, reibt sich nochmals die Hände und sieht sich um.* Ja, – also – was ich sagen wollte: – es ist früh Winter geworden, dieses Jahr, – *zur Lehrerin:* Nicht wahr, mein Fräulein?

LEHRERIN *unsicher:* Es ist sogar außerordentlich früh Winter geworden, dieses Jahr.

VERTRETER Außerordentlich früh, ganz recht. Da sind wir ja schon einer Meinung. Das fördert spätere Einverständnisse. *Zur Wirtin:* Und Sie sind die Wirtin dieses einsamen Hauses?

WIRTIN Das bin ich. Darf ich Ihnen . . .?

VERTRETER Sehen Sie, auch da habe ich mich nicht getäuscht.

WIRTIN Darf ich Ihnen etwas zum Trinken bringen?

VERTRETER *hebt abwehrend die Hand:* Oh nein, ganz im Gegenteil. Es ist vielmehr *deutet auf sich* der Gast, der gekommen ist, Sie alle zu bewirten. Wie Sie mich hier sehen – *schwer scherzend* – und zu übersehen bin ich ja nun einmal nicht – vertrete ich . . . – Aber ich will nicht vorgreifen, nicht gleich mit der Tür ins Haus fallen. *Sieht auf die Uhr.* Es ist noch früh, erwärmen wir uns, lassen wir unser Gespräch sanft gleiten, ganz ungezwungen vorwärtsschreiten, bis es herzlich wird. Dann werde ich ansetzen. Wir wollen uns zunächst kennen lernen. Da sind ja auch noch die Herren zu berücksichtigen. *Sieht auf den Sargtischler.* Der Älteste von ihnen schläft. *Sieht auf den Professor.* Und dieser?

WIRTIN Er gehört nicht zu uns.

VERTRETER Nicht zu uns?

WIRTIN Er hat sich hierher verirrt.

VERTRETER Verirrt? Und deshalb soll er nicht zu uns gehören? Auch die Verirrten gehören zu uns, Frau Wirtin, gerade die Verirrten! Das zu leugnen wäre ein großer Fehler. Alle gehören dazu, wir wenden uns an alle. Man muß alle miteinbeziehen, um Freunde zu werben. Durch Miteinbezug verbrüdern, wie es ein Fachmann einmal ausgedrückt hat. Sehen Sie mich an, ich nenne mich immer einen Kreuzfahrer der Menschliebe. Menschliebe ist ein Appell des Herzens an das Herz. Ich meine natürlich nicht an das eigene Herz, sondern an das Herz des anderen, des Nächsten.

BÜRGERMEISTER Sehr richtig.

VERTRETER *zum Bürgermeister:* Ich freue mich über Ihre Zustimmung. Das ist ein Zeichen, daß wir ins Gespräch kommen werden. Und damit wird es auch Zeit, daß wir beide Bekanntschaft schließen. *Gibt ihm die Hand.* Ich heiße Alfons. Und Sie?

BÜRGERMEISTER Karl.

VERTRETER Das war eine gute, klare Antwort. Eine Antwort, wie sie Ihrer würdig ist. Ein Mann wie Sie, der mit beiden Beinen fest auf dem Boden der Wirklichkeit steht, beschränkt sich auf das Wesentliche.

BÜRGERMEISTER Da ist schon viel Wahres daran, wenn man es sich recht betrachtet. Zum Beispiel habe ich immer gesagt, daß nur der, welcher . . .

VERTRETER Wir kommen darauf zurück. Irgendwie habe ich das Gefühl, daß wir uns schon lange kennen und vieles Gemeinsame haben.

BÜRGERMEISTER Auch ich dachte gleich, als ich Sie sah . . .

VERTRETER *wendet sich den anderen zu:* Ja, ich heiße Alfons. Ich bitte Sie alle, mich beim Vornamen zu nennen. Und ich hoffe, daß auch Sie mir gestatten, Sie beim Vornamen zu nennen, wenn wir ins Gespräch gekommen sind. Dazu sind wir schon jetzt auf dem besten Weg. Wahrscheinlich werde ich mich wieder in Begeisterung reden, wie immer, wenn es um den Menschen geht. Ich finde den Menschen nun einmal wonnig. Nun bin ich allerdings auch sehr begeisterungsfähig, das sollte ich vielleicht hinzufügen. *Pause.* Ich bitte Sie alle, zu mir zu sprechen, wie zu einem Freund.

WIRTIN Sehr gern, wenn ich darf! Bevor Sie kamen, hatten wir zum Beispiel gerade darüber beraten, was mit uns geschehen soll. Denn unsere Lage ist ein wenig . . .

VERTRETER *hört nicht zu, wendet sich zur Lehrerin:* Ihnen ist kalt, mein Fräulein, das sehe ich Ihnen an. Aber – *legt ihr die Hand unters Kinn* – Kopf hoch, fassen Sie Vertrauen, ein wenig nur, und Sie werden sehen: es wird Ihnen wärmer werden.

LEHRERIN Ich weiß noch nicht recht, wie ich zu Ihnen sprechen soll. Ich vertraue mich an sich schwer einem anderen an, und Fremden gar nicht. Aber mit Ihnen . . .

VERTRETER *hört nicht zu, ist wieder bei der Wirtin, legt ihr die Hand auf die Schulter:* Mut, liebe Frau! Sie sind doch eine stattliche Erscheinung, haben noch eine schöne Zukunft vor sich!

WIRTIN Meinen Sie?

VERTRETER So wahr ich vor Ihnen stehe!

WIRTIN An sich neige ich auch nicht zum Verzagen. Schließlich habe ich viele Jahre lang mein Leben allein bestreiten müssen, und ich habe mich daran gewöhnt.

VERTRETER *hört nicht zu, hat sich an den Professor gewandt, der mit dem Feldstecher aus dem Fenster sieht:* Und nun endlich zu Ihnen, mein Herr. Wir sind uns vielleicht noch ein wenig fremd, aber das soll sich bald ändern. Was Sie darstellen, das weiß ich noch nicht, das gebe ich offen zu. Aber wir kommen den Dingen sicher bald auf den Grund, wenn wir richtig zusammenarbeiten. Daher bitte ich auch Sie, zu mir zu sprechen.

PROFESSOR *ohne sich vom Fenster abzuwenden:* Danke, ich spreche nicht.

LEHRERIN Er lügt!

BÜRGERMEISTER Er spricht sogar sehr viel!

VERTRETER *zum Professor:* Sehen Sie? Ihre Antwort kann ich nicht gelten lassen. Sie wollen doch keinen Mißklang hervorrufen, in dieser Stube erquickender Einigkeit! Das habe ich nämlich gar nicht gern!

Der Professor nimmt keine Notiz von ihm. Vertreter wendet sich wieder zu den anderen:

Aber auch damit wird man fertig. Ich will ehrlich sein: mich betrübt der Gedanke, daß hier einer unter uns ist, der nicht mit uns geht. Es geht nicht um meine Berufsehre – auf die kann man auch einmal verzichten – nein: es hindert auch die Harmonie. Und gerade die ist wichtiger als man gemeinhin denkt.

BÜRGERMEISTER *wird gesprächig:* Sehen Sie, Alfons, genau das ist es, was ich mir von Anfang an zu meinem Grundsatz gemacht habe. Ich habe stets betont, daß nur dort, wo ein echter und wirklicher ...

VERTRETER Ich sagte ja schon, daß wir viel Gemeinsames haben. Wir werden uns noch gut verstehen lernen.

BÜRGERMEISTER Das hoffe ich. Da Sie nämlich schon einmal hier sind, hätte ich nämlich eine Bitte – oder sagen wir: eigentlich einen Vorschlag ...

VERTRETER *kühl:* So?

BÜRGERMEISTER Sie haben doch einen schönen, großen Wagen hier.

VERTRETER *abweisend:* Nun, so groß ist er nicht.

BÜRGERMEISTER Dennoch ...

VERTRETER Es gibt größere. Aber ich bin nicht für das Großartige, dem falschen Glanz bin ich abhold. Man soll nicht mehr sein wollen als Einer unter Gleichen. Da liegt auch der Fehler, den unser schweigsamer Freund – *deutet auf den Professor* – hier macht. Aber wir werden ihn umstimmen, noch haben wir Zeit.

WIRTIN Ich bin nicht sicher, Herr Alfons, ob wir wirklich so viel Zeit haben. Es finden hier Veränderungen statt. Sehen Sie – *deutet auf den Riß in der Wand* – hier! Das Haus wird fällig.

VERTRETER Fällig? *Besieht den Riß.* Nun, sagen wir: rissig, brüchig, ja. Aber fällig, das ist etwas ganz anderes, so weit sind wir hier noch nicht. Das ist ein kleiner Schaden, wie er heute oft vorkommt. Und daher gibt es auch verläßliche

Mittel dagegen. Die Bemühungen, gerade auf diesem Gebiet, sind von erstaunlichem Erfolg gekrönt. Deshalb brauchen Sie sich keine Sorge zu machen, das sage ich mit tiefster Überzeugung.

BÜRGERMEISTER Dennoch, Alfons, sollte man daran denken, hier wegzukommen, so lange noch Zeit ist. Und das bringt mich wieder zu meinem Vorschlag . . .

VERTRETER *hat nicht zugehört, ist wieder bei der Lehrerin, die am Ofen steht und friert:* Und mein hübsches Fräulein? Friert immer noch, wie ich sehe! *Befühlt Hand und Arm.* Das Händchen steif, die schönen Augen blicken verzagt . . .

LEHRERIN Sie haben einen sicheren Blick.

VERTRETER Nun, vergessen Sie nicht: ich bin ein Mensch, der sein Gegenüber wahrnimmt. Richtig einzuschätzen, darauf beruht bei uns die Hälfte des Erfolgs. Nun kommt bei mir freilich ein unfehlbarer Blick dazu, ein Blick für Möglichkeiten.

Betrachtet sie. Ja, mein Kind, auch in Ihnen schlummern Möglichkeiten.

LEHRERIN *eifrig:* Wirklich? Welcher Art?

VERTRETER Noch sind sie nicht genutzt. *Er tritt einen Schritt zurück, betrachtet sie kritisch, geht wieder auf sie zu und nimmt ihr die Brille ab.* So zum Beispiel ist schon viel gewonnen.

LEHRERIN Auf was Sie sich nicht alles verstehen! Aber Sie haben recht. *Sie tätschelt ihr Haar.* Auch ich beginne, Möglichkeiten zu sehen. Ich werde – *lacht* – zuversichtlicher, friere auch schon weniger. Sie scheinen Wärme zu verbreiten. Aber – *ernsthaft* – sollten wir nicht zuerst fort von hier?

WIRTIN Das meine ich auch.

LEHRERIN *leise:* Ich meine: Sie und ich.

BÜRGERMEISTER Hier haben wir keine Zukunft mehr.

LEHRERIN *zum Bürgermeister:* Vorbedingung für eine Zukunft ist eine geheizte Stube. Das wissen Sie so gut wie ich.

WIRTIN Es lohnt sich nicht mehr, hier zu heizen. Wir sollten fort.

VERTRETER Bitte, Freunde, keinen Streit! Wir sind doch eine Familie. *Wendet sich zum Professor:* Nur einer ist hier, der will nicht, der ist unbotmäßig. *Zu den anderen:* Nicht, daß man so etwas nicht gewohnt wäre, es ist nicht das erste Mal, daß mir so einer im Weg steht, wahrhaftig nicht. Aber ich weiß, wie man dem begegnet. *Leise, zwinkernd:* Passen Sie auf!

Stellt sich vor den Professor, betrachtet ihn, dann nachdenklich und ernsthaft: Ich kenne Sie doch von irgendwoher!

PROFESSOR Mich nicht.

VERTRETER Aber gewiß.

PROFESSOR Mich bestimmt nicht.

VERTRETER Doch. Sie!

PROFESSOR Die anderen vielleicht. Diese anderen sogar gewiß.

VERTRETER Das ohnehin. Aber Sie auch.

PROFESSOR Sie meinen einen anderen.

VERTRETER Ich meine Sie.

PROFESSOR Sie irren. Mich kennt keiner. Ich bin unbekannt.

WIRTIN Er lügt.

VERTRETER Gar zu bescheiden, mein Herr.

PROFESSOR Genug jetzt. *Wendet sich wieder dem Fenster zu.*

VERTRETER Ich habe Sie doch schon gesehen – und gehört!

PROFESSOR Das besagt noch nichts.

VERTRETER Sie sind doch – *Denkt nach* – lassen Sie sehen – – Professor!

BÜRGERMEISTER *zur Lehrerin:* Großartig macht er das, der Alfons!

PROFESSOR Ich bin kein Professor.

VERTRETER *vorwurfsvoll:* Aber Herr Professor!

BÜRGERMEISTER Natürlich ist er Professor.

WIRTIN Ein sehr berühmter Professor sogar.

LEHRERIN Einer der bedeutendsten unserer Zeit!

VERTRETER Sehen Sie? Meine Freunde bestätigen es. Was soll denn diese übertriebene Bescheidenheit! Gewiß, ich verstehe: Sie möchten Ihr Incognito wahren. Deshalb sind Sie hier. Keiner soll Sie erkennen, damit Sie sich entspannen können. Man wird zu stark beansprucht, ja geradezu belästigt, mit Ehrungen und Auszeichnungen, nicht wahr? Da ist man denn mitunter ganz gern einmal unerkannt und allein, das verstehe ich nur allzu gut.

PROFESSOR *sehr laut:* Deuten Sie es, wie Sie wollen, aber bitte deuten Sie es für sich! *Setzt den Feldstecher wieder an und sieht aus dem Fenster.*

VERTRETER Aber verehrter Herr Professor, sehen Sie, wir sind doch hier ganz unter uns. Da wollen wir einander doch auch ein wenig Vertrauen entgegenbringen! *Zu den anderen:* Habe ich nicht recht?

WIRTIN Völlig recht. Ich bin ganz Ihrer Meinung.

VERTRETER *zum Professor:* Sie sehen, ich stehe mit dieser Ansicht nicht allein da.

PROFESSOR *setzt den Feldstecher ab und geht einen Schritt auf den Vertreter zu:* Mein Herr!

VERTRETER *weicht einen Schritt zurück:* Nennen Sie mich Alfons!

PROFESSOR Ich werde mich hüten. Damit Sie mich in den Griff bekommen! Nein. Ich ersuche Sie vielmehr, mich in Ruhe zu lassen. Ich belästige Sie nicht, und ich bitte Sie, mich nicht zu belästigen. Ich bin nahe an einer Sache, die meine ungeteilte Aufmerksamkeit erfordert, die keine Unterbrechung duldet.

VERTRETER *mit einer abwehrend-versöhnlichen Handbewegung:* Gut, gut, nur ruhig! Sie fühlen sich gestört, sind vielleicht auch ein wenig gereizt, mein Gott, wer ist das nicht hin und wieder. Vielleicht haben Sie letzthin gar Enttäuschungen erlebt, das weiß ich natürlich nicht. Sie sollten sich nicht aufregen, das zehrt an den Quellen der Energie, es nagt an den Nerven und erzeugt Unmut, der sich in Galle niederschlägt. Man kennt das, man beobachtet dergleichen sogar bei männlichen Säugetieren. *Ernsthaft.* Aber nun einmal ganz ernsthaft: Sie sollten etwas dagegen tun! Es ist da Hervorragendes entwickelt worden. Ich habe sogar etwas bei mir – *zieht eine Dose aus der Tasche* – und würde mich aufrichtig freuen, wenn Sie es einmal versuchen wollten. *Hält ihm die Dose hin.*

PROFESSOR *nimmt dem Vertreter die Dose aus der Hand und wirft sie aus dem Fenster:* Ich brauche Ihre Mittel nicht!

VERTRETER *lächelt scheinbar geduldig, aber sein Unmut schimmert durch. Er macht eine besänftigende Geste:* Gut, ich sehe, Sie brauchen doch wohl etwas Stärkeres. Sie sind wirklich nicht im Gleichgewicht, das sehe ich jetzt ein. Sie sollten sich erst einmal ein wenig entspannen, dann wollen wir weiter beraten. Denn auch ihnen ist zu helfen, da bin ich fest überzeugt. Allen ist zu helfen. *Zum Bürgermeister:* Erzählen Sie etwas Munteres, Karl!

BÜRGERMEISTER An sich nur allzu gern. Ich bin nicht der Mann, der sich lang bitten läßt, wenn es gilt, eine gute Geschichte zu erzählen, das werden die Damen hier bestätigen. Aber ich denke, wir sollten nicht mehr allzu lang in diesem Haus bleiben.

VERTRETER Nur nicht hasten! Keine Eile! Erst gilt es, unseren Freund hier umzustimmen. Es tut mir leid: in unserem Beruf kann man einen Mißerfolg nicht auf sich sitzen lassen. Sofort kommen andere, wittern ihre Chance und springen in das Loch, das man hinterlassen hat. *Sieht auf die Uhr.* Es ist noch nicht spät. Vertreiben wir uns hier noch ein wenig die Zeit. Wie war das mit der Geschichte, Karl?

BÜRGERMEISTER Nun gut. Ich erinnere mich: einmal kam da so ein Amtmann ...

VERTRETER Oder vielleicht wissen auch Sie eine Anekdote, Frau Wirtin! Diese Gaststube muß doch so mancher Begebenheit zum Schauplatz gedient haben.

WIRTIN *unruhig:* Mir steht der Kopf nicht nach einer Anekdote, ich habe an anderes zu denken. Es stehen Veränderungen bevor, wie begegnet man ihnen? Einiges muß ich ja auch mitnehmen, zumindest das Nötigste. Ich werde mir nicht bald etwas anschaffen können, später vielleicht, später sogar gewiß, aber erst muß ich sehen, wie alles sich entwickelt.

VERTRETER *kühl:* Es wird sich alles finden. Karl, die Geschichte!

BÜRGERMEISTER Einmal, da kam ...

VERTRETER *ist zur Lehrerin gegangen:* Nun Kindchen, immer noch so schmal, so blaß, das Köpfchen starr, Gesicht ohne rechte Farbe! *Streichelt sie.* Aber auch das wird sich wieder ändern. Es gibt eben im Leben Situationen, – *legt ihr den Arm um den Hals* – durch die man hindurch muß. Auch ich habe diese Erfahrung gemacht. *Zieht ihren Kopf an seine Schulter.* Aber jedes Hindernis läutert, jede Widrigkeit erneuert etwas in uns!

LEHRERIN Sie haben einen festen Griff.

VERTRETER Das braucht man auch.

LEHRERIN Gewiß bin ich nicht die Erste, die Trost bei Ihnen findet.

VERTRETER Mit Zuspruch darf der nicht geizen, der ihn zu geben versteht.

LEHRERIN Sie haben ihn gewiß schon mancher Frau zukommen lassen.

VERTRETER Frauen sind darin auch bedürftiger als wir Männer. Aber darauf kommen wir zurück. Das ist Stoff für ein langes Gespräch, ein Gespräch zu zweit, ohne Zeugen.

LEHRERIN Nun, es liegt an Ihnen . . .

VERTRETER Zunächst aber – *geht wieder auf den Professor zu* – wollen wir es doch noch einmal mit dem Herrn Professor versuchen. – Nun, Herr Professor, haben Sie sich ein wenig entspannt?

PROFESSOR *wendet sich unwillig um:* Entspannt? Ich bin entspannt.

VERTRETER So ist's recht. Entspannen, durchatmen, die Glieder lösen. Das lockert. Nichts anstauen! *Studiert sein Gesicht.* So, und nun möchte ich aber endlich wissen, wo ich Sie . . . *mit Bravoura:* Ah, ich weiß es! Ich habe die große Ehre, Herrn Professor Scholz-Babelhaus vor mir zu haben.

PROFESSOR Der Name sagt mir nichts!

LEHRERIN *empört:* Er lügt!

BÜRGERMEISTER Und wie er lügt!

WIRTIN Ein unverschämter Lügner

VERTRETER Sie sind Professor Karl Wilhelm Alexander Friedrich, Freiherr von Scholz-Babelhaus!

PROFESSOR Ein ganz und gar lächerlicher Name.

BÜRGERMEISTER Er ist es.

WIRTIN Er hat es uns selbst gesagt.

VERTRETER Sehen Sie! Ein Mann wie ich wird doch noch wissen, wen er vor sich hat.

LEHRERIN Und jetzt versucht er, alles abzuleugnen! Pfui!

VERTRETER So? Der Herr Professor haben also zu leugnen versucht! Nun, schön ist das ja gerade nicht.

LEHRERIN Und das ist der Mann, der die Theorien bedeutender Gelehrter mit einem knappen Handstreich widerlegt hat.

WIRTIN Der größte Forscher unserer Zeit!

VERTRETER Und was haben Sie dazu zu sagen, Herr Professor?

PROFESSOR Nichts.

VERTRETER Nichts. Haben Sie das gehört?

PROFESSOR Hier ist niemand, vor dem ich Rechenschaft abzulegen habe.

BÜRGERMEISTER Da irren Sie sich aber gewaltig, Herr Professor! Nicht wahr, Alfons?

VERTRETER Allerdings, Herr Professor.

PROFESSOR Ich bin kein Professor! *Tritt an den Vertreter heran und ergreift ihn an der Jacke.* Und Ihnen möchte ich raten, Ihren Vorrat für andere Gelegenheiten aufzuheben. Sie werden ihn noch gebrauchen können. *Er wendet sich wieder dem Fenster zu.*

VERTRETER Gut, schon gut, nur nicht aufregen! Ruhig bleiben, ruhig atmen! Ich bedauere dies alles zutiefst. Sie wollen es nicht verstehen, wenn einer es gut mit Ihnen meint. Ich muß gestehen, daß es mich betrübt, bei einem Mann wie Ihnen solchen Undank zu ernten, einem Mann, der über den Dingen steht, wie Sie! Denn Sie sind es doch gewesen, der diese aufsehenerregenden Thesen entfaltet hat. Der ganze Fachwelten in eine Flut von Erstaunen und seine werten Kollegen in einen Zustand tiefsten Neides versetzte. Vor allem diesen Möllendorf! Wenn ich daran denke . . .! *Er lacht gezwungen.*

LEHRERIN Ja, dieser Möllendorf! Der Scharlatan! Seine Irrlehren verbreiten sich überall, wie eine Saat von Aussatz. Ich habe mit meinen Kleinsten zum Sonnwendfest sein Abbild in Fetzen verbrannt.

BÜRGERMEISTER Ich erinnere mich. Es war ein Heidenspaß.

LEHRERIN Aber Gottseidank hat – *deutet auf den Professor* – er ihn entlarvt.

BÜRGERMEISTER Er hat ihm den entscheidenden Stoß versetzt.

VERTRETER *zum Professor:* Sehen Sie?! Ich wußte es doch. Dieser und kein anderer, habe ich im stillen zu mir gesagt, als ich diese Stube betrat. Ja, Herr Professor, – Sie sehen in mir – und Sie dürfen es annehmen oder nicht, ich sage es in gebührender Bescheidenheit – Sie sehen in mir einen

Ihrer glühendsten Bewunderer!

PROFESSOR *hat den Feldstecher abgelegt und sich den anderen zugewandt, spricht ruhig und sachlich, steigert sich aber, so daß dämonische Aspekte zum Vorschein kommen:* Genug. Es ist genug. Ich weiß nicht, von was oder über wen Sie sprechen. Ich kenne niemanden und will auch niemanden kennen. Seit Jahren habe ich versucht, alle Bekanntschaft zu verlieren und zu verleugnen, und jetzt muß es mir gelingen. Ich bin, in Nacht und Nebel gehüllt, über die elf Kontinente gehuscht, aber man hat mich angerufen, mir Losungsworte zugerufen, man hat mir ins Gesicht geleuchtet, um in mir einen anderen zu erkennen, der hinter mir huschte oder schon längst vorbei war. Ich war in Tasmanien, da kamen verschleierte Generalswitwen, um Wohltätigkeitsschulen zu gründen, ich bin in unbekannte Gräber gekrochen, da kamen die Lorbeerkränze gerollt und legten sich stachlig neben mir nieder. Ich saß in der tiefsten Tiefe der kaledonischen See, still wie ein Lot, da läuteten die Taucherglocken die Walpurgisnacht ein. Ja, noch dort, – *er deutet* – am Paß dort droben, gründete sich soeben eine Weltkonsumgesellschaft und machte Wind in Dosen. Ich habe um die Landkarten gezirkelt, das Leere vermessen, aber unter den weißen Flächen wurden schon die Kabel gelegt, der Weg von A nach B führt quer über C und D hindurch, bis nach Ypsilon, und zurück überkreuz nach F über M. Wer da wartet, daß er sich verliere, der wartet vergebens. Ich bin kein reicher Mann, ich bin einer, der seine Mäntel wenden ließ, um seine Winter zu bezwingen. Aber meinem Ziel habe ich unermeßliche Vermögen geopfert. Ich mußte tief in die Tresore greifen. Es galt, mir einen bewährten Landrat gefügig zu machen. Eine Postverwaltung zu bestechen, eine Eisenbahndirektion zu kaufen, eine Wetterwarte zu bestürmen, ein Telefonamt mir hörig zu machen – es galt, ein Gebiet unter meinen Willen zu bringen. *Bürgermeister, Wirtin und Lehrerin werden unruhig.* Dies ist das Gebiet, hier sind die Behörden, die sich mit mir eingelassen haben. Es ist ein unbedeutendes Gebiet, verkommendes dörrendes Sumpfgebiet, in dem selbst der Eber nur noch mit Unlust suhlt, bevölkert mit Leuten wie – *deutet auf Bürgermeister, Lehrerin und Wir-*

tin – diese da! *Bürgermeister, Lehrerin und Wirtin nehmen eine drohende Haltung ein.* Hier war der rechte Ort, um das Schweigen zu kaufen, den Winter heraufzubeschwören und zu halten, Stille auszubreiten und zu warten. – Ich habe einen Vogel gebaut. Den suche ich!
Dies ist der Ort. Die Behörden haben ganze Arbeit geleistet, das durfte ich schon auf dem Weg feststellen. Die Pfade sind überwuchert, die Maste warten auf den letzten Gnadensturm, Häuser und Scheunen sind sturzbereit, ein Ruf kann sie fällen. Der Kirchturm wankt, die Uhr steht, durch das Zifferblatt hindurch erkenne ich, daß sie schon seit langem kein Werk mehr hat, die Post ist weggeschwemmt, die Telefonleitungen sind vertrocknet, ein Zug steht im Bahnhof, ich verscheuche ihn. Alle Bedingungen sind erfüllt, ich bin dem Ziel nahe. Ich muß nur warten, aber ich habe das Warten gelernt. Ich bin ein guter Warter.
Bürgermeister, Lehrerin und Wirtin wollen sich auf ihn stürzen, werden aber vom Vertreter zurückgehalten. Ich betrete dieses Gasthaus. Es ist unwirtlich und verkommen. Es enthält einen schmalen Restbestand an Leben. Aber jetzt habe ich Geduld. Ich spähe durch die Nacht, ich horche in sie hinein. Ein Laut ertönt, den ich seit Jahren erwarte. Aber noch ist es nicht so weit, noch sind ein paar Fremdkörper hier, die sich die stürzende Zeit mit Schmerzen vertreiben, aber sie können es nicht mehr lang schaffen, nein, der Faden reißt schon ab. Mit einem Fuß sind sie schon fort, da kommen Sie, mit einem Sack voll stärkendem Vorrat, und wollen einen Chor einstudieren! Hier können Sie nichts ausrichten, hier ist eine Wüste geplant!
Bürgermeister, Wirtin und Lehrerin wollen sich auf den Professor stürzen.

VERTRETER *hält sie zurück:* Nur Ruhe, meine verehrten Damen. Fassung, Karl! Auch damit werden wir fertig. *zum Professor:* Hochverehrter Herr Professor! Ihre Reden haben mich in nicht geringes Erstaunen versetzt, zeugen sie doch vor allem von einer gewissen Weltfremdheit. Hätten Ihre wissenschaftlichen Arbeiten Sie nicht als einen Mann von erstaunlicher Wirklichkeitsnähe und von geradezu ehrfurchtgebietender Tatkraft ausgewiesen, hätten Ihre

Biographen nicht Ihre kategorische Strenge als die hervorstechendste aller Ihrer Tugenden gepriesen, möchte man beinahe annehmen, Sie erwarten ein Fabeltier, etwa einen großen Vogel. Aber das kann nicht sein. Die großen Vögel sind ausgestorben. Sie erwarten also nichts. Daher kommen Sie jetzt mit uns, – *steigert sich in Erregung* – und je eher Sie sich an diesen Gedanken gewöhnen, desto besser für Sie! Ich kann mir nicht leisten, einen Fehlschlag meiner Bemühungen zu erleiden. Mein Beruf steht auf dem Spiel. Das kostet mich zu viel. Sie sehen, ich spiele mit offenen Karten. Mein berufliches Ansehen ist bares Geld. *Sich steigernd:* Außerdem liebe ich den Menschen. Dafür darf ich von Ihnen Verständnis verlangen! *Immer erregter:* Im tiefsten Grunde Ihres Herzens sind Sie nämlich auch einer von uns, oh ja, das können Sie nicht leugnen! Und wenn Sie sich auch eine rauhe Schale zu geben versuchen, ich durchschaue Sie, jawohl, bis in Ihren edelsten Kern, Ihr grundgütiges Herz! Mögen wir auch noch so verschieden geartet sein, in einem sind wir doch alle gleich: – *sehr erregt* – im tiefen Gefühl der Verantwortung für den Nächsten, die doch das Höchste ist, was . . . *er greift sich ans Herz und sinkt, völlig erschöpft, schwer atmend, auf einen Stuhl. Ächzend:* Wir sind doch – – – alle Brüder . . . *Der Professor hat sich unbeteiligt abgewandt und späht aus dem Fenster.*

BÜRGERMEISTER *versucht, nach einem wägenden Blick auf den Vertreter, den Sarg zu öffnen, zur Lehrerin:* Können Sie Auto fahren?

LEHRERIN *bemüht sich um den Vertreter:* Er wird es schaffen. Ich brauch ihn noch, – *streichelt ihn* – er ist mir ans Herz gewachsen!

WIRTIN *beobachtet den Vertreter:* Er erholt sich schon.

VERTRETER *erholt sich allmählich:* Es war nur – ein kleiner – Anfall, wie er hin und wieder vorkommt. Nicht der Rede wert. So etwas ist man gewohnt. Kommt täglich vor, in einer Form oder der anderen. *Versucht aufzustehen, aber es gelingt ihm nicht.*

LEHRERIN *streichelt ihn:* Nur ruhig, Liebster. Ruh dich aus!

VERTRETER Das ist noch keine Niederlage, oh nein. Da muß

erst anderes geschehen, Welten müssen einstürzen, Planeten verlöschen. Da müssen andere Potenzen vor mir stehen als – *deutet auf den Professor* – dieser da!

WIRTIN *legt ihm die Beine auf einen Stuhl:* Vielleicht ein nasses Tuch?

LEHRERIN *zur Wirtin:* Lassen Sie ihn, das verstehe ich besser! *Sie setzt sich auf einen Stuhl neben ihn und nimmt seinen Kopf in ihren Arm.*

BÜRGERMEISTER Ich denke doch, die Lage erfordert einen Mann! *Er versucht von hinten, den Vertreter aufzuheben.* Komm, Alfons! Wir sollten nun wirklich fort!

LEHRERIN Lassen Sie ihn!

VERTRETER *erholt sich, richtet sich auf:* Bemüht euch nicht. Ich habe mir ohnehin noch nicht überlegt, ob ich euch mitnehmen soll oder nicht.

LEHRERIN *streichelt ihn:* Ruhig! Nicht so viel sprechen

VERTRETER Ich wüßte im Grunde nicht recht, wozu. So ein frischer, winterlicher Fahrtwind weht einem am angenehmsten um die Ohren, wenn man allein fährt –, ohne lästigen Ballast. Man erreicht auch höhere Geschwindigkeiten.

WIRTIN Sie sollten wirklich nicht so viel sprechen.

LEHRERIN *zur Wirtin:* Das habe ich bereits gesagt. Wiederholen Sie nicht meine Worte.

WIRTIN Es hat ihn doch ein wenig angestrengt. Zuhause legen wir ihn erst einmal ins Bett. Und wenn er sich erholt hat, dann gibt es von dem guten Vorrat, den ich im Keller habe.

LEHRERIN Immer ist sie auf ihren Vorteil bedacht.

VERTRETER *zur Wirtin:* Wieviele Flaschen?

WIRTIN Unzählige!

BÜRGERMEISTER *zur Wirtin:* Unzählige? Das höre ich zum ersten Mal!

LEHRERIN *Zum Bürgermeister:* Sie hat uns immer das Beste vorenthalten. *Zum Vertreter:* Komm, Liebster! Versuchen wir es! Ich stütze dich. Ich wirke vielleicht zart, sogar ein wenig zerbrechlich, das kommt daher, daß ich feingliedrig gebaut bin, meine Linien sind hübsch angelegt, oh ja, nach mir wird sich manch einer umdrehen, das sehe ich kommen. *Sie hilft ihm beim Aufstehen.*

WIRTIN *böse:* Ja, sie kann Ihnen das kleine Einmaleins beibringen.

BÜRGERMEISTER Komm, Alfons, laß dich lieber von einem Mann stützen. Wir beide sollten uns zusammentun. Ich bin einer, mit dem zu rechnen ist, bin auch nicht ganz arm. Ich habe zurückgelegt.

WIRTIN Die Gemeindekasse hat er geplündert.

LEHRERIN Sterbegelder hinterzogen.

BÜRGERMEISTER Lassen wir doch endlich die Vergangenheit hinter uns. Wir haben sie wahrhaftig lange genug mit uns herumgeschleppt.

VERTRETER Ich werde darauf zurückkommen, wann es mir paßt.

LEHRERIN Komm, Liebster, vorsichtig.

WIRTIN *öffnet die Tür:* Vorsichtig! Hier ist eine kleine Stufe, über die schon mancher gefallen ist.

VERTRETER Es geht schon! *Zur Wirtin:* Laden Sie den Wein in den Wagen! Aber auf Holzwolle legen, nicht stellen, nicht schütteln! *Zum Bürgermeister:* Karl, vergessen Sie mir nicht, wer Sie aus diesem Loch gerettet hat! *Zur Lehrerin:* Und du, Herzchen! Du brauchst mir nicht viel zu sagen. Du bist mir ohnehin hörig, das hat sein Gutes wie sein Schlechtes, man muß sehen, wo man am besten ansetzt. *Er wendet sich an der Tür nochmals zum Professor um:* Und Sie! Sie sind mir die erbärmlichste Figur, die mir in meinem Leben vorgekommen ist.

PROFESSOR *verneigt sich lächelnd:* Zuviel der Ehre!

VERTRETER Sie sind der Welt nicht gewachsen, ein Versager in allen Gassen! *Steigert sich wieder in Erregung:* Was hat er geleistet? Nichts. Nichts getan, nichts erforscht oder entdeckt hat er. Keiner Straße hat er den Namen gegeben, kein Käfer ist nach ihm benannt. Nur an allem genagt hat er und genörgelt, hat alles verzagt wieder fallen lassen. Ich bin es gewesen, der die Weichen gestellt hat, ich habe die Bahnen entgleist, ich habe Ihren Weg gelenkt, die Steine darauf gelegt und die Ecken zugespitzt. Ich habe den Schnee angesogen, die Züge verscheucht und die Kirchturmuhr zerschossen! Sie haben alles falsch gedeutet! Ich, ich habe Kuhnreuther die Hand geführt, Esterhazy das Wort eingeflüstert, ich bin – *sucht das Wort* – bin Möllendorf! *Wieder ruhig:* Meinen Mantel und Hut, Karl!

Mit Wirtin und Lehrerin ab.

Der Bürgermeister holt Mantel und Hut des Vertreters. An der Tür sieht er sich noch einmal um, erblickt die Axt, nimmt sie, wiegt sie in der Hand und nimmt sie mit, ab.

Der Sargtischler hat die Augen geöffnet und den Abgang verfolgt. Jetzt beobachtet er den Professor.

PROFESSOR Wir kommen zum Ziel. *Er sieht sich um.* Die Bedingungen – *sieht sich um* – sind geschaffen. Das Haus ist leer. *Man hört die Autotüren zuschlagen.* Ich bin allein. *Man hört das Auto abfahren.* Ein großer Moment. *Geräusch eines Einsturzes.* Das war – *sieht aus dem Fenster* – die Bedürfnisanstalt. Sie ist eingestürzt. Es steht nichts mehr im Wege. Bereiten wir uns vor! *Sieht zum Fenster.* Das Fenster weit geöffnet. Aber – hereinfliegen kann er nicht. Die Spannweite läßt es nicht zu. Sie ist ein Meter neunzig. Er wird hereinwandeln, durch die Tür. *Öffnet die Tür, sieht sich um.* Und weiter? Er braucht Platz, Platz für den Wind, wenn er die Flügel schüttelt. *Räumt einige Stühle beiseite, den Sarg läßt er stehen.* Noch etwas? *Überlegt.* Nichts. Also warten. *Setzt sich auf einen Stuhl, fährt wieder auf.* War das . . . *Pause.* Noch nicht. *Setzt sich wieder.* Warten. *Pause.* Nachdenken. Wie habe ich ihn verdient? Ich habe nichts geleistet, das ist vielleicht etwas Großes, ein großes Verdienst. Aber rühmen wir uns nicht! *Pause.* Wer bin ich? *Überlegt.* Ich bin niemand. Ich habe ein paar Rollen gelernt, wußte diese oder jene Antwort, das ist mir am Ende noch zugute gekommen. Vielleicht ist alles unwahr gewesen. – *Lächelt* – Aber alles wird wahr, indem jemand es glaubt. *Pause.* Ich – *Pause* – ich habe die Gipfel stets an der Wurzel abgesägt. *Pause, er lächelt in Erinnerung.* Einst sollte ich – wie nennt man es? – beitreten. Der Ehrengesellschaft zur Rettung der halben Menschheit. Eine Einladung schickt sie mir ins Haus, golddurchwirkt. Ich habe die Regenwürmer damit gefüttert. Sie gingen daran ein. Das war mein größtes Vergehen, – *denkt nach* – mein einziges. *Pause, er sieht sich um.* Ich habe mir nichts vorzuwerfen. *Pause.* Und doch . . . *Der Sargtischler richtet sich plötzlich auf und sieht aus dem Fenster.*

Der Professor horcht auf: War das ...? *Steht auf und geht vorsichtig zum Fenster.* Er ist es! *Er späht.* Sie sind es! *Setzt den Feldstecher an und sieht hinaus.*
Der Sargtischler steht während des Folgenden gemächlich auf, dehnt und streckt sich – er trägt einen Zylinder, der ihn noch riesiger macht – schüttelt die Beine, lehnt sich an die Theke und beobachtet den Professor beiläufig.
Der Professor erregt: Sie sind es! *Späht.* Es sind mehrere! Viele! *Sich steigernd.* Der Guricht! *Beobachtet.* Er schwebt, kreist! Mildes Licht. Macht die Dunkelheit noch dunkler. Sie kommen! Aus allen Richtungen, sammeln sich in der Lichtung! Ich sehe sieben, – aber es sind mehr – ich sehe elf! Sie recken sich, richten sich auf! *Ruft:* Hu-jiihuu! *Wartet.* Er antwortet nicht! Kein Ruf, kein Laut! *Befremdet:* Ist er stumm? Der Guricht – stumm!? *Beobachtet.* Er wandelt! – *Befremdet:* Nein – er wandelt nicht, – er – *erschrocken:* watschelt! Der König der Vögel – watschelt! *Horcht.* Und er ist stumm! *Schüttelt verwirrt den Kopf, wischt sich die Stirn und beobachtet angestrengt.*

SARGTISCHLER *quasi zum Publikum:* Früher ... *bleibt stekken:* Nein: – *korrigiert sich* – bis vor kurzem – genauer gesagt: bis gestern ... *Denkt nach:* nein, nicht bis gestern. Bis vor kurzem. *Hebt wieder an:* Bis vor kurzem also, wußte ich noch ein Lied. Ein Lied von ... *Denkt nach, aber es fällt ihm nicht mehr ein.* Nein. Bis vor kurzem also wußte ich noch ein Lied, aber es ist mir entfallen. *Fröhlich:* Entfallen, wie das meiste, was ich einmal wußte. *Beschaulich:* Ich hätte wohl auch keine Stimme mehr, es zu singen, aber wie dem auch sei: es ist mir entfallen. *Er nimmt, beiläufig, den Deckel vom Sarg, stellt ihn ab und macht sich am Sarg zu schaffen.*

PROFESSOR *beobachtet, steigert sich wieder:* Da! Ein Schwarm! *Unsicher:* Sie schweben ... *Ernüchtert:* Nein: sie schweben nicht, sie – sie flattern! *Verscheucht Enttäuschung:* Sie kommen näher ... *Steigert sich wieder:* edle, aufrechte Vögel, die nichts zu verbergen haben. Stolze Herkunft! *Beobachtet scharf:* Alles Menschliche ist ihnen fremd! Sie wandeln – nein – *kleinlaut* – sie watscheln heran! *Greift sich an die Stirn:* Watscheln! Ein Spaltschwimmfüßler! Der Mensch – stammt vom Spaltschwimmfüßler ab! *Entschlossen:* Nein, ich habe mich geirrt! *Beobachtet, dann verzagt:* nein, ich habe mich nicht geirrt! *Beobachtet, steigert sich wieder:* Er wittert – wägt – argwöhnt – mit Recht! Er hebt den Schnabel – den Scherenschnabel – *beobachtet, dann erschrocken:* Nein, das ist – kein Scherenschnabel! Der Guricht ist – ein Klaffschnäbler! *Wischt sich die Stirn:* Ein Klaffschnäbler, ein Spaltschwimmfüßler – und stumm! – Alles – alles ist anders, als man es sich vorgestellt hat, damit muß man rechnen! *Wischt sich die Stirn und nimmt den Feldstecher wieder auf.*

SARGTISCHLER *immer mit ruhiger Selbstverständlichkeit:* Ja – das Lied – es ist mir entfallen. Es wurde mir an meiner Wiege gesungen, meiner hölzernen Wiege, – *nickt lächelnd in Erinnerung* – die ist nun auch den Weg allen Holzes gegangen – so wie ja auch das Lied den Weg aller Lieder!

PROFESSOR *beobachtet erregt:* Jetzt kommt er über die Geleise! Der Guricht! *Beobachtet:* Riesig ist er – nein – *enttäuscht* – riesig ist er nicht, aber er ist groß! Aber – *ernüchtert* – er ist nicht ein Meter fünfundsiebzig hoch – *versucht Trost* – das wäre wohl unmöglich. Er ist kleiner. Er ist – *schluckt* – nur ein Meter fünfzig! Ich habe ihn überschätzt! *Setzt sich, sehr müde, sieht sich um.* Ich habe alles überschätzt. *Er wischt sich die Stirn und brütet vor sich hin.*

SARGTISCHLER *hält mit der Arbeit inne, richtet sich auf, wieder in Erinnerung:* Ja – das Lied ist mir entfallen. Mein Gedächtnis ist den Weg aller Gedächtnisse gegangen, – *schüttelt nachdenklich lächelnd den Kopf* – aber die Wiege – an die erinnere ich mich, als habe sie soeben noch geschaukelt. *Er macht sich wieder am Sarg zu schaffen.*

PROFESSOR *hat sich mit schwindender Kraft wieder aufgerafft, setzt den Feldstecher wieder an:* Eckflügel? *Nickt befriedigt:* Ja, richtig! *Beobachtet:* Schulterfittiche? *Nickt:* Auch! *Beobachtet:* Aber – *sehr verzagt* – verkümmert. Geschrumpft! Die Spannweite – *Schluckt* – ist nicht ein Meter neunzig. Sie ist – *unterdrückt Schluchzen* – ein Meter fünfundsiebzig! Alles, alles habe ich überschätzt! *Wischt sich die Stirn, wendet sich um, läuft zur Tür und späht zur Tür hinaus.*

SARGTISCHLER *arbeitet am Sarg, lächelnd: . . .* als habe sie soeben noch geschaukelt! *Richtet sich auf:* Sie war aus Lärchenholz, – *in Erinnerung* – ungarische Lärche, für die man damals mit schwerem Pengö bezahlen mußte. *Versinkt in Erinnerung.*

PROFESSOR *Wieder mit ein wenig Hoffnung:* Die Farbe? Ja, die ist recht! Schwarz, ja blauschwarz, ja! Das ist – *quasi zum Publikum* – großartig. *Pause.* Der Guricht! *Beobachtet:* Der Schnabel? Weißgrau? *Ernüchtert:* Grau, – *angstvoll* – ein mattes, stumpfes Grau! *Läuft wieder zum Fenster, beobachtet dort:* Stumpf wie alles andere!

SARGTISCHLER *steht in Erinnerung:* Sie hatte schöne große Astlöcher, – *erläuternd:* auch Augen genannt . . .

PROFESSOR *beobachtet:* Er . . . pickt . . . *Läuft, immer hektischer, wieder zur Tür, beobachtet:* Körner, – *beobachtet nach beiden Seiten* – Körner! *Angeekelt:* Würmer! *Pause, dann erstickt:* Nährt sich also nicht von den Wurzeln alles Seins und Gedeihens! *Mit dem hektischen Versuch, sich zu trösten:* Nun, diese Wurzeln wachsen vielleicht hier nicht. Sie brauchen einen trockeneren Boden! *Versucht einen letzten Trumpf:* Und schließlich – welcher andere Vogel würde denn in der Dunkelheit überhaupt etwas finden?! Das kann nur er, der Guricht! *Plötzlich wieder angstvoll:* Der Guricht? *Läuft hektisch zum Fenster, beobachtet, und läuft während des Folgenden mehrmals wie irre zwischen Tür und Fenster hin und her.*

SARGTISCHLER *macht sich am Sarg zu schaffen:* Die Kanten waren verzahnt, mit Schwalbenschwanz verleimt, auf Nut und Feder verarbeitet, – *richtet sich auf, in Erinnerung schwelgend* – handgeschnitzte Profile, erstrangiges Handwerk! *Er zieht den Sarg in die Mitte, richtet sich wieder auf:* würdig eines Meisters!

PROFESSOR *am Fenster, hektisch:* Nein! *An der Tür:* Nein, das kann nicht sein! *Beobachtet angestrengt:* Er . . . *Sieht in die andere Richtung:* Er . . . heißt nicht . . . *In die andere Richtung:* Er heißt nicht Guricht! *Setzt verzweifelt den Feldstecher ab, blickt irre um sich und setzt ihn wieder an.* Nicht Guricht! *Er sinkt vernichtet auf einen Stuhl, nahe am Sarg.*

SARGTISCHLER *aus seinen Erinnerungen hervortauchend:* Aber das ist, wie ich schon sagte, lange her!

PROFESSOR *in sich zusammengesunken, ersterbend:* Nicht Guricht!

SARGTISCHLER *hat den Zylinder abgenommen, reibt ihn ein wenig mit dem Ärmel, betrachtet ihn liebevoll:* Ein alter Hut! *Setzt ihn wieder auf und blickt auf den Professor.*

PROFESSOR *schwach:* Nicht Guricht! *Setzt, mit letzter Kraft, den Feldstecher noch einmal an, setzt ihn wieder ab.* Noch nicht einmal das.

SARGTISCHLER *folgt kurz dem Blick des Professors, dann beiläufig:* Vögel! *Versinkt wieder in Erinnerung.*

PROFESSOR *sehr schwach:* Ich hatte mir das Ende anders vorgestellt.

SARGTISCHLER *in Erinnerung lächelnd:* Diese Wiege . . .

PROFESSOR *ersterbend:* Nun finde ich keinen Namen mehr. Die Namen sind besetzt, die Eigenschaften vergeben. Verschenkt! Es ist zu spät! *Pause.* Ich wußte mehr als andere – aber die anderen haben recht behalten. Es gab Möglichkeiten, aber mir haben sie sich entzogen. *Pause, dann schwächer:* Ich bin verlassen. Ich bin der Punkt, von dem sich alles wegbewegt. *Pause.* Kein Scherenschnabel, kein Wandelfuß, kein Sinn, kein Guricht. *Pause.* Nein – *Pause* – nein, – *er schüttelt den Kopf* – ich habe mich nicht überzeugt! *Er sinkt tot auf dem Stuhl zusammen.*

SARGTISCHLER *Lächelnd, in Erinnerung:* . . . als habe sie soeben noch geschaukelt! *Er wendet langsam seinen Blick auf den toten Professor, sein Lächeln verschwindet. Dunkel.*

Nachtstück

Personen

Ein Mann, der schlafen will
Ein Einbrecher

Ein großes, dunkles, altmodisches Schlafzimmer in ›herrschaftlichem Stil‹. Es könnte auch in einem Schloß sein. Zwei Türen. Eine davon führt ins Badezimmer, die andere in den Hausflur. Seidene, großgemusterte Tapete. Ein hohes Fenster mit roten Samtportieren, die Portieren mit gedrehten Kordeln, Goldlitze und Quasten. In der Mitte ein breites Bett mit hohen, gedrechselten Pfosten und Baldachin. Daneben ein Nachttisch, darauf die folgenden Requisiten: ein Telefon, eine volle Wasserkaraffe, ein Glas, eine Brille, ein Schreibblock mit Bleistift, eine goldene Taschenuhr. Weitere Möbelstücke: ein schwerer, zweiflügliger Schrank, ein großer Wandspiegel, eine Kommode, zwei gotische Stühle mit sehr hohen Rückenlehnen. Um einen von ihnen ist locker ein Seil gewunden, als solle hier jemand gefesselt werden. Ein Kleiderboy steht neben dem Bett. Eine goldene Louis-Seize-Uhr hängt an der Wand, außerdem vier oder fünf sehr dominierende Bildnisse männlicher Ahnen in sehr großem Format, sie wirken überlebensgroß: ein General, ein Staatsmann, ein Richter etc. Die Atmosphäre des Zimmers ist bedrückend.
Es ist Nacht. Das Zimmer ist erleuchtet.
Der Mann, der schlafen will, kommt, in Nachthemd und Hausschuhen, aus dem Badezimmer. Er hinkt ein wenig. Er trägt seine Kleider – Jacke, Weste, Hose, Hemd, Krawatte, Unterhemd und Unterhose – über den Armen, legt sie aufs Bett, geht zurück zur Tür, macht im Badezimmer das Licht aus, schließt die Badezimmertür, geht wieder zum Bett, holt die Kleider und verteilt sie stumm und mit großer Sorgfalt über den Kleiderboy. Dann macht er einen Schritt aufs Bett zu, aber es fällt ihm etwas ein: habe ich im Badezimmer das Licht ausgemacht? Er geht nochmals zur Badezimmertür, öffnet sie, sieht nach: das Licht ist aus. Er schließt die Tür, geht zum Bett, setzt sich darauf, sieht sich im Zimmer um, legt seine Unterarme auf die Oberschenkel und beide Handinnenflächen aneinander. So sitzt er einen Augenblick. Es schlägt zehn.

MANN *sieht auf die Wanduhr:* Zehn Uhr. Meine Stunde. Die Stunde der Vorbereitung. *Er nimmt die Taschenuhr vom Nachttisch, blickt auf sie.* Nein. Noch nicht. Es ist erst zwei Minuten vor zehn. *Er legt die Uhr wieder auf den Nachttisch.* Noch zwei Minuten. Nicht zu früh anfangen! –

Lieber alles ein wenig vor sich herschieben, sonst rächt es sich am Morgen. *Pause.* Am Morgen? *Er kostet das Wort.* Morgen. *Pause, seufzt:* Nein, – ich habe keine Eile. *Er legt die Handflächen wieder aneinander, Pause, dann plötzlich:* Habe ich . . .? *Wendet sich an eines der Bilder.* Habe ich im Badezimmer das Licht ausgemacht? *Er steht auf, geht zur Badezimmertür, öffnet sie. Das Licht ist aus.* Natürlich habe ich es ausgemacht. *Er schließt die Tür.* Ich mache es immer aus. *Geht auf das Bett zu, bleibt vor dem Spiegel stehen. Zu seinem Spiegelbild:* Warum . . .? *Hält ein, spricht zu einem der Bilder:* Warum muß ich immer denken, ich hätte es nicht ausgemacht? *Pause, zu sich:* Bin ich der Einzige, der es immer denken muß? *Er setzt sich wieder aufs Bett.* Wenn nicht – *Pause, leise:* Wo sind meine Brüder? *Pause.* Wenn ja –, warum ich? *Er sieht sich um, laut:* Warum immer ich? – Zu allem Anderen! *Leise:* Aber es ist wohl nur ein Teil vom Anderen. *Pause.* Was tue ich dagegen? *Schüttelt den Kopf.* Nichts. *Wendet sich an ein Bild, die Reihenfolge der Bilder ist willkürlich.* Nein, ich kann nichts dagegen tun. Es ist zu spät für Versuche. *Pause, zu einem anderen Bild:* Gewiß – ich sollte beim Licht-ausmachen denken: jetzt mache ich das Licht aus. Und mich später, wenn ich mir die Frage stelle, ob ich das Licht ausgemacht habe, daran erinnern, daß ich es ausgemacht habe. *Er wendet sich an ein anderes Bild.* Aber gerade das vergesse ich immer, *in den Raum, bezieht das Publikum mit ein* während ich niemals vergesse, das Licht auszumachen. *Pause, zu einem anderen Bild:* Ich denke immer . . . *hält ein, wendet sich an ein anderes Bild* Ich denke immer: einmal, da kommt auch die Nacht, da ich weiß, daß ich das Licht ausgemacht habe! *Zu einem anderen Bild:* Aber wann? – Es wird Zeit! *Zu einem anderen Bild:* Und wer weiß, ob ich es nicht gerade dann habe brennen lassen?! *Zu sich:* Und da ist auch noch die Haustür! *Zu einem Bild:* Zum Beispiel die Haustür. Seit langem weiß ich, daß ich sie abgeschlossen habe. Ich sehe nicht mehr nach. *Zu einem anderen Bild:* Aber: ob sie auch abgeschlossen ist?! *In den Raum, bezieht das Publikum mit ein:* Was hat mein Wissen von der Haustür mit der Haustür zu tun?! *Pause, er steht auf.* Vielleicht – *noch unschlüssig* sollte ich – heute –? *Entschluß.* Ja! Heute werde ich nachsehen. *Zu einem Bild, in schneller Folge:* Einmal! *Anderes Bild.* Zum letzten Mal! *Anderes Bild.* Und dann nicht mehr! *Er will zur Tür gehen, sieht sich im Spiegel, bleibt stehen, betrachtet sich.* Nein. *Zu seinem Spiegelbild, schüttelt den Kopf.* Nein. Es ist lächerlich. Ich werde nicht nachsehen. *Zu einem Bild:* Die Haustür ist abgeschlossen. *Er sieht auf die Wanduhr, dann sieht er auf die Taschenuhr auf dem Nachttisch.* Es ist nach zehn. Meine Stunde hat begonnen! *Er öffnet die Nachttischschublade, entnimmt ihr eine Liste, nimmt die Brille vom Nachttisch, setzt sie auf und liest:* ›Nummer eins: im Badezimmer Licht ausmachen‹ *läßt die Liste sinken, denkt nach* Ich habe es ausgemacht. Da bin ich sicher. *Pause, unsicher:* Fast sicher. *Er verscheucht die Unsicherheit.* Sicher genug. *Liest in der Liste:* ›Nummer zwei: Fensterläden schließen.‹ *Er legt Liste und Brille auf den Nachttisch, steht auf.* Fensterläden schließen! *Auf dem Weg zum Fenster:* Warum öffne ich sie immer wieder? *Am Fenster, öffnet es.* Wie kühl die Nachtluft schon ist. *Sieht hinaus, der Mond scheint.* Mond! Natürlich, da ist er wieder. Gottes steckengebliebener Steinwurf! – *Pause.* Aber wen sollte er eigentlich treffen? *Pause.* Wer weiß? – *Zurück in den Raum.* Wer das ahnte, der wäre vielem auf der Spur! *Er lockert die Läden außen.* Aber das Rätsel hätte er nicht gelöst. *Sieht auf den Mond.* Sieht nach nichts aus, – ein alter ungenießbarer Käse, *schließt die Läden* und doch: *verriegelt die Läden* aussperren läßt der sich nicht. *Er schließt das Fenster.* Der dringt dir durch die Mauern, *zu einem Bild* der saugt dir den Schlaf aus dem Gehirn. Oh ja, ich kenne ihn, – ein alter Gefährte, einer der schlechtesten. *Er geht zurück ins Zimmer.* Der braucht gar nicht zu scheinen, *zu einem Bild* denk nur an ihn, *in den Raum* berühre ihn mit der Spitze eines Gedankens, und schon dröhnt er dir *deutet zwischen seine Augen* da, zwischen den Augen, oder im Hinterkopf. *Er geht zum Bett.* Ja, ich möchte schlafen können – *er setzt sich aufs Bett* ich möchte liegen können, ruhen können, ohne daß mein Gehör seine Fühler nach allen Seiten ausstreckt – *Pause.* Zitternde Fühler. *Zu einem Bild:* Es tastet die Nacht nach ihren

Geräuschen ab, es greift durch die Ohren – *in den Raum, laut* ich bin überall *leise* und nirgends. *Er steht auf, unruhig.* Ich habe mich schon gefragt – *zu einem Bild* erst gestern habe ich mich gefragt, wozu ich noch Ohren brauche. *Bleibt vor dem Spiegel stehen.* Aber Fragen, die man sich selbst stellt, werden nicht beantwortet. *Zu einem Spiegelbild:* Oder doch? *In den Raum, sehr laut:* Oder etwa doch? *Zuckt die Achseln, setzt sich aufs Bett, zu sich:* Dabei sind es die einzig wichtigen Fragen, *nimmt die Liste und die Brille* wenn es wichtige Fragen gibt. *Er setzt die Brille auf, liest:* ›Nummer drei: Portieren zuziehen.‹ *Legt Liste und Brille weg.* Ja, – das ist wichtig. *Er steht auf.* Portieren fest zuziehen! *Er geht wieder zum Fenster.* Das Dunkel ist mir nicht dunkel genug, wenn ich schlafen will. *Zieht die Portieren zu.* Und wann wollte ich nicht schlafen! *Vor den Portieren, sieht sich im Raum um.* Schwarz muß es sein, ein Raum dicht voller schwarzer eingefangener Zeit. *Er geht zum Bett zurück.* Ich werde mich weich in ihr betten, *setzt sich wieder aufs Bett* wenn der Mond untergeht. *Er nimmt die Liste zur Hand und setzt die Brille auf, liest:* ›Nummer fünf: Zimmer verriegeln.‹ *Er will Liste und Brille ablegen, hält ein, überlegt:* Zimmer abriegeln? Das kommt zuletzt. Ich habe etwas ausgelassen! *Er liest leise, leise:* ›Nummer zwei: Fensterläden schließen; Nummer drei: Portieren zuziehen‹, – *laut* ›Nummer vier: unter dem Bett nachsehen.‹ *Legt Liste und Brille ab.* Ich wußte doch, daß da noch etwas war, *er öffnet die Nachttischschublade* etwas Peinliches, dem ich zu entwischen suche. *Er entnimmt der Schublade einen Revolver.* Aber es holt mich ein, immer wieder. *Zu einem Bild:* Immer wieder habe ich versucht . . . *hält ein, zu einem anderen Bild:* manchmal habe ich versucht, ohne das auszukommen, *er entsichert den Revolver* aber es geht nicht. Es bleibt irgendwo ein beunruhigter Rest im Kopf. *Er geht neben dem Bett in die Knie.* Manchmal meldet er sich erst viel später *er legt sich auf den Boden* und verscheucht kostbaren Schlaf. Dabei liegt niemand unter dem Bett. *Während er die Decke hebt:* Mein Gott, wenn ich alles so sicher wüßte wie das! Und doch – *er sieht unters Bett* – es könnte jemand unter dem Bett liegen, *er läßt die Decke wieder herab* gerade in dem Augenblick, da ich es unterlasse nachzusehen. *Er erhebt sich, hält ein.* Nein, *er legt sich noch einmal auf den Boden, hebt die Decke* es liegt niemand darunter. *Er sieht nochmals unter das Bett.* Wie sollte auch einer darunterliegen! *Er steht auf.* Wie sollte er denn hereingekommen sein!? *Zu einem Bild, lachend:* Etwa durch die verschlossene Haustür? *Zu einem anderen Bild:* Wie? *Er lacht, spricht in den Raum:* Ich fragte: etwa durch die verschlossene Haustür? *Er legt den Revolver wieder in die Schublade.* Nein. Nein. *Er schüttelt den Kopf.* Nein. *Er setzt sich wieder aufs Bett.* Oder ...? *Wendet sich um, sieht auf den Stuhl mit den Seilen.* ... oder: i s t sie gar nicht verschlossen? *Zu dem Stuhl:* Vielleicht sollte ich gehen –, nachsehen? *Pause, zu einem Bild:* Wie? *Pause, zu einem anderen Bild, das folgende leise und sehr schnell:* Vielleicht? *Anderes Bild.* Einmal? *Anderes Bild.* Zum letzten Mal? *Anderes Bild.* Und dann nicht mehr? *Steht zögernd auf, geht einen Schritt, bleibt vor dem Spiegel stehen, nach einer Pause:* Nein. Nicht nachsehen. Es ist lächerlich. *Zu einem Bild:* Ich habe sie selbst verschlossen. *Laut, versucht, sich zu überzeugen:* Ja, sie ist abgeschlossen, *zu den Bildern* wie? *Pause.* Natürlich! *Das Telefon klingelt.* Verfluchtes Telefon! *Er geht zum Bett.* Zertrümmert meine beste Stunde! *Er legt das Kopfkissen auf das Telefon.* Immer. *Das Telefon klingelt gedämpft.* Die einzig erträgliche Stunde meines Wachens. Gönnt mir die Ruhe nicht, *das Telefon klingelt gedämpft* noch nicht einmal die Vorbereitung. Als wüßte man am anderen Ende, *das Telefon klingelt gedämpft, zu einem Bild* wo immer dieses andere Ende sei, – daß ich meinen Schlaf vorbereite. Meine Ruhe: *das Telefon klingelt gedämpft* das ist eine waagerechte Landschaft, ich nähere mich ihr behutsam, *das Telefon klingelt gedämpft und hört dann auf* ich schiebe mich ihr entgegen, – krieche auf sie zu, *in den Raum* in Demut und Erwartung –, daß sie mich aufnehme, *er steht auf, geht zum Schrank* daß ich in ihr versinke, *öffnet die Schranktüren, der Schrank ist von oben bis unten voll mit Medikamenten in großen Klinikflaschen* Gesicht vorab in die Erde sinke – – *er tritt einen Schritt zurück* – da ist sie, sie breitet sich aus – *betrachtet das Schrankinnere* – ein grandioser Anblick! *Zu einem Bild:* Ich denke mir: *zu einem anderen Bild* was kann mir da noch zustoßen! *Pause, dann zu sich:* Nichts. *In den Raum:* So gut wie nichts. *Er geht zum Nachttisch, nimmt die Brille, will sie aufsetzen, sieht die Liste.* Halt! Noch nicht! *Er nimmt die Liste zur Hand, setzt die Brille auf.* Es fehlt noch etwas. *Zu einem Bild:* Ich weiß auch, was es ist, *sieht in die Liste* aber es ist besser, nachzusehen. *Er liest:* ›Nummer fünf: Zimmer abschließen.‹ *Legt Liste und Brille ab.* Ich wußte es. *Er entnimmt der Schublade einen Schlüssel.* Zimmer abschließen, nun gut. *Er geht zur Tür.* Eine Sache der Gewohnheit. *Steckt den Schlüssel ins Schloß.* Nötig ist das nicht. *Er schließt die Tür ab.* Das Haus ist ja schon abgeschlossen. *Geht zum Bett zurück, bleibt vor dem Spiegel stehen.* Oder – *überlegt* – ist das Haus gar nicht . . .? *Entschluß.* Ich sollte . . . *Er geht zur Tür, will sie öffnen, aber sie ist abgeschlossen. Er dreht den Schlüssel, öffnet die Tür, horcht ins Haus.* Nein – es ist abgeschlossen. *Schließt die Tür mit dem Schlüssel, will ihn abziehen, überlegt es sich:* Noch einmal! *Dreht ihn noch einmal um.* Es ist sicherer. *Zieht den Schlüssel ab.* Es könnte ja auch jemand im Haus sein. *Er geht zum Nachttisch.* Der wäre eingesperrt. *Er legt den Schlüssel in die Schublade.* Eingesperrt zwischen verschlossener Haustür und verschlossener Schlafzimmertür. *Zu einem Bild:* Immerhin, ein beträchtliches Jagdgebiet! *Er nimmt die Brille vom Nachttisch, sehr laut:* Aber es ist niemand im Haus. *Zu einem Bild:* Wer sollte denn darinnen sein? *Zu einem anderen Bild:* Wie? *Zum Stuhl:* Es ist niemand da! *Leiser zu sich:* Niemand. *Er setzt die Brille auf, geht zum Schrank.* Meine Landschaft! *Betrachtet das Schrankinnere.* In vielen Jahren aufgebaut, ich, mein eigener Gott, – der sah, daß es gut war! *Pause.* Ein unerschütterlicher Anblick! *Er nimmt die Flasche heraus, betrachtet sie, liest die Aufschrift, schüttelt den Kopf.* Nein, *er stellt die Flasche auf die Kommode* das ist es noch nicht. Zu leicht für die Nacht, *bei einer weiteren Flasche, die er aus dem Schrank nimmt* das auch nicht, das huscht nur so über die Gehirnschale *er stellt die Flasche auf die Kommode* gut genug für eine kleine Ruhe am Nachmittag, *besieht während des folgenden einige weitere Flaschen, die er auf der Kommode abstellt* und selbst das heute nicht mehr. Keine kleinen Ruhen am Nachmittag mehr für mich. Ich spare – spare für die Nacht. *Bei einer Flasche:* Nein, das auch nicht, das kommt aus einer andern Zeit, *stellt sie ab* als das Leichte noch schwer genug war. *Zu einem Bild:* Weshalb ich das alles behalte? *Pause.* Nun – *Pause.* Der Vollständigkeit halber. *Zu sich:* Ich bin ein Sammler, der den Sand unter den Füßen sammelt, während er geht. *Pause* Geht? *Leise:* Wohin? *Bei einer weiteren Flasche, während er sie abstellt:* Auch das dringt heute nicht mehr weit – es versickert im Blut – *zögert* und doch: *nimmt die Flasche wieder auf* immer mit etwas leichtem beginnen! Es bereitet den Organismus vor. *Überlegt, schüttelt lächelnd den Kopf:* Organismus! *Er betrachtet die Aufschrift, liest:* Diäthyldio . . . *er setzt sich mit der Flasche aufs Bett, liest* Diäthyldioxo-tetra-hydropyridin. *Pause. Er klappt die Brille hoch, so daß sie ihm auf der Stirn sitzt, und wiederholt in Gedanken, während er nach oben blickt:* Diäthyl-dioxo-tetra-hydro-pyridin? *Denkt nach.* Ja, das ist leicht, wenn ich mich recht erinnere – und doch – ein gutes, rechtschaffenes Mittel, nicht für den schweren Schlaf – aber es fördert die Bereitschaft zu schlafen – es stützt das nächste, das Schwerere. *Zu einem Bild, hält die Flasche hoch:* Ja, ein paar Jahre genügte das, *zu einem anderen Bild* das war vor den Generalswitwen –, *zu sich* es war auch vor den Kardinälen – *er schüttelt den Kopf, als wolle er eine unangenehme Erinnerung verscheuchen* – aber wann war das? *Er setzt die Brille wieder auf die Augen.* Und wo habe ich es gekauft? *Er hält die Flasche gegen das Licht.* Halbleer! Ich nehme es wohl immer noch, – vielleicht als Vorbereitung für andere Mittel, stärkere – *öffnet die Flasche, riecht daran* Wo habe ich das . . .? *Denkt nach* War es in London? Oder in Montevideo? *Denkt nach:* Nein, in Montevideo war es nicht, *Pause.* Wie mein Gedächtnis nachläßt! *Pause, zu sich:* Aber ich bin beinahe sicher, daß ich niemals dort war, ich erinnere mich nicht – – *zu einem Bild* und wenn ich dort war, so muß es lang her sein, zu einer Zeit, als ich noch schlafen konnte, *Pause, zu einem anderen Bild* oder so schlafen konnte, daß dieses Mittel noch genügte. *Zu einem anderen Bild:* Aus diesen Zeiten ist mir wenig in Erinnerung geblieben, aber *zu sich* wenn ich es recht bedenke – aus anderen Zeiten ist mir auch wenig in Erinnerung geblieben, *Pause, leise* wenig – *beinah tonlos* wenig, außer dem Entsetzlichen. Das bleibt. *Nach einer Pause, besieht die Flasche:* Jedenfalls, in Rom war es nicht. *Gequält:* Nein, weiß Gott, dort nicht! *Er nimmt ein Taschentuch aus der Nachttischschublade.* In Rom, *wischt sich die Stirn* da waren die Kardinäle, *zu einem Bild* da habe ich dann schon etwas Stärkeres gebraucht, *zu einem anderen Bild* da hätte dies nicht mehr genügt, nein, nicht in Rom! *Er schließt die Augen in schrecklicher Erinnerung.* Rom! Dimethyl-amino-propyliden-dibenzo-cyclo-heptadien! *Er wischt sich das Gesicht, legt dann das Taschentuch weg, ruhiger:* Dimethyl-amino-propyliden-dibenzo-cyclo-heptadien, ja, das war es. *Zu einem Bild:* Dabei ist auch das noch nicht das Stärkste. Gewiß, es ist ein gutes Mittel, und *zu einem Bild* verhältnismäßig unschädlich. Natürlich nur verhältnismäßig. *Zu einem anderen Bild:* Es fördert die Gewöhnung nicht. *Zu einem anderen Bild:* Oder zumindest: nicht wesentlich. *In den Raum:* Die Gefahr der Gewöhnung ist immer gegeben. *Zu einem Bild:* Und bei vernünftigem Gebrauch ist es ohne Nachwirkung. *Zum Stuhl:* Freilich, es ließe sich fragen: was ist vernünftiger Gebrauch? *In den Raum:* Eine Fangfrage. *Betrachtet wieder die Flasche, die er in der Hand hält:* Wie dem auch sei: dieses hier ist harmloser. Eine sanfte Woge, die an die Küste des Schädels schlägt. *Er denkt nach.* Aber wo war es nur, daß ich . . .? *Er steht auf, geht ein paar Schritte durchs Zimmer, bleibt dann stehen.* Ich weiß. *Er wendet sich zum Stuhl.* Es war irgendwo – irgendwo in der Provinz, *zu einem Bild* in Fulda vielleicht. Oder in Cambridge *zu einem anderen Bild* oder in Straßburg. *In den Raum:* Es ist ja schließlich alles dasselbe. *Pause.* Oder nicht? *Pause, leiser:* Ja, es ist alles dasselbe, *Pause* aber damals wußte ich das noch nicht. *Er wendet sich zum Stuhl.* Ein junges Mädchen – *hält ein, wendet sich an ein Bild* – war es meine Nichte? *Zu einem anderen Bild:* Ja, vielleicht war es meine Nichte. *Zum Stuhl:* Sie muß Hildegard geheißen haben, oder Irmgard, oder wie sie alle so heißen, aber da bin ich nicht sicher – *Pause.* Es ist lange her, damals hatte ich noch Nichten – oder eine Nichte – *in den Raum* Jedenfalls hatte mich das junge Mädchen aufgefordert, mit ihr ein Konzert zu besuchen. *Pause, zu sich:* ›Ein Konzert besuchen‹ – ja, so nannte sie es, so nennt man es. *Noch leiser, nachdenklich:* Ein Konzert! *Wieder laut, in den Raum, bezieht das Publikum mit ein:* Ein Konzert, dachte ich, schadet nie, das kann nicht schlimm sein, oder nicht sehr schlimm, es kann kein böses Ende nehmen, dachte ich. *Zu einem Bild:* Aber zu spät entdeckte ich, daß es sich um ein Konzert von Sängerknaben handelte, *zu einem anderen Bild* oder von Domspatzen, *wieder zum vorigen Bild* jedenfalls von diesen Kindern, die man auf Kopfstimme dressiert, wie es sie bei uns gibt. *Er setzt sich aufs Bett, denkt einen Augenblick nach, schüttelt den Kopf in unangenehmer Erinnerung, dann zu sich:* Da standen sie denn alle, im Halbkreis, mit ihren fetten Scheitelchen über ihren pickligen Stirnen, mit ihren Gesichtchen in weiß und rosa, ihren Rosenmündchen *wieder zu einem Bild* so weit geöffnet, daß man das Gold in ihren vollen Kehlen sehen konnte, *zu einem anderen Bild* vor allem beim hohen gis, das sie alle mühelos erreichten. *Er holt wieder das Taschentuch hervor.* Ihre sauberen weißen Krägelchen und ihre unsauberen schwarzen Gedanken. *Er wischt sich die Stirn.* Nein, es war nicht schön, nein – wahrhaftig nicht. *Er wendet sich zum Stuhl:* Da standen sie also, alles Musterschüler, alles Förstersöhne und Bauernsöhne und dazwischen hier und dort ein kleiner Kastrat, meist Sohn eines Grafen und einer Stallmagd, *zum Publikum* da standen sie denn und zwitscherten und tirilierten ein Ave Verum oder ein Ave Maria, *zu sich* wenn das nicht das gleiche ist – *Pause, überlegt* jedenfalls verfolgt es das gleiche Ziel, *in den Raum* mit einer schrecklichen, tönenden, dröhnenden Inbrunst, so engelsrein, so ohne Obertöne! *Zu einem Bild:* Die Blicke waren himmelwärts gerichtet, wie auf die Wurst am Maibaum, so sah es aus. *Er schüttelt den Kopf, nimmt eine Tablette aus der Flasche.* In Wirklichkeit aber sahen sie auf ihren Dirigenten *er schließt die Flasche* der hieß Pater Emmeran, *er öffnet die Flasche wieder* so heißen sie alle, *nimmt eine zweite Tablette* letzten Endes. *Leise zu sich:* Letzten Endes? *In den Raum:* Er war ein gütiger grauer Erzieher, ein sanfter Freund der Muse des Glaubens, *er schließt die Flasche* man verhaftete ihn bald darauf, *er schluckt die Tabletten* weil er drei seiner Sänger *trinkt einen Schluck Wasser* unzüchtig berührt hatte, *trinkt noch einen Schluck* zwei Soprane *stellt das Glas weg* und einen Alt, *stellt die Flasche auf den Fußboden, nachdem er festgestellt hatte, daß auf der Kommode kein Platz mehr ist* wenn ich mich recht erinnere. *Er nimmt die Brille vom Nachttisch.* Aber da mag ich mich täuschen, *er setzt die Brille auf* vielleicht war alles ganz anders, *er geht zum Schrank, im Vorbeigehen zu seinem Spiegelbild* mein Gedächtnis läßt nach, *betrachtet sich im Spiegel, leise* Gottseidank! *Er nimmt eine weitere Flasche aus dem Schrank, ist aber nicht bei der Sache.* Singende Knaben! Geöffnete Münder! Ein schwarzer Pater, dem die Güte im Gesicht steht – *er besieht die Flasche, will sie auf die Kommode stellen, findet aber wieder keinen Platz und stellt sie auf den Fußboden* – so etwas gibt unruhigen Schlaf. *Wieder bei einer Flasche:* Ich erinnere mich, *er hält mit dem Suchen ein* wie ich durch ausgestorbene Gassen lief, auf der Suche nach einer Apotheke mit Nachtdienst. *Er nimmt eine Flasche aus dem Schrank.* Das ist jetzt lang her, *er stellt die Flasche auf den Fußboden* sehr lang. *Er setzt sich aufs Bett, legt die Brille ab, wischt sich müde die Augen.* Ja, Diäthyl-dioxo-tetrahydro-pyridin! *Schüttelt den Kopf.* Heute würde das nicht mehr genügen, *zu einem Bild* aber damals habe ich geschlafen, *zu sich* soweit ich mich erinnere. *Pause.* Und dennoch –: ab und zu, um diese Stunde, sind auch diese Knaben hinter mir her, *gequält* lauert hinter einer Ecke ein Ave Verum – schwingt eine Kopfstimme! *Pause, er schüttelt es ab.* Nun – es kam Schlimmeres. Später! Mein Gott, es ist noch anderes hinter mir her. *Pause, dann plötzlich:* Habe ich im Badezimmer das Licht ausgemacht? *Er steht auf, geht zur Badezimmertür und öffnet sie. Das Licht ist an.* Nein! Natürlich habe ich es nicht ausgemacht. *Er macht das Licht aus.* Ich mache es nie aus, *er schließt die Badezimmertür* vergesse es immer! *Er macht einen Schritt ins Zimmer, hält ein, geht zurück, öffnet die Tür nochmals, um sich zu überzeugen, daß das Licht aus ist. Es ist aus. Er schließt die Tür, geht auf das Bett zu, hält ein.* Habe ich die Fensterläden geschlossen? *Er geht zum Fenster, zieht die*

Portieren auseinander. Ja, ich habe es geschlossen, natürlich. Ich erinnere mich, da war der Mond, auch der ist hinter mir her. *Er geht zum Bett, leise:* Aber auch der ist nicht der Schlimmste. *Er setzt sich aufs Bett.* Er dröhnt mir im Kopf, gewiß, aber er berührt mich nicht mit der Hand. *Pause, er seufzt, müde:* Was weiter? *Er sieht sich um, stellt fest, daß die Portieren geöffnet sind.* ›Nummer drei: Portieren zuziehen!‹ *Er steht auf.* Das ist wichtig. *Er geht zum Fenster.* Damit die schwarze Zeit sich sammle und verdichte, *er zieht die Portieren zu* damit sie nicht durch die Ritzen zieht! *Er geht wieder zum Bett, in den Raum:* Schlafen – inmitten aufgespeicherter Zeit! *Er setzt sich aufs Bett, nimmt die Liste zur Hand.* Aber da war noch mehr, *er setzt die Brille auf* oder nicht? *Er liest:* ›Nummer vier: unter dem Bett nachsehen.‹ *Er holt den Revolver aus der Schublade.* Habe ich denn nicht schon ...? *Entsichert den Revolver, eine Patrone springt heraus.* Ja, ich muß schon nachgesehen haben! *Er blickt fragend von einem Bild zum anderen.* Aber mit welchem Resultat? *Er läßt sich auf die Knie hinab.* Jetzt beginne ich, auch das Wichtige zu vergessen. *Auf den Knien, sieht sich um.* Wichtig? Was ist wichtig? *Er legt sich auf den Fußboden, hebt die Decke. In diesem Moment kriecht an der anderen Seite des Bettes der Einbrecher hervor und will sich, über das Bett hinweg, auf den noch liegenden Mann stürzen. Der Mann springt auf – er entwickelt während des folgenden eine unvermutete Behendigkeit –, packt den Einbrecher noch von unten am Hals und hält ihm, der quer über dem Bett liegt, den Revolver vor.* Halt! *Er richtet sich auf, so daß er über dem Einbrecher steht.* Sie tun jetzt das, was ich Ihnen sage! *Er hält ihm den Revolver vor die Brust.* Sonst schieße ich. *Er läßt vom Hals des Einbrechers ab.* Was jetzt kommt, das habe ich geprobt, in allen Lagen. *Er geht einen Schritt zurück, zielt auf den Einbrecher.* Stehen Sie auf! *Der Einbrecher steht langsam auf, immer auf den Mann blikkend.* Legen Sie die Hände auf den Kopf! *Der Einbrecher tut es.* Hände falten! *Der Einbrecher tut es.* Bleiben Sie gerade stehen! Bewegen Sie sich nicht! *Der Mann geht, ständig auf den Einbrecher zielend, um das Bett herum, dann auf ihn zu.* Ich bin imstande und schieße. *Er steht vor ihm, greift ihm in die rechte Hosentasche und zieht einen Totschläger hervor und legt ihn an das Fußende des Bettes.* Ich war in Weltkriegen. *Er greift ihm in die linke Hosentasche und zieht ein Brecheisen hervor. Er legt es an das Fußende des Bettes.* Nicht freiwillig, denken Sie das nicht! *Er greift ihm in die Hintertasche, zieht ein Paar Handschuhe hervor und legt es auf das Fußende des Bettes.* Aber ich fand mich ab, – ich war jung damals. *Er greift ihm in die rechte Jackentasche, zieht eine Butterbrotdose hervor, legt sie auf das Fußende des Bettes.* Jetzt bin ich alt und finde mich mit nichts mehr ab, *er greift ihm in die linke Jackentasche, zieht einen Schlagring hervor und legt ihn auf das Fußende des Bettes* – und doch – man verstummt und erträgt schließlich alles. *Er zieht aus der oberen Jackentasche eine Zange hervor und legt sie auf das Fußende des Bettes.* Darüber kann ich Ihnen viel erzählen, *er zieht ihm aus der rechten Brusttasche eine Thermosflasche hervor, legt sie auf das Fußende des Bettes* ich werde Ihnen auch davon erzählen. *Er zieht aus der linken Brusttasche einen Bund mit Schlüsseln und Dietrichen hervor, legt sie auf das Fußende des Bettes.* Ich habe Sie ja seit meiner Kindheit erwartet, *er sucht alle Taschen noch einmal durch* wenn ich auch gestehen muß, daß ich Sie mir größer vorgestellt habe – breiter und bedeutender, *er tastet ihn außen noch einmal ab* aber schließlich ist alles was eintrifft um eine Dimension geringer als man es sich vorgestellt hat. *Entfernt sich um einen Schritt, immer den Revolver auf den Einbrecher gerichtet.* Mindestens um eine, oft um viel mehr. Setzen Sie sich auf diesen Stuhl! *Der Einbrecher setzt sich auf den Stuhl mit den Seilen.* Legen Sie die Hände an die Schenkel, – fest! *Einbrecher tut es.* Sie sehen: *er geht wieder auf ihn zu und beginnt, ihn mit einer Hand zu fesseln, während er ihn mit der anderen mit dem Revolver bedroht* alles ist vorbereitet, sehr sorgfältig, *während er ihn fesselt* für den Gast, der sein Kommen immer wieder verschoben hat. *Er legt den Revolver ab und beginnt das Seil zu verknoten.* Auch diese Knoten habe ich selbst entwickelt, ich habe viele Wintermonate darangesetzt. *Er macht mehrere kunstvolle Knoten.* Es war nicht leicht, sie zu erfinden, aber schwerer noch war es, sie nicht wieder zu vergessen.

Er ist mit dem Fesseln fertig. Versuchen Sie, sich freizumachen *Der Einbrecher zerrt am Seil, kann sich aber nicht rühren.* Sehen Sie? Es geht nicht. Ich habe meine Jahre nicht umsonst verbracht. *Er nimmt den Revolver, entfernt sich, hält ein.* Das heißt: das könnte ich erst sagen, wenn sie vorbei sind. *Denkt einen Augenblick nach.* Und jetzt? *Geht zum Bett, setzt sich darauf, legt den Revolver in die Schublade, sieht sich um, sieht die Liste, nimmt sie zur Hand, setzt die Brille auf, liest:* ›Nummer vier: unter dem Bett nachsehen.‹ *Pause.* Ich habe nachgesehen, da bin ich sicher. *Liest:* ›Nummer fünf: Zimmer verriegeln.‹ *Er legt Liste und Brille ab.* Zimmer verriegeln, ja! *Er steht auf, geht zur Tür, öffnet sie, sie ist nicht abgeschlossen, horcht ins Haus. Pause.* Vielleicht sollte ich gleich nachsehen, ob die Haustür . . .? *Unterbricht sich, sieht auf den Einbrecher, schließt dann die Tür mit dem Schlüssel, zieht ihn ab, geht zum Nachttisch, legt den Schlüssel in die Schublade, geht langsam auf den Einbrecher zu.* Wie sind Sie ins Haus gekommen?!

EINBRECHER Ich? Ich komme niemals anders als durch die Haustür. Niemals.

MANN Durch die . . . Niemals anders . . . Sie – Sie haben sie aufgebrochen.

EINBRECHER Das habe ich mir diesmal sparen können. Sie war nicht abgeschlossen. Das Haus war offen.

MANN *wendet sich vom Einbrecher ab, nach einer Pause:* Nicht abgeschlossen – das Haus war offen. Ja – ich habe es ja gewußt.

EINBRECHER Wenn Sie es gewußt haben – warum haben Sie es denn dann nicht abgeschlossen?

MANN *hört nicht zu* Immer wollte ich abschließen, – aber es kam nie dazu, es kam immer etwas dazwischen, *zu einem Bild* oder etwa nicht? *Nickt.* Ja, es kam immer etwas . . . *Wendet sich zum Einbrecher:* Es wundert mich beinah, daß Sie jetzt erst gekommen sind.

EINBRECHER Ich bin schon seit längerem im Haus.

MANN Und wo waren Sie bis jetzt?

EINBRECHER In den unteren Räumen. Das waren schöne Räume.

MANN *nicht bei der Sache* – schöne Räume!

EINBRECHER Waren es. Ich habe so ziemlich das meiste auseinandergenommen.

MANN *hört nicht zu* Ich habe also ... die Haustür offen gelassen. *Pause, wendet sich wieder zum Einbrecher:* Haben Sie abgeschlossen?

EINBRECHER *erstaunt* Ich?! Wozu sollte ich ...?

MANN *unterbricht, Entschluß* Dann schließe ich sie jetzt ab! *Er geht auf die Tür zu, bleibt aber vor dem Spiegel stehen.* Jetzt? *Pause, befragt sein Spiegelbild:* Aber warum – warum jetzt? Jetzt ist es zu spät. *Er wendet sich ab.* Es besteht kein Grund mehr, weshalb ich abschließen sollte.

EINBRECHER Richtig. Ich wüßte auch keinen.

MANN *hört ihm nicht zu* Zu spät. Sie sind ja hier.

EINBRECHER Das meine ich auch.

MANN *hört nicht zu, wendet sich an ein Bild:* Er ist ja hier. Jetzt kann nichts mehr geschehen.

EINBRECHER Das würde ich nicht behaupten.

MANN *hört nicht zu, zu einem anderen Bild:* Es werden nicht zwei Einbrecher in einer Nacht kommen.

EINBRECHER Da haben Sie allerdings wohl recht.

MANN *hört nicht zu:* Nein, *er setzt sich wieder aufs Bett* das ginge gegen das Gesetz der Wahrscheinlichkeit.

EINBRECHER Es gibt kein Gesetz der Wahrscheinlichkeit.

MANN *wie oben* Wenn ich bedenke – man hat einmal vier erwartet ...

EINBRECHER Ich weiß das aus langer Erfahrung. Wahrscheinlichkeit ...

MANN *wie oben* Aber von allem war das, was eintraf, immer das Unwahrscheinlichste ...

EINBRECHER ... verachtet das Gesetz, – ebenso wie ich es verachte.

MANN ... bis man das Unwahrscheinliche erwartete und es dadurch zum Wahrscheinlichen wurde. *Der Einbrecher beginnt von hier ab mit Befreiungsversuchen, indem er jeweils mit einem Bein, einem Arm oder dem Kopf am Seil zerrt.* Und wenn es zwei Möglichkeiten gab, dann traf immer die Unwahrscheinlichere ein. Gewiß, *zu einem Bild* rückblickend sieht es so aus, als sei es die Wahrscheinlichere gewesen. *Er wendet sich zum Einbrecher, der immer, wenn der Mann sich ihm zuwendet, mit seinen Befreiungs-*

versuchen aufhört und stillsitzt. Aber Sie – Sie habe ich ja erwartet. Sonst hätte ich die Haustür abgeschlossen, *zu einem Bild* oder nicht? *Zu einem anderen Bild:* Natürlich – *Pause* sonst hätte ich ... *Er verliert sich.* Aber wozu? *Pause, er steht auf, geht zum Schrank.* Morgen liefere ich Sie der Polizei aus! *Zu sich, leise, das Wort kostend:* Morgen! – *Er nimmt eine Flasche aus dem Schrank, ist aber nicht bei der Sache, sieht zum Einbrecher hinüber.* Ohne Erbarmen! *Pause.* Hören Sie!

EINBRECHER Wie bitte? *Obenhin* Ach so, ohne Erbarmen, ja, gewiß.

MANN *betrachtet die Flasche, leise* Erbarmen! *Laut, in den Raum:* Hat denn mit mir jemand Erbarmen? *Er stellt die Flasche auf den Fußboden.* Nein. *Wieder beim Schrank, betrachtet das Innere.* Außer meiner Landschaft, der ich mich nähere. *Er zieht eine Flasche heraus, betrachtet sie, beiläufig:* Vergangene Zeiten! *Stellt sie auf den Fußboden, nimmt eine andere Flasche zur Hand, betrachtet sie, hält sie ans Licht.* Leer! *Er wirft sie in eine Ecke, holt eine weitere Flasche hervor, betrachtet sie.* Dies ist es. *Zum Einbrecher:* Mein liebstes Mittel. *Modifiziert:* Oder sagen wir: mein liebstes Mittel der mittelstarken Klasse. *Er liest:* Dimethyl-amino-propyliden-dibenzo-cyclo-heptadien. Ja, das ist es. *Er setzt sich mit der Flasche aufs Bett, klappt die Brille hoch, so daß sie ihm auf der Stirn sitzt.* In Rom nahm ich das zum ersten Mal. *Er hält die Flasche ans Licht.* Ich werde mir bald neues bestellen müssen, eine neue Klinik-packung. Diese ist beinah leer. *Er öffnet die Flasche.* Davon nur eines, *er nimmt eine Tablette heraus* damit ich mir den Weg zu anderen Mitteln nicht verbaue. *Zum Einbrecher:* Man muß zu dosieren verstehen. *Er schließt die Flasche.* Aber darin bin ich ein Meister, *er will die Flasche auf den Fußboden stellen, hält aber ein* wenn auch nur darin, *er öffnet die Flasche wieder* Vielleicht sollte ich doch lieber zwei nehmen? *Er nimmt eine zweite Tablette aus der Flasche.* Dann nehme ich von dem nächsten, dem stärkeren Mittel entsprechend weniger. *Er schließt die Flasche.* Man muß mit seinem Körper haushalten. *Er stellt die Flasche auf den Boden, verharrt einen Augenblick in seiner Stellung.* Haushalten? Ja, *er nickt* ja, das hat man mir beigebracht, – aber wozu, *er steht auf* – das hat man mir nicht beigebracht. *Er schenkt sich aus einer Karaffe Wasser ein.* Ja – damals in Rom, da war ich noch nicht abgestumpft, ich war noch *er schluckt eine Tablette* jung, war noch *trinkt einen Schluck Wasser* voller Erwartung, *schluckt die zweite Tablette* ich war noch im Vollgefühl von – *trinkt einen Schluck Wasser* im Vollgefühl . . . (hält ein) nein, nein, das nicht. *Er trinkt noch einen Schluck Wasser.* Ja, ein gutes, mittelstarkes Mittel. *Zum Einbrecher, dem es bereits gelungen ist, das Seil erheblich zu lockern, der aber immer sofort mit seinen Versuchen aufhört, wenn der Mann sich ihm zuwendet:* Heute ist es natürlich nicht mehr stark genug, auch zwei wären es nicht, auch drei nicht. Aber es würzt das nächste, verstehen Sie? Es ergänzt, sozusagen, die Wirkung des Stärkeren, *er klappt die Brille auf die Augen und geht zum Schrank* und jetzt kommt das Stärkere, ich nähere mich den Gipfeln meiner Landschaft. *Er zieht eine Flasche heraus, betrachtet sie, schüttelt den Kopf.* Gewiß – *er stellt sie auf den Fußboden* es wird seine Nachwirkungen haben. *Bei einer anderen Flasche:* Aber wer schlafen will, *stellt die Flasche ab* der muß Nachwirkungen in Kauf nehmen. Schließlich *betrachtet eine weitere Flasche genau* hat ja auch alles, was wir im Wachen tun, seine Nachwirkung *stellt die Flasche ab* und seine Nebenwirkung, das muß man auch bedenken. *In den Raum:* Oder etwa nicht? *Pause, leise:* Ja – – damals in Rom, da war es. Da war ein Festzug – *versucht sich zu erinnern* – eine Art Prozession – – *zum Einbrecher* wäre das Mariä Lichtmeß?

EINBRECHER Mariä Himmelfahrt.

MANN Ja. *Nickt.* Vielleicht das, ja. Etwas ähnliches auf jeden Fall. Etwas Furchtbares, Beängstigendes.

EINBRECHER Mariä Empfängnis.

MANN Vielleicht auch das. Ja, das war es, glaube ich. *In Erinnerung:* Die Kardinäle wurden durch die Straßen getragen. Alle siebenhundertfünfzehn Kardinäle der Welt. Auch die Schwarzen, auch die Gelben . . .

EINBRECHER *nickt bestätigend* Mariä Empfängnis.

MANN *wie in Erinnerung eines schlechten Traums:* Sie saßen aufrecht in ihren Sänften, die wurden von Weihbischöfen getragen. Von allen Weihbischöfen der Welt. *Er nimmt ein Taschentuch zur Hand.* Alle Weihbischöfe der Welt trugen alle Kardinäle der Welt, durch die Straßen Roms, *er wischt sich die Stirn* und die Kardinäle trugen alle rot, blutrot, wie bei der Inquisition. Manche waren groß und lang, andere klein und dick, wieder andere – vielleicht die meisten – groß und dick, es gab auch kleine und dünne, aber das waren die wenigsten, solche macht man selten zu Kardinälen – – *Pause, er hält sich einen Augenblick lang die Hand vor die Augen* Die kleinen Dicken, das waren die Gefährlichsten. Die hatten kleine spitze Augen, Augen die das Kleid jeder Büßerin durchdringen, – es zerfetzen, um darunter die Sünde am Schwanz zu packen, – – *nickt* oh ja, die kriegen sie immer zu fassen, die – – *Pause* Sie hatten lange, lackierte Fingernägel, das sah ich –, sie hielten nämlich vergoldete Kruzifixe in der Hand, die werden in den Missionsgefängnissen von Peru hergestellt, – und jeder – – *er stockt, versucht den Schrecken der Erinnerung zu verscheuchen* jeder hatte einen großen Kessel mit Weihwasser vor dem Bauch. Und sie tauchten ihre Kruzifixe ins Weihwasser und spritzten es über die Straßen, nach rechts und nach links, und wieder nach rechts, und wieder nach links, bis es dampfte und zischte. *Er wischt sich den Schweiß vom Gesicht. Der Einbrecher hat von seinen Befreiungsversuchen abgelassen und hört gebannt zu.* Alles in strengem Takt – denn voran *stockt* – ja – voran schritt, nein: er ritt! Voran ritt, auf einem Apfelschimmel, ein päpstlicher Hausprälat mit einer Pauke. Der schlug die Pauke und gab den Rhythmus an. *Er spielt die Szene.* Bumm! Rechts – – Bumm! Links – – Bumm! Rechts – – Bumm! – – Links. *Schließt die Augen in Erinnerung, öffnet sie wieder.* Die Straßen leerten sich, wie wenn es aus heiterem Himmel hagelt, die Leute flohen in panischem Schrecken, in entsetzlicher Gewissensnot, sie bekreuzigten sich, manche rutschten auf den Knien . . . alles wand sich in Sünde – – *leiser* nur ich . . . ich habe keine Sünden – oder: ich kann keine finden – ich stand im Bann, erlahmt, bis der Zug vorbei war! *Wischt sich das Gesicht, fährt dann ruhiger fort:* Die Pauke dröhnte mir noch lang in den Ohren, das Weihwasser brannte mir in den Augen . . .

EINBRECHER Warum sind Sie nicht weggelaufen – oder haben geschossen?
MANN ... bis Stille sich ausbreitete, die dem Zug folgte – – wie ein Sog ...
EINBRECHER In diesen Situationen muß man schießen.
MANN ... eine Grabesstille. Plötzlich war es mir ... als hätte ich keine Ohren mehr.
EINBRECHER Warum haben Sie nicht geschossen?
MANN *zum Einbrecher:* Ich hatte keine Waffe bei mir.
EINBRECHER Ein einziges Maschinengewehr hätte genügt, um den ganzen ...
MANN Hätten Sie geschossen?
EINBRECHER Ich?! Ich habe nichts gegen Kardinäle.
MANN Ich war in der Minderzahl. *Das Telefon klingelt.*
EINBRECHER Man muß etwas wagen, im Leben.
MANN Das hat man mir auch beigebracht. Aber es ist falsch.
EINBRECHER Ich wage immer alles. *Das Telefon klingelt.*
MANN Und das werden Sie jetzt bereuen!
EINBRECHER Das werden wir noch sehen.
MANN *schüttelt den Kopf* Ich hatte niemand auf meiner Seite. *Das Telefon klingelt.*
EINBRECHER Woher wissen Sie das? Das kann man nie wissen.
MANN Man spürt es. Ich war allein.
EINBRECHER Gerade das ist mitunter am besten. *Das Telefon klingelt.* Beantworten Sie noch nicht einmal das Telefon?
MANN Ich war einsam. Einsam wie jetzt. Einsamer. Jetzt sind Sie da.
EINBRECHER Ich, ja. Außerdem will jemand Sie am Telefon sprechen. *Das Telefon klingelt.* Antworten Sie endlich! Es ist ja nicht zum aushalten!
MANN Woher sollten Sie wissen, was man aushält! *Er geht zum Bett und legt das Kissen wieder aufs Telefon.* Es ist nicht für mich. *Das Telefon klingelt gedämpft.* Es ist nie für mich. *Er setzt sich müde aufs Bett.* Ja, das war ein furchtbares Erlebnis – wenn auch noch nicht das furchtbarste. *Das Telefon klingelt gedämpft, hört dann auf.* Als ich später in den Spiegel sah, bemerkte ich das erste graue Haar an den Schläfen. *Der Einbrecher hat sich abgewandt und gähnt.* Und ein kleines Zittern in den Händen. *Be-*

trachtet seine Hände. Ich bin es nie wieder losgeworden. *Er steht wieder auf, geht zum Schrank.* Ja, das war in Rom. *Er setzt die Brille wieder auf die Augen.* In der via – via di ... *Er nimmt eine Flasche aus dem Schrank.* Ich habe es vergessen. *Er betrachtet die Flasche, ist aber noch nicht wieder bei der Sache. Der Einbrecher gähnt und schließt die Augen.* Das war also das Dimethyl-dibenzo-cyclo-heptadien! Damals bekam man es noch ohne Rezept. *Er stellt die Flasche auf den Fußboden.* Das waren noch gute Zeiten. *Er setzt die Brille ab, reibt sich die Augen.* Vielleicht bekommt man es immer noch ohne Rezept, ich weiß es nicht. *Pause, dann nimmt er eine neue Flasche aus dem Schrank.* Es ist ja nicht stark, es ist mittelstark. *Er setzt die Brille wieder auf, betrachtet die Flasche.* Aber die Stärkeren, die bekommt man nicht mehr ohne Rezept. *Pause, er stellt die Flasche ab. Dem Einbrecher sinkt der Kopf vornüber.* Aber wahrscheinlich bekam man sie damals auch nicht ohne Rezept. *In den Raum:* Vielleicht haben die Zeiten sich gar nicht so sehr geändert –, *er setzt die Brille ab, legt sie auf den Nachttisch, tritt vor den Spiegel* nur ich – *betrachtet sein Spiegelbild* – ich habe mich geändert. Haben die Mittel mich geändert? *Pause, er betrachtet sein Spiegelbild.* Oder nehme ich Mittel, weil ich mich geändert habe? *Tritt vom Spiegel weg.* Nein, *er sieht sich um* alles hat sich geändert, auch die Mittel haben sich geändert, *betrachtet die Bilder* und die Zeiten *wieder vor dem Spiegel, fährt sich mit der Hand über den Kopf* und ich! *Er will sich vom Spiegel wegwenden, stellt aber im Spiegel fest, daß der Einbrecher eingeschlafen ist. Er ruft in den Spiegel:* He! Sie! *Wendet sich zum Einbrecher:* Sie! *Geht zu ihm.* Nicht schlafen! *Er schüttelt ihn.* Nicht, nicht schlafen! Habe ich Sie dazu heraufgelockt? *Schreit ihn an.* Jahrelang die Haustür offen gelassen?!

EINBRECHER *erwacht* Warum lassen Sie mich nicht schlafen?

MANN Ich will, daß einer mir zuhört. Meine Schrecken abwälzen, damit der Schlaf mich leer antrifft, wenn er kommt!

EINBRECHER Ich höre nicht zu.

MANN *hat nicht zugehört:* Und *eindringlich* sind Sie einmal in einem Zimmer allein gewesen mit einem, der schläft?

Ruft: Da flattert das Entsetzen umher und stößt an die Wände.

EINBRECHER Im Schlaf bin ich ungefährlich.

MANN Was wissen S i e vom Schlaf! Wer gefährlich ist, der ist auch im Schlaf gefährlich, sogar gefährlicher als im Wachen. Aber Sie, Sie sind auch im Wachen nicht gefährlich. Sie nicht. Da gibt es Andere. Ich habe anderes erlebt, wahrhaftig! *Er entfernt sich.* Sie bleiben wach, so lange ich wach bin, *er geht zum Nachttisch* und darüber hinaus – unfreiwillig! *Er nimmt die Brille vom Nachttisch.* Sie werden unfreiwillig meinen Schlaf bewachen, *er setzt die Brille auf, geht zum Schrank. Der Einbrecher fährt mit seinen Befreiungsversuchen fort.* Jetzt wird es Zeit – Zeit für das Schwere. *Er sucht im Schrank.* Für das Barbituricum! *Er nimmt eine Flasche heraus, betrachtet sie, schüttelt den Kopf.* Nein, noch nicht. *Er will die Flasche auf den Fußboden stellen, aber um ihn herum ist es inzwischen voll mit Flaschen.* Das ist es noch nicht. *Er sucht einen anderen Platz.* Aber auch das *hält die Flasche hoch* hat mir schon gute Dienste geleistet, *er nimmt das Kissen vom Telefon und stellt die Flasche auf den Nachttisch* es enthält eine beträchtliche Quantität Phenyl, das dämpft manchen Schrecken. *Wieder beim Schrank.* Das bekommt man allerdings nicht ohne Rezept, *sucht im Schrank* aber Rezepte habe ich, *zieht eine Flasche hervor* eine Autographensammlung namhafter Ärzte, *der Einbrecher horcht auf* sie hat heute einen gewissen Wert. *Er betrachtet die Flasche in seiner Hand.* Auch das ist es noch nicht, *will die Flasche wegstellen, hält aber ein* obgleich – *er überlegt* – auch dies ist kein schlechtes Mittel. Ich erinnere mich – *der Einbrecher hat sich wieder abgewandt und fährt mit seinen Befreiungsversuchen fort. Er hat inzwischen den Hals frei* – vielleicht sollte ich auch von diesem eine Tablette nehmen – *er setzt sich mit der Flasche aufs Bett* – bevor es zum Barbituricum kommt, und dann das Schwerste am Ende. *Er klappt die Brille hoch.* Freilich – die Nachwirkung – – *Pause.* Aber das kommt später. Später, wenn ich geschlafen h a b e. *Er öffnet die Flasche.* So weit bin ich Gottseidank noch nicht. *Er sieht in die Flasche.* Man muß die Dinge an sich herantreten lassen, *riecht an der Flasche* heranschleichen lassen, während man schläft, *er läßt die Flasche sinken, sackt einen Moment lang ab* und dann überfallen sie uns beim Erwachen – – *Pause, rafft sich auf, klappt die Brille auf die Augen, liest auf der Flasche:* ›Dimethyl-benzol-amino-propyliden-cyclo-chinuclidinium-bromid‹. *Er läßt die Flasche sinken, nimmt die Brille ab, wiederholt in Gedanken:* Dimethyl-benzol-amino-propyliden-cyclo-chinuclidinium-bromid? *Überlegt.* An sich ist es nichts als eine Steigerung des vorigen – des Dimethyl-amino-propyliden-dibenzo-cyclo-heptadien. Aber eben doch – eine Steigerung. *Er legt die Brille auf den Nachttisch, schenkt sich Wasser ein.* Davon Eine! *Er nimmt eine Tablette heraus.* Oder auch zwei, es ist sicherer. *Er nimmt zwei weitere Tabletten heraus.* Das kann mir nicht viel anhaben, heute nicht mehr. *Er nimmt eine Tablette, trinkt einen Schluck Wasser und betrachtet die Flasche.* Ich habe lange nichts mehr davon genommen. *Inzwischen hat der Einbrecher die Hände frei. Er beginnt, die Knoten zu lösen.* Ich weiß schon nicht mehr . . . *Riecht an der Flasche.* War das etwa . . .? *Er stellt die Flasche auf den Nachttisch, nimmt die zweite Tablette, prüft den Geschmack im Mund, dann:* Paris! *Er nimmt die dritte Tablette, prüft den Geschmack.* Ja, Paris! *Er trinkt das Glas Wasser leer, schenkt sich nochmals ein, in unangenehmer Erinnerung).* Paris! *Er trinkt das Glas leer).* Das war es! Die Generalswitwen! *Einbrecher horcht auf, hört mit den Befreiungsversuchen auf.* Sie kamen aus sieben Staaten Europas . . . *er steht auf, führt die Hand zur Stirn* – – – sie – waren verstärkt durch ein Regiment amerikanischer Töchter der Revolution! *Er geht ein paar Schritte durchs Zimmer, in großem Unbehagen.* Alle über siebzig und spindeldürr, wie große Spinnen! *Er bleibt stehen und schließt die Augen.*

EINBRECHER *gelangweilt* Erzählen Sie es nicht!

MANN *beachtet ihn nicht* Und alle in Schwarz. Sie marschierten die Champs-Elysees hinauf, zum Grabmal des unbekannten Soldaten. Im Stechschritt. Es waren dreitausend . . .

EINBRECHER Nein! Nein, erzählen Sie es nicht!

MANN Dreitausend! Im Schweigemarsch – es war ein Protestmarsch. *Pause.* Aber wogegen protestierten sie? *Er geht auf und ab, denkt nach.* Ich weiß es nicht mehr. *Er bleibt stehen.* Doch. Ich weiß es. Sie protestierten gegen den Frieden. *Denkt nach.* Aber – aber: war denn Frieden? *Pause.* Ich weiß es nicht mehr. Mein Gedächtnis läßt nach, ich werde auch müde. *Er setzt sich aufs Bett.* Aber noch nicht müde genug. *In den Raum:* Ich habe noch nicht alle Bestandteile des Schlafs in mir. *Gequält:* Die Bilder müssen schwinden! *Er nimmt das Taschentuch und wischt sich das Gesicht.* Ja – da marschierten sie vorbei – bei jedem Schritt warfen sie die Röcke hoch, – *er schüttelt den Kopf, als versuche er, die unangenehme Erinnerung abzuschütteln* so daß man die Strümpfe und die Unterhosen sah, alles schwarz. Die Unterhosen gingen bis zum Knie, die Knie waren frei, die Kniekehlen auch, *mit Entsetzen in der Stimme* – um die Beine ein Ring von dürrer, geschrumpfter, grauweißer Haut! *Er verbirgt sein Gesicht in den Händen.*

EINBRECHER *unruhig* Erzählen Sie nicht weiter! Hören Sie auf!

MANN *beachtet ihn nicht* Es war ein grauenerregender Anblick. Ich werde ihn niemals vergessen. Dreitausend . . .

EINBRECHER Aufhören!! *Er versucht, die Knoten an den Beinen zu lösen.*

MANN *stockend:* Und jede – jede trug in der rechten Hand einen Lorbeerkranz aus Kunststoff vor sich, auf dem stand in Goldlettern: Liberté, Egalité, Fraternité. Ihre Lippen waren steif, kein Rot war zu sehen, nur ein gerader Schlitz, wie ein Schnitt, dort wo bei uns der Mund ist. Und in der linken Hand – da trugen sie zerknüllte weiße Spitzentaschentücher. Sie hatten schmale vergilbte Spitzenkrägen an, und keine Hüte. Ihr Haar war strähnig und grau. *Er setzt sich aufs Bett und schließt die Augen, um dieses Bild loszuwerden.* Und – an der Schädelkrone leuchtete schon die nackte Haut durch schüttere Stellen, gelblich-grau.

EINBRECHER *versucht, sich mit einem Ruck zu erheben, aber es geht noch nicht:* Hören Sie endlich auf!

MANN *beachtet ihn nicht:* Und voran – *stockend* – voran zog ein weiblicher Musikzug. Alles Töchter, Generalstöchter in den Uniformen ihrer gefallenen Väter, mit Pauken und Trompeten und Zimbeln und Trommeln und Posaunen.

Aber sie spielten nicht, es war ja ein Schweigemarsch. Man hörte nichts als Schritte und furchtbares Schweigen.

EINBRECHER *wütend, versucht mit dem Arm den Totschläger auf dem Bett zu erreichen, erreicht ihn aber nicht:* Sind Sie endlich fertig?!

MANN *beachtet ihn nicht:* Dieses Schweigen! – Es drang kilometerweit voraus, es breitete sich aus, legte sich auf alles wie eine Schicht – *steigert sich* es erhob sich in allen Richtungen über die Straße, mit gräßlichen Schwingen – – –! *Er wischt sich den Schweiß vom Gesicht, greift nochmals zur Flasche, öffnet sie, entnimmt ihr eine weitere Tablette, schenkt sich Wasser ein und nimmt die Tablette mit Wasser. Dann bleibt er, erschöpft und stumm, auf dem Bett sitzen. Das Telefon klingelt.* Es war eines der furchtbarsten Schweigen, die ich je gehört habe. *Pause, das Telefon klingelt.*

EINBRECHER *ermattet von seinen Anstrengungen:* So beantworten Sie doch wenigstens das Telefon!

MANN Ich werde es niemals vergessen. Nachts sah ich dann in den Spiegel. Ich war grau geworden, und *er greift sich an die Augen* meine Augenhöhlen hatten sich vertieft. *Das Telefon klingelt.*

EINBRECHER Beantworten Sie das Telefon!

MANN *wieder ruhiger, nimmt die Brille vom Nachttisch:* Es ist nicht für mich.

EINBRECHER Das können Sie doch nicht wissen!

MANN *geht zum Schrank, nimmt eine Flasche heraus:* Doch. Ich weiß es. *Das Telefon klingelt. Er betrachtet die Flasche und stellt sie auf den Nachttisch.* Mich ruft niemand mehr an. Ich kenne niemanden. *Er nimmt eine weitere Flasche aus dem Schrank, betrachtet sie, schüttelt den Kopf.*

EINBRECHER Vielleicht will Sie jemand kennen lernen.

MANN *will die Flasche auf den Nachttisch stellen, aber dort ist kein Platz mehr. Er stellt sie aufs Bett:* Mich? Wer sollte mich kennen lernen wollen? *Das Telefon klingelt.* Wer weiß überhaupt noch, daß ich existiere? Wer von den wenigen, die es je gewußt haben, – die ich es habe wissen lassen?

EINBRECHER Vielleicht wollen Sie jemanden kennen lernen?

MANN *wieder beim Schrank:* Ich will niemanden kennen lernen. Dazu ist es jetzt zu spät. Ich will schlafen.

EINBRECHER *hat inzwischen ein Bein aus dem Seil gelöst:* Vielleicht sind es Verwandte, die sich Sorge um Sie machen. *Das Telefon klingelt.*

MANN *nimmt eine Flasche heraus, betrachtet sie:* Um mich?

EINBRECHER Haben Sie nicht irgendwelche Neffen – oder Nichten?

MANN *horcht auf:* Nichten? *Er stellt die Flasche ab.* Ja, vielleicht! *Er geht langsam zum Telefon, es hat aufgehört zu klingeln.* Vielleicht habe ich Nichten – oder eine Nichte. *Denkt nach.* Ich erinnere mich, daß ... *Er nimmt den Hörer ab, horcht.* Niemand! – Es war niemand. Und wenn es jemand war, so wollte er nicht mich sprechen. *Er geht zurück zum Schrank.* Er hat die falsche Nummer gewählt, *er hat eine Flasche aufgenommen* verstehen Sie? *Plötzlich laut und wild:* Die falsche Nummer! *Er wirft die Flasche auf den Fußboden, sie zerbricht. Er geht langsam auf den Einbrecher zu, spricht das folgende immer hektischer und schneller. Einbrecher sitzt, als sei er noch gefesselt.* Verstehen Sie? Ich habe die Nummer 6068. Wenn das Telefon bei mir klingelt, so handelt es sich immer um einen Irrtum. Immer! *Ruft laut und wütend:* Immer, immer! *Wieder leise und schnell:* Entweder wollte man die Nummer 6067 oder die Nummer 6069. Die erste Nummer, 6067, gehört der Firma Emil Christoph Verkade und Sohn. Es ist eine weltberühmte Firma von Orgelbauern, schon seit 1706, als Friedemann Gottlieb Verkade die erste Orgel für Buxtehude baute. Anrufe für diese Firma kommen allerdings meist am Tag. Aber nachts kommen sie auch, oh ja, man holt mich zu allen Stunden aus dem Schlaf. Die aus Amerika rufen nachts an, dort ist es dann Tag. Es sind meist Presbyterianer oder Mormonen ...

EINBRECHER Mormonen haben keine Orgeln.

MANN Dann sind es eben Adventisten ...

EINBRECHER Adventisten ziehen das Harmonium vor.

MANN Dann eben Presbyterianer oder irgend eine Sekte, die Orgeln benützen, da gibt es immer noch genug. Und die andere Nummer, 6069, ... *Pause, dann abrupt:* Ich weiß es nicht. *Pause.* Nein, das weiß ich nicht. *Er geht wieder zum Schrank.* Ich habe es nie entdecken können. *Er nimmt eine Flasche heraus, betrachtet sie, ist aber nicht bei der Sache.* Vielleicht irgend ein statistisches Amt, *er stellt die Flasche auf das Bett* oder etwas ähnliches. *Bei einer weiteren Flasche:* Vielleicht aber auch etwas ganz anderes, jedenfalls weiß ich es nicht. *Plötzlich wieder wild, wirft die Flasche in die Ecke, daß sie zerbricht, und brüllt:* Ich weiß es nicht!! *Er nimmt die Brille ab, legt sie auf den Nachttisch und nähert sich während des folgenden wieder dem Einbrecher, leise und immer hektischer erzählend:* Es meldet sich eine männliche Stimme, nicht immer dieselbe, aber meist dieselbe –, manchmal auch eine weibliche Stimme, aber das ist selten –, sie fragt, ob ich die Nummer 6069 habe. Ich sage, nein, ich habe sie nicht, nein, *brüllt* nein! *Wieder ruhig:* Aber der am anderen Ende hört nicht zu. Er sagt nur: bitte notieren Sie! Und dann – dann diktiert er mir Zahlen. Es sind Zahlen mit einem Buchstaben dazwischen. Etwa so: 3227-B-4 –, 8539-M-2 –, 9582-S-7 – und so fort. Immer sind es fünf Zahlen, und dann – dann wird abgehängt. Anfangs habe ich die Zahlen nicht abgewartet, ich habe gerufen: Falsch verbunden! und habe den Hörer aufgelegt. *Leise, ins Leere:* Falsch verbunden! *Brüllt:* Falsch verbunden! *Wieder ruhig:* Aber schließlich habe ich angefangen, die Zahlen anzuhören, zuerst nur eine oder zwei – und dann, allmählich, alle. Ich habe ja immer gehofft, daß zum Schluß noch etwas käme – die Lösung des Rätsels – oder die Erklärung, daß alles nur Spaß gewesen sei. Aber es kam nichts. Immer nach der letzten Zahl wurde an der anderen Seite der Hörer aufgelegt, immer, ohne ein weiteres Wort. Und dann – später – dann begann ich, die Zahlen zu notieren, ich dachte, vielleicht würde ich hinter irgendeinen Sinn kommen. Irgendein Zusammenhang würde sich plötzlich ergeben, durch Subtraktion oder durch Addition oder durch Multiplikation. Ich habe über Zahlen gesessen, habe addiert, habe multipliziert und subtrahiert, dieses Zimmer füllte sich mit weißen Zahlen und mit roten Zahlen, hier und dort schien sich eine kleine Spur zu bilden, aber alles war Abweg, Irrweg, in Wirklichkeit hat sich nichts ergeben. Es hat sich mir nichts mitgeteilt, mein Schädel wurde mir schwer, aber nichts hat sich offenbart. Und endlich – letzthin erst – habe ich – ich weiß nicht warum – habe ich begonnen, Andere anzurufen, mitten in der Nacht. Ich wähle eine Nummer, irgendeine Nummer, und ich sage: Bitte notieren Sie! Und dann gebe ich die Zahlen weiter. *Atemlos:* Und wissen Sie, was geschieht? Jeder, den ich anrufe, ist bereit, so bereit, als habe er auf meinen Anruf gewartet. Jeder, den ich anrufe, sagt: Ja, bitte! – und schreibt mit. Mitten in der Nacht. Ich höre am anderen Ende den Bleistift auf dem Papier. Jeder schreibt mit und wiederholt die Zahlen, die ich sage, ganz sachlich, ohne jedes Erstaunen, und immer wach, um welche Zeit es auch sei. *Tonlos:* Es ist – es ist als wüßten alle ein Geheimnis, von dem ich ausgeschlossen bin –, ich, als einziger, weiß es nicht, weiß nichts. Ich gebe es nur durch, ich bin Vermittler, trage es von einem zum anderen, völlig unwissend, ein Zuträger, den niemand einweiht – ahnungslos – *sehr erregt* – und vielleicht sogar Werkzeug in furchtbaren Händen, – wer weiß? *Pause.* Aber wen wollen sie zerstören, wenn nicht mich? *Pause.* Manchmal – manchmal – da habe ich versucht, selbsterfundene Zahlen durchzugeben –, aber dann wurde am anderen Ende sofort abgehängt. Keiner ist darauf hereingefallen – *Pause.* – oder doch: einmal nur – einmal habe ich eine erfundene Zahl weitergegeben, die hat sich der an der anderen Seite angehört. Da dachte ich schon, jetzt sei ich ein Stück weiter, vielleicht könne ich ein eigenes Geheimnis entwickeln, das würde mir später vielleicht helfen, das Große zu entziffern – aber nein: schon bei der zweiten Zahl wurde an der anderen Seite abgehängt. Und als ich später auf meinem Block nachsah, da stand die erste Zahl darauf: ich hatte, aus Versehen, ganz zufällig, eine Zahl wiederholt, die mir durchgegeben worden war. Das brachte mich auf die Idee, Zahlen vom Vortage durchzugeben – aber auch wenn ich das tat, wurde sofort abgehängt. Jede Nacht hat ihre eigenen Zahlen, ihre fünf Zahlen, sie ist von Unbekannten numeriert, man ruft mich nur einmal an, und nicht immer. Letzthin werde ich schon unruhig, wenn man mich nicht anruft! *Erschöpft:* Da ist nichts zu tun, es bleibt ein Geheimnis, alle wissen es, nur ich – ich weiß es nicht. – – *Pause, plötzlich argwöhnisch, fixiert den Einbrecher:* Vielleicht wissen Sie es?!

EINBRECHER Ich? *Lenkt ab.* Warum haben Sie Ihr Telefon nicht abgeschafft?

MANN Wie oft ich mich das gefragt habe! Ich wollte es abschaffen, damals, als die Zahlen in der Nacht begannen. Aber als ich begann, sie weiterzugeben, da wollte ich nicht mehr. Wenn ich auch nicht weiß, was es ist, das mich da umgibt – ich will doch wissen, ob mich noch etwas umgibt – oder – ob es vielleicht eines Nachts aufhört – ob nicht eines Nachts die Zahlen erlöschen und das Geheimnis sich auflöst. *Pause, dann eindringlich:* Ich frage Sie, ob Sie...

EINBRECHER *unterbricht:* Und warum haben Sie nicht herauszufinden versucht, wer die Nummer 6069 hat?

MANN Ich habe es versucht. Und ich habe es herausgefunden. Ich habe alle Telefonbücher durchsucht, viele Nächte hat das gedauert. Und schließlich fand ich die Nummer. *Er geht im Zimmer auf und ab.* Aber sie hat das Rätsel nicht gelöst – im Gegenteil – *er geht zum Bett* – sie hat alles noch rätselhafter gemacht. *Er setzt sich aufs Bett, erschöpft, nach einer Pause.* Söderbaum. Doktor Alfried Söderbaum, so heißt der Besitzer der Nummer. Er ist Orthopäde. Eigentlich hat er die Nummer 3111. Und dahinter steht im Telefonbuch, ganz klein gedruckt: wenn keine Antwort, dann unter der Nummer 6069 zu erreichen. Ich habe diese Nummer mehrmals versucht – *unterbricht sich* was sage ich! – mehrmals!? Wochenlang, bei Tag und bei Nacht, jede halbe Stunde. Niemals meldete sich jemand – nur einmal, da war die Nummer besetzt. Jetzt, dachte ich – jetzt habe ich das Geheimnis aufgespürt, es öffnet sich etwas, ich habe einen großen Schritt getan. Ich blieb hart an der Nummer, ich bedrängte sie, vier Stunden lang saß ich hier, habe abgehoben, gedreht, gewartet, eingehängt, abgehoben, gedreht, länger gewartet, eingehängt und wieder abgehoben – und endlich war sie frei – und es meldete sich niemand. Seitdem war sie nie mehr besetzt. Eines Tages rief ich die Nummer 3111 an. Aber es meldete sich eine Assistentin, es war zur Zeit der Sprechstunde. Ihr wollte ich keine Frage vortragen. Ich rief abends an, da meldete sich die Frau, und ich hängte ab. Aber schließlich, nach vielen weiteren Versuchen mit der anderen Nummer, rief ich wieder 3111 an. Es meldete sich Dr. Söderbaum selbst, *Pause.* Eine angenehme Stimme. Ich fragte ihn rundheraus, was es mit der Nummer 6069 für eine Bewandtnis habe. Er sagte, wenn er unter der Nummer 3111 nicht zu erreichen sei oder wenn sich gar niemand melde, so sei er unter dieser Nummer zu erreichen. Ich fragte ihn, wann das sei, und er sagte, etwas erstaunt, selten; meist sei er unter der Nummer 3111 zu erreichen, und wenn nicht, so sei seine Assistentin da. Ich wollte ihn weiter befragen, ich wollte den Faden nicht abreißen lassen, ich wußte aber nicht wie, und ich wußte auch nicht was, denn in gewisser Weise war ja seine Antwort erschöpfend gewesen. Jedenfalls, bevor mir etwas einfiel, hatte er abgehängt, ich war wieder allein. Ich konnte nichts tun – *erschöpft* nichts. Ich habe dann auch nichts mehr getan. *Er steht auf, geht zum Nachttisch, nimmt die Brille.* Nichts mehr. Und jetzt werde ich auch nichts mehr tun. *Er setzt die Brille auf.* Ich wüßte nicht was. Und ich werde dann auch nichts mehr erfahren. *Er geht zum Schrank. Das Telefon klingelt. Er stürzt zum Telefon, nimmt den Hörer ab.* Hier sechsnull – – – – Nein, ich habe n i c h t die Nummer sechs-null-sechs-neun – – Ja, ich notiere *Er schreibt auf dem Schreibblock mit:* 3188-B-6 –, *Pause.* 0242-C-7, *Pause.* 9854-N-1, *Pause.* 2653-H-8 – –, *Pause, er nimmt den Hörer vom Ohr, befremdet:* Abgehängt! *Er legt den Hörer nochmals ans Ohr, horcht, dann:* Nichts! *Er drückt die Gabel mehrmals herab.* Hallo! Hallo! *Legt den Hörer langsam auf.* Seltsam! *Beunruhigt:* Es waren nur vier Zahlen, diesmal. *Er setzt sich aufs Bett, unruhig:* Nun auch noch das! *Erschöpft:* Vielleicht hätte ich mich daran gewöhnt, daß ich das Rätsel niemals lösen werde. Aber nun verändert sich das Rätsel selbst! Das Geheimnis nimmt eine andere Form an. *Leise:* Was geschieht hier? *Lauter:* Wie ist das möglich –, daß alle etwas wissen, das ich, als Einziger nicht weiß? *In den Raum:* Wie ist das möglich? *Zum Einbrecher, lauter und heftiger:* Wie ist das möglich? Sagen Sie mir, wie das möglich ist! *Brüllt:* Sagen Sie es mir!!

EINBRECHER *hat sich inzwischen befreit, steht auf, zynisch:* Möglich ist alles.

MANN *hat nicht zur Kenntnis genommen, daß der Einbrecher sich befreit hat, wieder ruhig, wendet sich von ihm ab, mit*

Verachtung: Ja. Diese Antwort hatte ich erwartet. *Er geht wieder zum Schrank, während der Einbrecher seine Gelenke schüttelt und sie einzeln massiert.* Es ist die Antwort auf alles und die Antwort auf nichts. *Er nimmt eine Flasche aus dem Schrank, betrachtet sie, zitiert dabei verächtlich:* ›Möglich ist Alles.‹ *Stellt die Flasche aufs Bett.* Unendlich töricht der, der eine bessere Antwort erwartet, *nimmt eine Flasche aus dem Schrank* töricht genug der, der die Frage stellt! *Er betrachtet die Flasche in seiner Hand.* Das ist es! *Er setzt sich mit der Flasche aufs Bett.* Das verläßliche Mittel, das gute, starke. *Er liest:* ›Sodium-ethyl-phenyl-butyl-barbiturat.‹ Das ist es. *Zum Einbrecher, der sich streckt und zum Bett geht:* Ich weiß, das klingt nach nicht viel – es liest sich wie eine sehr bescheidene Kombination. So kurz, so einfach, als sei es von einem Amateur zusammengestellt. Als könne man es Kindern geben, die nachts nicht schlafen. Aber so ist es nicht. Gerade in seiner Einfachheit liegt seine Wirkung. Es ist ein wunderbares Mittel, *betrachtet die Flasche* sehr stark allerdings, vor allem das Phenyl darin, das ist der stärkste Wirkstoff, damit hat man jahrhundertelang in China die Majestätsbeleidiger vergiftet. Und dann natürlich auch das Barbiturat, das auch – – *er legt die Brille auf den Nachttisch* damit werde ich schlafen, auch der Mond wird mir damit nichts anhaben können, keine Kardinäle, und auch die Generalswitwen nicht. *Er gähnt.* Beinah spüre ich schon den Schlaf, wie er aus der Flasche steigt wie ein Geist. Woher *er gähnt* woher habe ich das noch? *Denkt nach.* Es muß auch irgendeine Kleinstadt gewesen sein – eine Provinzstadt – *denkt nach, wird plötzlich unruhig* ja – es war im Weserland – oder im Neckartal – oder ist das das gleiche? – *In unangenehmer Erinnerung.* ja, da habe ich es gekauft – in der einzigen Apotheke des Ortes. Die lag beinah idyllisch. . .

EINBRECHER *steht am Fußende des Bettes, hat unter seinen Sachen die Thermosflasche hervorgekramt, schenkt sich eine Flüssigkeit in den Becher:* Erzählen Sie es nicht!

MANN *beachtet ihn nicht:* Sie lag am Marktplatz im Mond, unter einer uralten Eiche. . .

EINBRECHER Ich sage: erzählen Sie es nicht! *Er trinkt aus dem Becher.*

MANN *wie oben:* – – oder war es ein Denkmal?

EINBRECHER *setzt mit dem Trinken ab:* Genug! Schweigen Sie! *Er trinkt einen Schluck, tut den Korken wieder auf die Flasche.*

MANN *nimmt das Taschentuch vom Nachttisch:* Die Gelegenheit *er wischt sich das Gesicht* war furchtbar genug – – jetzt fällt mir alles wieder ein!

EINBRECHER *schraubt die Thermosflasche zu:* Nein, sage ich! *Er legt die Flasche wieder aufs Bett, nimmt den Totschläger zur Hand.*

MANN *Steht auf, gebannt von einer furchtbaren Erinnerung:* Ja – es kommt alles zurück, das Städtchen, der Berg – darauf die Burg! *Schüttelt den Kopf, als wolle er die Erinnerung abschütteln, entnimmt der Flasche eine Tablette.* Nein, – da ist eine nicht genug. *Er entnimmt der Flasche eine zweite Tablette.* Die Burg lag auf dem Berg über der Stadt. *Er fährt sich mit der Hand übers Gesicht. Der Einbrecher lehnt, Totschläger in der Hand, am Bettpfosten.* Es waren – was waren es? – ja: es waren Staatsräte – oder auch Staatssekretäre – ja, es waren Staatssekretäre und Staatsräte – sehr viele! *Er entnimmt der Flasche eine dritte Tablette.* Viertausend Stück! Sogar viertausendzweiundzwanzig, *er schenkt sich Wasser ein* soviel zählte ich, bevor ich entkommen konnte. *Er nimmt eine Tablette mit einem Schluck Wasser.* Aber das war erst viel später. *Er nimmt die zweite Tablette mit Wasser.* Aber schließlich entkam ich doch – – *er nimmt die dritte Tablette mit Wasser, schenkt sich nochmals Wasser ein, atemlos* Wasser! *Er stürzt das Glas Wasser hinunter, atemlos:* Mit knapper Not, bevor man zu den Bierflaschen griff und mit dem Saufen begann! *Er setzt sich erschöpft aufs Bett, schwer atmend:* Ich war oben auf der Burg, um sie mir anzusehen – elftes Jahrhundert – Schießscharten aus dem frühen Zwölften – es war schon zu der Zeit, als ich schlecht schlief –, Burgen halfen immer ein wenig, vor allem frühe Burgen und Schießscharten – *er wischt sich den Schweiß vom Gesicht* – da kamen sie alle – von unten – – im Marsch, in Viererreihen – *wird wieder sehr unruhig* – es gab für mich kein Entrinnen mehr *er steht wieder auf, wendet sich an den Einbrecher, der sich, lächelnd, breitbeinig, Totschläger in der Hand, vor ihm aufbaut* – ich wurde wieder hinaufgedrängt, rücklings – von der Polizei, die war in Gala-Uniform und hatte Sträußchen von Waldmeister an den Helmen – vorbei konnte ich nicht –, – nicht ich. Ein Anderer hätte es vielleicht gekonnt –, Sie hätten es gekonnt! *Der Einbrecher lacht.* Ich bin dann später in den Burggraben gesprungen – aus dem Fenster – ich habe mich dabei verletzt, seitdem hinke ich. Aber das ist das Geringste, wahrhaftig – das Geringste. *Er atmet schwer, in großer Erregung:* Sie hielten dort eine Versammlung ab. Ob sie etwas forderten oder etwas feierten –, das weiß ich nicht mehr –, wahrscheinlich beides. *Mit den entsprechenden Gesten:* Es waren Dicke und Dünne, aber sonst sahen sie alle gleich aus – man hätte nicht sagen können: *deutet* der ist besser als *deutet* jener. Freilich – ich kenne mich da auch nicht aus – vielleicht hätte ein anderer es sagen können, Sie vielleicht! *Der Einbrecher lacht.* Alle waren kahl, sie trugen schwarze gestreifte Anzüge, schneeweiße Westen, goldene Knöpfe, graue Seidenkrawatten, weiße Seidentaschentücher, rosa Nelken im Knopfloch, alle gleich, sie unterschieden sich nur durch Schilder, die trugen sie *deutet auf seine Brust* hier, überm Herzen –, auf denen standen Worte wie Justiz, Erziehung, Kultur, Fragen des Abendlands, Verteidigung, Religion, Fischerei, Landwirtschaft – das war der einzige Unterschied. *Der Einbrecher lehnt wieder mit gekreuzten Beinen, Totschläger in der Hand, am Bettpfosten, beobachtet ihn und hört amüsiert zu.* Die Dicken hatten fette Nacken mit Querfalten und Haarstoppeln, die Dünnen hatten lange weiße sehnige Hälse, und – *stockt, dann sehr schnell und atemlos* – und alle hatten einen großen Verdienstorden mit Stern am Aufschlag, die Älteren erster Klasse, die Jüngeren zweiter Klasse, und die Älteren hatten dazu noch Malteserkreuze und Fleißstempel auf der rechten Stirnhälfte, die Jüngeren hatten dafür den goldenen Stern der Republik Nicaragua, und die Hälfte hatten Orden für gutes Verhalten angesichts des Feindes, die waren verliehen vom Amt für öffentliche Auszeichnung, das war auch vertreten durch neun Staatssekretäre und einen Ministerialdirigenten dritter Klasse, auch Frauen waren dabei, Staatssekretärinnen beide, vom Sittlichkeitsministerium beide, die eine katholisch, die andere protestantisch, das war die kleinere, sie trugen schwarze Kostüme und weiße Spitzenblusen und einen Strauß weißer Lilien auf dem Arm, *er wischt sich den Schweiß vom Gesicht, öffnet die Flasche nochmals und nimmt eine weitere Tablette. Er schenkt sich Wasser ein und stürzt ein Glas Wasser hinterher. Dann mit gebrochener Stimme:* sie – sie betraten den Rittersaal *er greift sich an die Stirn und schließt die Augen* – stellten sich im Halbkreis auf und *beinah tonlos* – und begannen zu singen. *Einbrecher lacht laut.* Ja – sie sangen – sie sangen den letzten Satz der Neunten Sinfonie von Beethoven.

EINBRECHER *dirigiert mit dem Totschläger, singt:*
›Freude, schöner Götterfunken,
›Tochter aus Elysium. . .

MANN *fällt ein, in Verzweiflung:*
›Wir betreten feuertrunken
›Himmlische, dein Heiligtum. . .‹
Er wischt sich den Schweiß von der Stirn.
Rechts standen die älteren Staatssekretäre erster Klasse, die sangen alle Baß. . .

EINBRECHER *singt Baß:*
›Deine Zauber binden wieder. . .

MANN Und links die jüngeren zweiter Klasse, die sangen alle Mezzosopran.

EINBRECHER *Mezzosopran, diskant:*
›Was die Mode streng geteilt. . .

MANN Und in der Mitte – da standen die beiden Frauen, die sangen Tenor. . .

EINBRECHER *Tenor, er hebt den Totschläger über dem Mann:*
›Alle Menschen werden Brüder. . .

MANN *wird schwindlig, wankt und entzieht sich so dem Schlag, fällt in die Ode ein:*
›Wo dein sanfter Flügel weilt.‹
Er hält sich am Schrank, atemlos:
Und vorn, da stand einer – und dirigierte – das war der Staatspräsident – *Pause, er schüttelt den Kopf.* Nein – nein, das war nicht der Staatspräsident, er trug ja gelb – es muß – es muß der Postminister gewesen sein – nein – *er versucht, sich aufzurichten, Einbrecher hat den Totschläger*

gesenkt, beobachtet ihn nein – es war der Forstminister, er trug ja grün – *nickt* ja – er trug grün – er hatte einen Jägerhut auf dem Kopf – mit einem Gamsbart – und er führte eine Meute bissiger Schäferhunde mit sich – *er schüttelt den Kopf* nein – es waren Wolfshunde – die schnappten nach den jubelnden Zuschauern – *er sinkt am Schrank hinab und sitzt auf dem Boden* – und nach den Zöpfen der kleinen Mädchen – die waren alle bekränzt mit Margeriten und Vergißmeinnicht – es war auch – *er verliert den Faden, der Einbrecher hat den Totschläger aufs Bett geworfen, nimmt das Brecheisen zur Hand* nein – ja, da waren die Kinder – sie warfen Blumen und Orden *er steht wankend auf* und Lorbeerkränze – *er torkelt zum Bett, hält sich am Pfosten fest* – und die Witwen jauchzten und warfen Spitzentaschentücher in die Luft – – *der Einbrecher beginnt, mit dem Brecheisen Latten aus dem Fußboden zu brechen, nachdem er mit dem Fuß einige Flaschen beiseite gestoßen hat* – und marschierten singend ein Stück mit – *er wankt singend zum Fenster*

›. . . Wo dein sanfter Flügel weilt. . .‹

Er steht am Fenster und hält sich an der Portiere fest. Der Einbrecher nimmt die Taschenlampe vom Bett, kniet und leuchtet unter den Fußboden – und dann kamen die Kaplane – *er wankt und reißt die Portiere ab* – und die Weihbischöfe – *er hüllt sich in die rote Portiere* – und *er macht segnende Gebärden* segneten die Menge mit Weihwasser – *er schreitet segnend, in die Portiere gehüllt, durchs Zimmer* – Amen – Amen – *brüllt* Amen!! *Der Einbrecher ist aufgestanden, sieht einen Augenblick lang teilnahmslos zu ihm hinüber, dann geht er mit dem Brecheisen ins Badezimmer. Der Mann steht am Bett, hält sich am Pfosten, sehr leise* Amen! *Er läßt die Portiere fallen, setzt sich aufs Bett, hält sich noch am Pfosten.* So sangen sie – aus voller Kehle – voran die Pauke – dann die Staatspräsidenten – und die Witwen mit ihren gefallenen Töchtern – alle in Uniform – in der Uniform von Sängerknaben – *hält ein, leiser, er wird müde* – nein – *er schüttelt den Kopf* – ich weiß es nicht mehr – oder doch *er nickt* – es war im Wald – *er wird ruhiger* – die Sängerknaben waren Engel geworden – sie spielten Blockflöte – *im Badezimmer klirrt es laut von herabfallendem Glas* – sie folgten fliegend und flatternd ihrem weißhaarigen Pater – der flatterte voran – das war der liebe Gott – *er gähnt* er kennt keine Sünden – er kennt nur Vergebung – *Pause.* – Amen! – Er vergibt auch *gähnt* mir – obgleich ich gar nichts getan habe –, *leiser, er betrachtet seine Hände* – ich habe nichts, – noch nicht einmal eine rechte Sünde – so wie Andere – *sieht sich um, zu den Bildern* fähig war ich zu allem – aber getan habe ich nichts. *Er gähnt* Ich habe auch nicht viel gefragt – es gibt nämlich keine Antworten, – daher habe ich auch nicht viel gesagt – – *erneuter Krach im Badezimmer* Oft – – oft fragte mich dieser oder jener, welche Sprache ich spreche – – *er gähnt* ›Sprache?‹ – sagte ich – ›Sprache?‹ – *Er streift mit den Füßen die Hausschuhe ab.* ›Ich spreche keine Sprache‹, sagte ich – *er schlägt die Decke zurück, die Flaschen auf dem Bett fallen herab und zerbrechen. Die Sachen des Einbrechers am Fußende bleiben liegen. Wieder zu sich:* Keine Sprache – außer der Sprache der Eidechsen. *Er gähnt* Die Sprache der Eidechsen, ja, die spreche ich. *Er gähnt krampfhaft.* Aber *in den Raum* wer spricht die, außer mir – *legt sich langsam zurück* außer mir und den Eidechsen? *Er liegt, zieht die Decke hoch.* Niemand. *Er richtet sich noch einmal auf* Nein, niemand! *Er greift zur Taschenuhr, zieht sie auf, legt sie zurück.* Nein. *Legt sich zurück, schließt die Augen, leise:* Nein – – – *er bleibt bewegungslos liegen. Das Telefon klingelt*

EINBRECHER *kommt aus dem Badezimmer, vielleicht – aber das ist nicht wichtig – mit einiger Beute: ein silberner Handspiegel, eine silberbeschlagene Bürste, etc. Er stößt mit dem Fuß die Flaschen, die ihm im Weg sind, beiseite und geht gemächlich zum Telefon, das nochmals klingelt. Er nimmt den Hörer auf, schiebt mit der anderen Hand den Mann wenig zur Seite und setzt sich aufs Bett.* Hier sechs-sechs-null. . . W e r ? *Er sieht sich im Zimmer um* Presbyterianergemeinde wo? *Er öffnet die Nachttischschublade.* In Wellington, aha! *Er nimmt den Revolver aus der Nachttischschublade und besieht ihn* Wellington New Jersey oder Wellington Pennsylvania? *Er legt den Revolver wieder zurück.* Ach so, Wellington New Hampshire! *Er sieht in die Nachttischschublade und schließt sie.* Ja, ganz recht –

ganz recht, *er sieht sich auf dem Nachttisch um* hier ist Emil Christoph Verkade und Sohn, Orgelbauer seit 1706! *Er nimmt die goldene Uhr in die Hand.* Ich sagte nur: seit 1706! *Er prüft die Uhr.* Gewiß, ja – *er wiegt die Uhr in der Hand* nur muß ich Sie bitten, der Ordnung halber, diesen Auftrag schriftlich zu bestätigen. *Er steckt die Uhr in die Tasche.* Ich verstehe, ja – *sieht sich nochmals auf dem Nachttisch um, findet aber nichts* – alle Wetter, das ist ein großes Objekt, *er sieht sich im Zimmer um* nein, Farbenorgeln bauen wir nicht – bei uns herrscht Tradition, wir bauen nur kultische Orgeln. *Er zieht mit dem Fuß den Kleiderboy zu sich heran.* Selbstverständlich werden wir sie Ihnen installieren, das überlassen wir nie Anderen! *Er zieht die Unterhose vom Kleiderboy und wirft sie auf den Boden.* Auf jeden Fall eine Zinn-Kupferlegierung, damit haben wir die besten Erfahrungen gemacht, *er zieht die Krawatte vom Boy, betrachtet sie* schon seit Buxtehudes Zeiten. *Er wirft die Krawatte auf den Boden.* Ich verstehe, ja, ich verstehe. Da rate ich Ihnen zu folgendem: *Er tastet das Hemd nach Manschettenknöpfen ab.* Vier Manuale von fünf-ein-halb Oktaven, – *er findet die Manschettenknöpfe, betrachtet sie* hundertzwanzig Register, mit lingualem und labialem Schnarrwerk – *er knöpft die Manschettenknöpfe aus dem Hemd* Pedale mit Unter- und Obertasten, Manualkoppel für freie Kombinationen und mindestens ein Rückpositiv – wie bitte? *Er betrachtet die Manschettenknöpfe.* Ja, das haben wir für die Paulskirche und für die St. Michaelskirche ausgeführt, es war ein großer Erfolg. *Er wiegt die Manschettenknöpfe in der Hand, steckt sie ein.* Ja, und dann die Prinzipale – Mixturen und Trompeten – – *wirft das Hemd auf den Boden* – und die Prinzipalstellvertreter – – *er greift in eine Jackentasche* Terziane – *er greift in eine andere Jackentasche* Solozungen, *andere Jackentasche* extreme Zimbeln, *andere Tasche* und gedackte Rauschpfeifen. *Er holt aus einer Tasche eine Brieftasche hervor.* Ja, das ist vor allem etwas für den Kindergottesdienst, *er öffnet die Brieftasche mit einer Hand, sieht hinein* da bleiben selbst die Kleinsten ruhig. *Er steckt die Brieftasche ein* Und für die ernsthaften Beter die Rohrschellen, das Bombardenwerk, *er greift in die Hosen-*

tasche Nasat, Terz, Klarine – das klingt geradezu himmlisch, vor allem alles zusammen. *Andere Hosentasche.* Außerdem Pansbordun und Dulzian – das ist mehr etwas für die Frauen. *Er holt aus der Hosentasche Münzen hervor, betrachtet sie.* Ja, sehr richtig, es klingt ein wenig traurig, aber doch auch wieder sehr schön – wehmütig, würde ich sagen. *Er steckt das Geld ein.* Und dann natürlich die Vox Humana nicht vergessen! *Er wendet sich zum Mann um.* Das ist unser großer Schlager, die Vox Humana! *Er neigt sich zum Mann hinab und horcht an seiner Brust, ob er noch atme.* Sie ist unübertrefflich. *Er richtet sich wieder auf.* Erst im vorigen Jahr haben wir eine in der Orgel der Abtei Oberbierderstadt installiert, *er hebt die linke Hand des Mannes hoch* und seitdem hat sich die Zahl der Kirchgänger verdoppelt. *Er zieht dem Mann einen Ring vom Finger, läßt die Hand sinken.* Und der Prospekt wird natürlich vergoldet, *er betrachtet den Ring* das wirkt! Und das Gehäuse machen wir aus afrikanischem Palisander, *er steckt den Ring ein* es ist wesentlich besser als kaukasisches. *Er hebt die rechte Hand des Mannes hoch.* Haltbarer! Das nutzt sich in Jahrhunderten nicht ab! *Er stellt fest, daß die Hand keinen Ring trägt, läßt sie fallen.* Und wir bauen ja schließlich für die Zukunft! *Sieht sich im Zimmer um, steht auf.* Natürlich elektropneumatische Traktur, *er ergreift den Rahmen eines nahehängenden Bildes, zieht es mit einem Ruck von der Wand und läßt es krachend zu Boden fallen* einen Kostenvoranschlag? Sehr gern. Ich setze ihn heute noch auf. *Er klopft hinter dem Bild die Tapete ab.* Ja, – besten Dank! Sie werden zufrieden sein. *Er reißt einen großen Streifen Tapete von der Wand, das Zimmer ist inzwischen weitgehend demoliert.* Heute noch! *Er hängt ab, klopft die Wand ab, findet nichts, sieht sich im Raum um und gähnt laut und lang. Er wendet sich gähnend zum Mann, betrachtet ihn einen Augenblick, dann nimmt er vom Fußende des Bettes Thermosflasche und Butterbrotdose, setzt sich damit wieder aufs Bett, öffnet Dose und Flasche, entnimmt der Dose ein Butterbrot, schenkt sich aus der Flasche ein. Die Wanduhr schlägt elf.* Elf Uhr. *Er überlegt einen Augenblick, dann legt er Butterbrot und Becher hin, nimmt den Telefonhörer ab und dreht eine –*

irgendeine – Nummer und nimmt den Schreibblock vom Nachttisch. Nach einer Pause: Ja bitte – notieren Sie: 3188-B-6, *Pause.* 0242-C-7, *Pause.* 9854-N-1, *Pause.* 2653-H-8. *Pause.* Nein, – es sind nur noch vier Zahlen. *Pause.* Ja, nur noch vier, und bald werden es wahrscheinlich noch weniger. *Pause.* Nein, kein Grund zur Besorgnis. Gute Nacht! *Er hängt ab.* Kein Grund zur Besorgnis! *Er nimmt sein Butterbrot und beißt ab.* Alles fließt, *er trinkt einen Schluck* alles läuft und rutscht, *er kaut* greift ineinander *er schluckt* und schiebt sich zurecht – *er lächelt breit* von ganz allein. *Er frühstückt in Ruhe.*

Pastorale

Groteske in einem Akt
(Neufassung 1965)

Personen

Präsident Glinke
Philip
Fräulein Dr. Fröbel
Bergassessor Dietrich Asbach
Konsul Dr. h. c. Abel Asbach
Selma
Die Stimme des Hirten

Die Bühne stellt eine Wiese dar, mit Baumgruppen, bewaldeten Hügeln und Schneegipfeln im Hintergrund, alles geladen vor rustikaler Idylle. Am Anfang des Stückes ist sie voll erleuchtet. Es ertönen sommerliche Geräusche, Grillenzirpen, Vogelzwitschern, Kuhglocken, Hirtenflöte, Schalmei.

STIMME DES HIRTEN *akustisch verstärkt, aber mit Gefühl, stark sehnsuchterweckend:*
Wie war der Abschied so lau,
wie waren die Birnen so blau,
Da sprach die Rose zum See:
Wie tut der Abschied so weh!
Pause

PHILIP *tritt auf. Er ist als Hausknecht gekleidet, sehr bunt. Hemd, Weste, Hose, lange Schürze in verschiedenen Farben. Sehr viele Taschen. Hinter sich zieht er einen vierrädrigen Handwagen, auf dem vier Stühle, vier Notenständer und ein großer Sonnenschirm mit Sockel geladen sind. Er hält an, sieht sich in allen Himmelsrichtungen um:* Westwind! *Er schaut in den Himmel, dann nach den Seiten, zieht den Wagen in die Mitte der Bühne und baut, während er das Lied des Hirten nachsingt oder summt, Stühle und Notenständer auf, wie für ein Streichquartett. Den Sonnenschirm stellt er in die Mitte. Dann zieht er den Wagen in den Hintergrund, kehrt zur Mitte zurück und sieht sich um:* Ostwind!

PRÄSIDENT *hinter der Bühne:* Philip!

PHILIP *ruft:* Hier, Herr Präsident! Hier bin ich! Alles ist bereit!

PRÄSIDENT *tritt auf. Er ist etwa siebzig, würdig, distinguiert, mit grauem Haar und Schnurrbart. Er trägt einen schwarzen Cutaway, gestreifte Hosen, graue Weste, graue Krawatte, graue Handschuhe, einen Bowlerhat, einen umgehängten Feldstecher. Er ist barfuß, seine Hosen sind unten umgekrempelt. In der einen Hand trägt er Schuhe und Strümpfe, in der anderen einen Violinkasten. Er stapft vorsichtig in die Mitte der Bühne, stellt Schuhe und Strümpfe ab und legt den Violinkasten auf den Boden:*
Die Wiesen sind naß, Philip.

PHILIP Vom Tau, Herr Präsident.

PRÄSIDENT Tau? *Setzt den Feldstecher an und blickt damit auf*

den Boden. Es ist kalt.
PHILIP Gewiß. Das ist gesund.
PRÄSIDENT Aber unangenehm.
PHILIP Ein Handtuch zum Abreiben Ihrer Füße habe ich bei mir, Herr Präsident. *Zieht ein Handtuch aus der Tasche.*
PRÄSIDENT *setzt sich:* Danke. Danke.
PHILIP *trocknet ihm die Füße:* Sowie ein Paar Socken zum Wechseln. *Er zieht Socken aus der Tasche.*
PRÄSIDENT Danke. Danke.
Während Philip ihm Socken und Schuhe anzieht.
Ein wunderbarer Platz. *Er sieht sich mit dem Feldstecher um.* Nationalpark. Naturschutzgebiet. *Sieht mit dem Feldstecher nach oben, setzt ihn ab.* Ja, dem Menschen wird viel geboten, heutzutage. *Er steht auf und setzt sich auf einen anderen Stuhl.* Hier ist es beinahe noch schöner.
PHILIP *rückt ihm nach und zieht ihm die Schuhe an:* Hier sitzen Sie in der Sonne, Herr Präsident.
PRÄSIDENT Ich vertrage Sonne. Ich bin Sonnenmensch, Sonntagskind. Unter gutem Tierkreiszeichen geboren.
PHILIP *steht auf:* Aber sie ist nicht gut für Ihr Instrument.
PRÄSIDENT Wer? Was?
PHILIP Sonne.
PRÄSIDENT Für welches Instrument, Philip?
PHILIP Die Violine.
PRÄSIDENT Im Violinkasten befinden sich ein Käsebrötchen und eine Reiseflasche Absinth.
PHILIP Sie sollten nicht trinken, Herr Präsident.
PRÄSIDENT Sie enthält Milch und doppelkohlensaures Natron. – Die Noten, Philip!
PHILIP *zieht Noten aus der Tasche und stellt sie auf den Ständer:* Hier.
PRÄSIDENT Wir spielen nicht . . .
PHILIP Homo ludens.
PRÄSIDENT . . . wir singen!
PHILIP Homo cantans.
PRÄSIDENT Sehr richtig, Philip. Sehr gut. Woher wissen Sie das?
PHILIP Abendkurse.
PRÄSIDENT Ja, es wird viel geboten, heutzutage. *Setzt sich zurecht.* Wir singen.

PHILIP *zieht eine Flasche aus der Tasche:* Ihre Tropfen, Herr Präsident.

PRÄSIDENT *wehrt ab:* Später, Philip, später, später – wie spät ist es?

PHILIP *ohne auf die Uhr zu sehen:* Kurz nach zwölf.

PRÄSIDENT *versonnen:* Mittagswende. Zenit! Die Stunde der ruhenden Schnitter. Des Pan zwischen den Bäumen . . .

PHILIP *korrigiert pedantisch:* Zwischen den Säulen.

PRÄSIDENT *versonnen:* Die Geräusche des Sommers . . .

Alle Geräusche verstummen.

Die Bienen, die Vögel, die Grillen, das Rauschen, das Weben . . .

PHILIP *trocken:* Ich höre nichts.

PRÄSIDENT Ich auch nicht. *Resigniert.* Ich werde alt.

Erwartungsvolle Pause, dann vorwurfsvoll: Philip! Ich werde alt.

PHILIP *automatisch, schnell:* Für Ihr Alter sind Sie noch erstaunlich aktiv, Herr Präsident . . .!

PRÄSIDENT *erwartungsvoll:* . . . und . . .?

PHILIP *wie oben:* . . . und enorm aufnahmefähig . . .

PRÄSIDENT . . . und habe . . .

PHILIP . . . und haben das Gedächtnis eines Jünglings!

PRÄSIDENT Wenn Sie mich . . .

PHILIP Wenn ich Sie mit Gleichaltrigen vergleiche, Herr Präsident . . .

PRÄSIDENT . . . zum Beispiel . . .

PHILIP Zum Beispiel mit den Brüdern Asbach, die bereits sorgfältiger Pflege bedürfen . . .

PRÄSIDENT Übrigens: eine Quelle großer Besorgnis für ihre Erben!

PHILIP . . . dann muß ich schon sagen: erstaunlich!

PRÄSIDENT Nicht wahr?

PHILIP *mit Emphase:* Er-staun-lich!

PRÄSIDENT Danke, Philip. Hier! *Gibt ihm Geld.* Etwas für das Sparkonto.

PHILIP *nimmt es, sachlich:* Für die Abendkurse.

Pause.

PRÄSIDENT Die anderen Sänger sollten längst hier sein.

PHILIP *ohne auf die Uhr zu sehen:* Es ist erst halb zwei.

PRÄSIDENT Wie die Zeit vergeht. *Setzt den Feldstecher an,*

sieht sich um.

PHILIP Schneller als man denkt, Herr Präsident.

PRÄSIDENT *setzt den Feldstecher ab:* Ja ja. *Er legt den Hut ab.* Zur Tagesordnung! Wir singen also. Schlagen Sie die Noten auf, Philip!

PHILIP *schlägt die Noten auf, sieht sich um:* Es geht ein Wind.

PRÄSIDENT *sieht sich ebenfalls um:* Ich spüre nichts.

PHILIP *zieht eine kleine Fahne aus der Tasche, hält sie in die Luft, steckt sie wieder ein.* Nordwind.

PRÄSIDENT Dann halten Sie mir die Noten am Pult fest, während ich singe.

PHILIP Ich stehe nicht gern in der Sonne.

PRÄSIDENT Dann stellen Sie sich unter den Schirm!

Philip stellt sich unter den Schirm.

PRÄSIDENT Aber nicht so, daß Sie mir in der Sonne stehen! *Schiebt ihn zurecht.* So. Und nun möchte ich noch ein wenig üben, bevor die anderen hier sind. Deshalb bin ich früher gekommen. Halten Sie fest! *Philip hält die Noten.* Aber verdecken Sie mir nicht die Noten! Jetzt passen Sie auf: ich singe die vierte Stimme.

PHILIP Den Baß.

PRÄSIDENT Sehr richtig. Ich beginne also hier, *deutet in die Noten,* bei Takt zwölf. – Den Ton bitte!

PHILIP *zieht eine Stimmgabel aus der Tasche, schlägt an und singt:* Aaaa –

PRÄSIDENT *singt:* Aaaa –

PHILIP Ein wenig höher! Aaaa –

PRÄSIDENT Aaaa –

PHILIP Besser.

PRÄSIDENT So. Zählen Sie zwei Takte voraus!

PHILIP Eins zwei drei vier, eins zwei drei vier, . . .

PRÄSIDENT Einen Augenblick noch. Der Hals ist nicht frei.

PHILIP Sie sollten weniger rauchen, Herr Präsident.

PRÄSIDENT *räuspert sich, dann übt er die Tonleiter:* la la la la la – – So. Ich bin bereit.

PHILIP *schlägt den Takt:* Eins zwei drei vier, eins zwei drei vier, . . .

PRÄSIDENT *singt:*

Oh holde Kunst! Du reichst vom Morgenrot
Zur Renaissance und weiter. Alles

ist Gefühl . . .

PHILIP *unterbricht, deutet in die Noten:* Gis!

PRÄSIDENT Wie bitte?

PHILIP *deutet in die Noten:* Hier ist ein Kreuz vorgezeichnet. Das Ge von Gefühl wird nicht auf Ge gesungen, sondern auf Gis. *Singt:* Gisfühl . . .

PRÄSIDENT Sie haben Gehör?

PHILIP Ich verdanke es, wie so vieles, den Abendkursen.

PRÄSIDENT Ja, es wird viel getan, heute. Ich meine, für den Menschen. *Nachdenklich:* Wie glücklich Ihresgleichen sein muß! Immer Zeit, Muße . . .

PHILIP *automatisch:* Beschaulichkeit . . .

PRÄSIDENT . . . Beschaulichkeit, auch das, ja. Das Lob des Abends vor dem Tage. *Seufzt.* Ja ja . . . *rafft sich auf.* Hier. *Gibt ihm Geld.* Zulage. Lohn des Musischen. Blättern Sie mir die Noten.

PHILIP *steckt das Geld ein, sachlich:* Danke, Herr Präsident.

PRÄSIDENT So dient man sich empor, wie? Als ich noch ein Knabe war . . . Aber lassen wir das! Dazu ist jetzt nicht die Zeit. Singen! Singen! Üben wir! Nochmals: zählen!

PHILIP *zählt, dirigiert mit der einen Hand, hält mit der anderen die Noten:* Eins zwei drei vier, eins zwei drei vier, . . .

PRÄSIDENT *singt:*

Oh holde Kunst! Du reichst vom Morgenrot
Zur Renaissance und weiter. Alles
ist Gefühl. Denn der Verstand
kommt nicht mehr mit. Er kämpft den Kampf allein,
den Kampf ums Dasein. Denn dieses will . . .

PHILIP *klopft ab:* Darf ich Sie darauf aufmerksam machen, Herr Präsident, daß dort hinten eine Dame kommt?

PRÄSIDENT *setzt den Feldstecher an:* Wo?

PHILIP *deutet:* Dort hinten, über das Feld. Jetzt tritt sie zwischen dem Ginster hervor.

PRÄSIDENT *sieht durch das Glas:* Das ist Fräulein Doktor Fröbel. Sie ist auch nicht mehr die Jüngste.

PHILIP Sie trägt schwarz.

PRÄSIDENT Sie hat vor kurzem ihr Vermögen verloren. Sagen Sie ihr etwas Nettes!

PHILIP Ich habe nichts geübt.

PRÄSIDENT Man sollte immer vorbereitet sein, Philip. *Sieht durch den Feldstecher.* Sie ist blaß.

PHILIP Nun – der Verlust – –

PRÄSIDENT *setzt den Feldstecher ab:* Es schmerzt, gewiß. Aber das Leben geht weiter. *Singt wehmütig vor sich hin.* Das Leben – das Leee –

FRL. DR. FRÖBEL *tritt auf. Sie ist Mitte vierzig, hat blond gefärbtes Haar, einen frischen Teint. Sie ist ganz in schwarz, trägt eine schwarze Handtasche, schwarze Handschuhe und ein großes schwarzes Lorgnon an einer goldenen Kette:* Da bin ich. Ein himmlischer Tag.

PRÄSIDENT *wohlwollend streng:* Sie haben sich verspätet, gnädiges Fräulein . . .

FRL. DR. FRÖBEL *legt ihre Handtasche auf den Stuhl, setzt sich daneben, streift ihren Rock hinten glatt, sehr sachlich:* Ich war in der Kirche. *Sie zieht einen Handschuh aus.*

PRÄSIDENT Ist heute Sonntag? *Sieht betroffen auf Philip.*

FRL. DR. FRÖBEL *zieht den anderen Handschuh aus:* Dienstag.

PRÄSIDENT *ungläubig:* Dienstag Kirche?

FRL. DR. FRÖBEL *zupft ihren Strumpf zurecht:* Unser Seniorchef ist gestorben.

PRÄSIDENT *lebt auf, hoffnungsvoll:* Barthels?

FRL. DR. FRÖBEL *rückt sich den Notenständer zurecht:* Klostermann.

PRÄSIDENT *vergnügt:* Also doch Sonntag.

FRL. DR. FRÖBEL *sachlich:* Dienstag. Singen wir! *Sieht sich um.* Die Noten!

PHILIP *zieht die Noten aus der Tasche:* Bitte, Fräulein Doktor Fröbel, hier. Sie sehen bezaubernd aus, in schwarz.

FRL. DR. FRÖBEL *sieht durch ihr Lorgnon Philip genau von oben bis unten an:* Danke. *Lächelt ihn an.* Danke! *Stellt das Lächeln ein und setzt das Lorgnon ab.* Singen wir!

PRÄSIDENT Er war noch nicht alt.

FRL. DR. FRÖBEL Aber dick. *Öffnet die Handtasche, entnimmt ihr Lippenstift und Spiegel.* Zu dick. *Sie schminkt sich.*

PRÄSIDENT So schnell geht das.

FRL. DR. FRÖBEL *plötzlich mitteilsam, setzt mit dem Schminken ab:* Der Schlag hat ihn getroffen. *Schminkt sich weiter.*

PRÄSIDENT Bei welcher Gelegenheit?

FRL. DR. FRÖBEL *ohne mit dem Schminken abzusetzen:* Als er eben zur Flasche griff.

PRÄSIDENT *vorwurfsvoll:* Klostermann hat nicht getrunken.

FRL. DR. FRÖBEL *schraubt den Lippenstift zu:* Aber Schiffe getauft.

PRÄSIDENT *quasi zu sich:* Auch ich trinke nicht, ...

FRL. DR. FRÖBEL *besieht sich im Spiegel:* Er fiel rücklings ...

PRÄSIDENT *wie oben:* Nur Milch mit Natron ...

FRL. DR. FRÖBEL *steckt den Lippenstift in die Tasche:* ... die Flasche zerbarst ...

PRÄSIDENT ... und manchmal ...

FRL. DR. FRÖBEL ... in seiner Rechten ... *steckt den Spiegel in die Tasche.*

PRÄSIDENT ... zur Nacht ...

FRL. DR. FRÖBEL *schließt die Tasche:* Champagner lief über sein totes Antlitz.

PRÄSIDENT ... ein Gläschen Rotwein ...

FRL. DR. FRÖBEL *öffnet die Tasche wieder:* Und zwar ... *entnimmt der Tasche ein Notizbuch:* Veuve Cliquot Auslese ...

PRÄSIDENT ... oder ein Gläschen Port.

FRL. DR. FRÖBEL *sieht im Notizbuch nach:* 1924. *Steckt das Notizbuch in die Tasche.*

PRÄSIDENT Und das Schiff?

FRL. DR. FRÖBEL *schließt die Tasche:* Danke. Ist ein Kreuzer geworden.

PRÄSIDENT Wie die letzten beiden.

FRL. DR. FRÖBEL *öffnet die Tasche wieder:* Wie die letzten beiden. *Sie entnimmt der Tasche eine Tablette.*

PRÄSIDENT *interessiert:* Hatte man etwas anderes erwartet?

FRL. DR. FRÖBEL Einen Zerstörer. *Schluckt Tablette, schließt Tasche.* Singen wir!

PRÄSIDENT Gewicht?

FRL. DR. FRÖBEL Prächtig, danke. Ganz prächtig. *Räuspert sich, übt die Tonleiter.* La la la la la ...

PRÄSIDENT Mutter wohlauf?

FRL. DR. FRÖBEL Alles wohlauf. Wir wollen singen. *Plötzlich sieht sie sich um, als suche sie etwas.* Wo sind die Brüder Asbach?

PRÄSIDENT Richtig: die Brüder Asbach! *Setzt den Feldstecher an, sieht sich um.* Ich sehe nichts. Keine Spur.

PHILIP Sie kommen später.

PRÄSIDENT *setzt den Feldstecher ab:* Müssen sich nach Tisch hinlegen.

PHILIP Man bangt um ihre Gesundheit.

FRL. DR. FRÖBEL *nicht interessiert:* So? Singen wir!

PRÄSIDENT Die inneren Organe.

PHILIP Und das Gemüt.

FRL. DR. FRÖBEL *sieht nach oben:* Sonne! Ich darf nicht in der Sonne sitzen.

PRÄSIDENT Philip, stellen Sie den Sonnenschirm so, daß Fräulein Doktor Fröbel nicht in der Sonne sitzt.

Philip verstellt den Sonnenschirm.

FRL. DR. FRÖBEL Es geht ein Wind.

PHILIP Südwind.

FRL. DR. FRÖBEL Südwind? *Versonnen:* Ach, Südwind! ›Mein irisch Kind, wo weilest du . . .‹

PRÄSIDENT Und halten Sie Fräulein Doktor Fröbels Noten am Pult fest!

PHILIP An sich gern, Herr Präsident. Nur fürchte ich, daß dies insofern schwierig sein wird, als ich bereits Ihre Noten, Herr Präsident, halten und blättern muß. Ich kann schwerlich mit beiden Händen . . .

PRÄSIDENT *wohlwollend polternd:* Aber natürlich können Sie, Philip! Sie müssen nur wollen!

FRL. DR. FRÖBEL *hat wieder das Lorgnon angesetzt und Philip genau angesehen. Sie setzt das Lorgnon ab.* Wollen! Wollen! *Singt:* Wo ein Wille, da ist auch ein . . .

PRÄSIDENT Das kommt erst am Ende des ersten Satzes, nach der Reprise.

FRL. DR. FRÖBEL *überschwenglich:* Eine herrliche Stelle!

PRÄSIDENT Sie hats in sich.

FRL. DR. FRÖBEL Öffnet Tiefen. *Seufzt.* Tiefen! – Singen wir! *Räuspert sich.* Ich bin heute schlecht bei Stimme. Nicht recht disponiert. Noch gestern, bei der Vorstandssitzung, habe ich gesungen wie ein Schwan. Ich hatte Größe, wenn ich es mal so nennen soll. Die Herren, hartgesotten wie sie sind, fühlten sich in ihrem Element, in ihrem menschlichen Element. Das ganze Syndikat war in anderen Regionen, ich sah versteckte Tränen. Ja – ja – – *Besinnt sich.* Wo war ich? *Es fällt ihr ein.* Ach so, ja – aber leider bin ich heute – nun gut – *Sie streift nochmals ihren Rock glatt, setzt sich aufrecht.* Singen wir!

PRÄSIDENT Philip, den Ton!

PHILIP *holt die Stimmgabel hervor, schlägt an, singt:* Aaaa – *Steckt die Stimmgabel wieder ein.*

FRL. DR. FRÖBEL *singt:* Aaaa –

PHILIP Gut.

PRÄSIDENT Den Takt!

PHILIP *dirigiert und zählt:* Eins zwei drei vier, eins zwei drei vier, . . . *er hält beiden die Noten und sieht immer abwechselnd über die beiden Pulte.*

FRL. DR. FRÖBEL *singt:*

Oh Freiheit! Wer hat dich wohl aufgebaut
So hoch im Tal dort droben? Wer macht
die güldnen Strichlein auf deine holde Rechnung?
Wer hat die schönsten . . .
Sie macht eine Geste der Ungeduld Philip gegenüber. Philip blättert eilig um.
. . . Schäfchen? Würze
des Lebens, du, von Wiege bis zur Bahre!
Denn es ist kurz, oh ja! Die Kunst jedoch
ist länger. Ars longa, vita brevis.

PRÄSIDENT *fällt ein:*

Oh holde Kunst! Du reichst vom Morgenrot
Zur Renaissance und weiter. Alles ist Gefühl . . .
Philip blättert Frl. Dr. und dann dem Präsident die Noten.

FRL. DR. FRÖBEL und PRÄSIDENT

. . . denn der Verstand
kommt nicht mehr mit. Er kämpft den Kampf allein, den
Kampf ums Dasein. Denn dieses will . . .
– kurze Verzögerung, während Philip blättert –
sein Opfer haben.

PRÄSIDENT *solo:* Wir bringen es, und zwar
Aus Nächstenliebe, . . .

BEIDE . . . die bald zu unbeschränkter

Philip blättert mit akrobatischer Geschwindigkeit zuerst Frl. Dr., dann dem Präsidenten die Noten.

Haftung führt. Haftung führt weiter zum Ruin.
Nach Rom indes führt jeder Weg.

PRÄSIDENT *solo:*

Der Pfad zum Sieg ist schwer und dornig,

FRL. DR. FRÖBEL *solo:*
Zu goldner Hochzeit heiter und voll Abendsonne.

BEIDE Denn Alter schützt vor Torheit, Tugend
vor Schönheit, und Schönheit vor dem Alter.
Philip wiederholt die Blätterakrobatik.
So ist der Mensch, so ist das Leee- –
Philip schüttelt den Kopf und klopft ab.
Beide sprechen verdutzt die letzte Silbe: – –ben? –

PHILIP *ein wenig ungeduldig:* Darf ich Ihre geschätzte Aufmerksamkeit auf die Tatsache lenken, daß bei *er deutet in die Noten* ›Tugend‹ ein diminuendo verzeichnet ist!?

FRL. DR. FRÖBEL *setzt das Lorgnon an und betrachtet Philip:* Er ist musikalisch?

PRÄSIDENT Ich bestehe bei meinen Angestellten auf Vertrautheit mit den höheren Seiten des Lebens.

FRL. DR. FRÖBEL *faßt Philip bei der Schulter, wendet ihn sich zu, sieht ihn von oben bis unten an, dann zum Präsidenten:* Ein musischer Mensch?

PRÄSIDENT Nun, man darf nicht zuviel verlangen.

PHILIP *dozierend:* Darf ich weiterhin betonen, daß dieser Satz nicht nur ein andante ist, sondern auch noch ausdrücklich mit der Bezeichnung ›espressivo‹ bezeichnet ist?

FRL. DR. FRÖBEL *sieht Philip begeistert an:* Bezaubernd!

PRÄSIDENT Nicht schlecht. Nicht schlecht.

PHILIP *pedantisch:* Was – so frage ich Sie nun hiermit – was hat sich der Komponist wohl dabei gedacht? Hat er gewünscht, daß man diesen Zeichen überhaupt keine Beachtung schenke, wie?

FRL. DR. FRÖBEL *sieht Philip durch das Lorgnon an:* Reizend macht er das.

PRÄSIDENT *schmunzelnd:* Sehr nett, Philip! Dem Leben abgelauscht. *Vertraulich zu Frl. Dr. Fröbel:* Er kann sich aber auch über seine Stellung nicht beklagen.
Rufe hinter der Bühne. Präsident und Frl. Dr. Fröbel stehen auf. Alle drei sehen nach hinten.

PHILIP Dort jagen zwei Herren über die Stoppelfelder.

FRL. DR. FRÖBEL Das sind die beiden Herren Asbach.

PRÄSIDENT *hat den Feldstecher angesetzt:* Wo?

FRL. DR. FRÖBEL Ich erkenne sie am Lauf.

PRÄSIDENT *wie oben:* Ich sehe nichts.

FRL. DR. FRÖBEL Dort! Dort! *Sie deutet.* Eben taucht Dietrichs Zylinder zwischen den Rhododendronbüschen auf.
PHILIP Ein hübsches Bild.
FRL. DR. FRÖBEL Wie ein englischer Jagdstich.
PRÄSIDENT Jetzt sehe ich sie.
FRL. DR. FRÖBEL Wie sie laufen!
PHILIP Als würden sie gehetzt.
PRÄSIDENT *beobachtet:* Die machen es nicht mehr lange.
PHILIP Jetzt ist einer hingefallen.
FRL. DR. FRÖBEL Das ist Abel.
PRÄSIDENT Nein, das ist Dietrich.
PHILIP Der andere hat ihm ein Bein gestellt.
FRL. DR. FRÖBEL Das war Dietrich.
PRÄSIDENT War es nicht Abel?
FRL. DR. FRÖBEL Nun gut, der eine ist wie der andere.
PRÄSIDENT Der eine ist Alt, der andere Tenor.
FRL. DR. FRÖBEL Jetzt fällt Abel über Dietrich. Dietrich über Abel.
PHILIP Es läuft sich schwer über die Stoppeln. Sumpfgebiet.
FRL. DR. FRÖBEL Sumpfgebiet?
PHILIP Hochmoor.
FRL. DR. FRÖBEL *verträumt:* Dann gibt es ja im Frühling Enzian.
PHILIP *pedantisch:* Schusternagel.
FRL. DR. FRÖBEL *wie oben:* Und diese blaßblauen Mehlprimeln.
PHILIP Nur die einblättrige Variante.
FRL. DR. FRÖBEL *ekstatisch:* Oh, über die Wiesen zu laufen, barfuß, im Wind –!
PRÄSIDENT *beobachtet:* Jetzt haben sie bald den Zaun erreicht.
FRL. DR. FRÖBEL *ausgelassen:* Ob sie darüberklettern.
PRÄSIDENT Sie werden darunter durchschlupfen.
FRL. DR. FRÖBEL Ich sage: Dietrich klettert darüber, Abel schlupft darunter durch.
PRÄSIDENT Ich sage: Abel klettert darüber, Dietrich schlupft darunter durch.
PHILIP *überlegen:* Wenn ich mir eine Voraussage erlauben darf . . .?
PRÄSIDENT *sehr jovial, klopft Philip auf die Schulter:* Bitte,

Philip, bitte nur los! *Zu Frl. Dr. Fröbel:* Nun, kann er sich beklagen?

FRL. DR. FRÖBEL *mit Überzeugung:* Nein. Wahrhaftig nicht.

PHILIP Der Herr Bergassessor Asbach wird über den Zaun klettern, während der Herr Konsul Dr. h. c. Asbach drunter durchschlupfen wird.

FRL. DR. FRÖBEL Na, das sage ich doch.

PRÄSIDENT Sehr kühn, Philip. Sehr gewagt. *Er setzt den Feldstecher wieder an.*

PHILIP Ich verehre nämlich Selma, die Pflegerin der beiden Herren, und ...

FRL. DR. FRÖBEL Und wird Ihre Verehrung erwidert?

PHILIP *abweisend:* Das gehört wohl kaum hierher, Fräulein Doktor. Jedenfalls spricht Fräulein Selma des öfteren über die Vorgänge im Hause Asbach, und ...

PRÄSIDENT *setzt den Feldstecher ab, sehr interessiert:* Ach!

FRL. DR. FRÖBEL *ebenso:* Wirklich?

PHILIP ... und streift mitunter auch die anomalen Symptome und – nun, sagen wir: – Unregelmäßigkeiten im Verfallsprozeß ihrer beiden Pfleglinge ...

PRÄSIDENT Davon müssen sie mir aber mal ausführlich erzählen, Philip! Das interessiert mich ganz außerordentlich.

FRL. DR. FRÖBEL Mich auch. *Legt ihm die Hand auf die Schultern, leise:* Kommen Sie zum Tee. Ich habe eine wertvolle Sammlung antiker Delikatessen.

PHILIP Ich interessiere mich für Briefmarken und Bierfilze.

PRÄSIDENT *beobachtet:* Sie haben recht, Philip. Abel schlupft, Dietrich klettert. *Setzt den Feldstecher ab.* Jetzt kommen sie.

BEIDE ASBACHS *hinter der Bühne:* Da sind wir!

PRÄSIDENT *ruft ihnen entgegen:* Sie haben sich verspätet, meine Herren!

DIETRICH *tritt auf. Er ist Mitte sechzig, groß und dünn, trägt einen Zylinder, weiße Weste mit einer riesigen goldenen Uhrkette, graue Hosen, schwarzes Jackett, Hornbrille, Glatze, graue Krawatte:* Wir konnten nicht ...

ABEL *ist aufgetreten, atemlos, und unterbricht ihn. Er ist so alt wie Dietrich, aber klein und dick und genau so angezogen:* ... konnten nicht eher kommen. Die ...

DIETRICH *unterbricht:* Die Oberin hat ...

ABEL *unterbricht:* ... hat uns nicht fortgelassen.

BEIDE Wir sind ihr entwischt! *Sie kichern.* Entwischt!

DIETRICH Durch die Gesindetür. Zwischen den ...

ABEL *unterbricht, indem er ihn zurückzerrt:* ... zwischen den Beinen der Köchin hindurch ...

DIETRICH *unterbricht:* hindurch und hinaus, ins Freie.

BEIDE Ins Freie! *Sie sehen sich um.*

PHILIP *streng:* Hat Fräulein Selma Sie gesehen?

DIETRICH *zu Abel:* Hat Fräulein Selma ...?

ABEL *zu Dietrich, unterbricht:* Selma uns gesehen?

DIETRICH Wir haben es ihr doch ...

ABEL ... haben es ihr doch gesagt!

DIETRICH Natürlich. Wir haben es ihr gesagt. Sie hat uns ...

ABEL *zerrt ihn zurück:* Hat uns zwei Stunden Ausgang gegeben. Sie holt ...

DIETRICH *zerrt ihn zurück:* ... holt uns ab und bringt ...

ABEL ... und bringt uns den Kakao.

BEIDE Um vier!

DIETRICH Kakao ...

ABEL ... um vier.

PRÄSIDENT *sieht auf die Uhr, dann in den Himmel:* Dann wollen wir keine Zeit verlieren. Es wird spät.

Es wird ein wenig dunkler.

FRL. DR. FRÖBEL Singen wir, meine Herren, singen wir!

Alle außer Philip setzen sich. Die beiden Brüder Asbach rutschen mehrmals auf ihren Stühlen hin und her, wie Kinder, die einer Vorstellung entgegen sehen.

PRÄSIDENT Philip: die Noten!

PHILIP *zieht Noten aus der Tasche, baut sie vor Dietrich auf:* Hier

ABEL *weinerlich:* Und ich?

DIETRICH *hat einen Spiegel aus der Tasche gezogen und übt Tonleitern; indem er sich dabei im Spiegel betrachtet:* La la la la la ...

PHILIP Mehr habe ich nicht, Herr Konsul.

Abel zieht Dietrich die Noten weg, Dietrich merkt es nicht.

PRÄSIDENT Philip, Sie halten den Herren Asbach die Noten und blättern.

PHILIP An sich gern, Herr Präsident. Sie wissen, ich tue was ich kann. Aber ich fürchte, daß es insofern schwierig sein wird, als ich bereits Ihre und Fräulein Doktors ...

PRÄSIDENT *polternd:* Unsinn, Philip! Der Kopf! Die Schultern! Die Füße, Schenkel! Sie sind doch ein junger, gesunder Mensch!

FRL. DR. FRÖBEL Stellt er sich immer so an?

PRÄSIDENT Er hat seine störrische Stunde. Das kenne ich. Es geht vorbei.

PHILIP *hat inzwischen einige Bewegungen ausprobiert:* Ist schon vorbei!

PRÄSIDENT Na, sehen Sie! Recht so, Philip. Ich mache Ihnen den folgenden Vorschlag: bei Windstille stehen Sie aufrecht und blättern. Erhebt sich aber ein Wind, so halten Sie meine Noten mit dem Kinn gegen den Notenständer gepreßt. *Macht es ihm vor.* So. Dann haben Sie den Mund frei zum Zählen. *Zu den Herren Asbach:* Er zählt übrigens ausgezeichnet. Mit der Linken halten Sie Fräulein Doktor Fröbels Noten. *Macht es ihm vor.* So. Und nun haben Sie *er erhebt die rechte Hand* die Linke frei, nicht wahr? Und mit der halten und blättern Sie die Noten des Herrn Bergassessor.

ABEL *weinerlich:* Und ich?

DIETRICH *hat den Spiegel wieder eingesteckt und Abel die Noten weggezogen:* Du – du singst auswendig. Er singt sehr gut auswendig. Er ist sehr musikalisch. Nur stellt er immer sein Licht unter den Scheffel.

ABEL *grinst verschmitzt:* Damit kommt man am weitesten! *Er zieht Dietrich die Noten weg.*

PRÄSIDENT *seufzt ungeduldig:* Ist jetzt alles geklärt? Philip, Sie stehen am besten hier, *er rückt Philip zurecht* so daß es von Ihnen aus gleich weit zu allen . . .

DIETRICH *hat Abel die Noten wieder weggezogen:* Ich fürchte, Herr Präsident, daß ihr Diener in dieser Position nicht genug Einsicht in meine Noten nehmen kann, um im Bedarfsfalle . . .

FRL. DR. FRÖBEL *spitz:* Ich möchte betonen, Herr Bergassessor Asbach, daß der junge Mann auch bei mir, die ich pünktlich anwesend war, zu blättern hat. Er kann sehr wohl auf dem Weg zwischen dem Ständer des Herrn Präsidenten und dem Ihren bei mir . . .

ABEL *zieht Dietrich die Noten weg, weinerlich:* Und ich?

PHILIP *macht eine besänftigende Geste und holt, nach einem*

Blick in den Himmel, von dem er offensichtlich Geduld erfleht, zu einer Ansprache aus: Meine sehr verehrte Dame, sehr verehrte Herren, vorgesetzte Freunde, wenn ich Sie einmal so nennen darf . . .

PRÄSIDENT *wischt sich den Schweiß:* Aber bitte kurz fassen, Philip. Ich habe heute bereits einiges hinter mir.

PHILIP *Ansprache:* Ich spreche zu Ihnen als einer, der helfen möchte. Daher unterbreite ich hiermit den verehrten Anwesenden die folgenden Vorschläge, die ich Sie auf ihre Stichhaltigkeit zu überprüfen bitte.

Alle beobachten Philip genau. Dietrich zieht Abel die Noten weg. Frl Dr. Fröbel hat ihr Lorgnon angesetzt.

Wir haben heute einen strahlenden Sommertag.

Die Anwesenden sehen sich um, um Philips Feststellung zu prüfen.

Dennoch: es weht ein leichter Wind, mit dessen Verstärkung wir rechnen müssen. In diesem Fall werde ich mich auf meinen linken Fuß stellen. *Er stellt sich auf seinen linken Fuß.* So. *Er holt ein Stöckchen aus der Tasche.* Das rechte Bein *er deutet mit dem Stöckchen auf das rechte Bein* werde ich durch starkes Anwinkeln und Anziehen an den Rumpf *er zieht das rechte Bein an* in eine solche Lage versetzen, daß ich mit dem hinteren Teil der Wade dieses Gliedes *er deutet mit dem Stöckchen auf die rechte Wade* die Noten des Herrn Präsidenten gegen den Wind schütze. *Er legt den rechten Unterschenkel über den Notenständer des Präsidenten und sieht sich, Anerkennung heischend, bei den Anwesenden um.*

Anerkennendes Murmeln. Philip dankt, verneigt sich leicht.

Weiter: vermittels einer kreisenden Bewegung meines Kopfes *er deutet mit dem Stöckchen auf seinen Kopf und macht mehrmals eine kreisende Bewegung* werde ich mir laufend Einblick in den jeweiligen Stand der Fortgeschrittenheit der zu bewältigenden Musik . . .

FRL. DR. FRÖBEL Eine Dreiecksbewegung!

PHILIP *streng:* Bitte nicht unterbrechen! . . . in den jeweiligen Stand der Fortgeschrittenheit der zu bewältigenden Musik zu verschaffen wissen, um dann, je nach dem Stand, vermittels einer fegenden *er macht eine fegende Bewegung mit der rechten Hand* oder *er hält ein und überlegt einen*

Augenblick noch besser gesagt: *er korrigiert seine Bewegung* mit einer wischenden Bewegung *er macht wischende Bewegungen* meiner Rechten die Noten der verehrten Anwesenden zu wenden. *Er steckt das Stöckchen ein.* Was nun meine Linke betrifft, *er hebt die linke Hand* so werde ich sie in schnellere Pendelbewegung *er macht eine Pendelbewegung* zwischen den Ständen des Fräulein Dr. Fröbel und denen der Herren Asbach ...

DIETRICH Generaldirektor Bergassessor Asbach, wenn ich bitten darf.

ABEL Und ich? *Er zieht Dietrich die Noten weg.*

PHILIP *streng, ohne Rücksicht:* ... ich sage: der Herren Asbach hin und herschwenken, um den Auswirkungen eventueller heftigerer Windstöße, wie sie in diesen Regionen, vor allem aber zu dieser Jahreszeit nicht selten sind, vorzubeugen. Auf diese Weise glaube ich, das meine beitragen zu können. *Er stellt sich wieder gerade hin und verneigt sich. Pause. Dann wird Beifall gespendet.*

FRL. DR. FRÖBEL *begeistert:* Großartig! Einmalig! Wo hat er das her?

PRÄSIDENT *wohlgefällig:* Ausgezeichnet, Philip. Ausgezeichnet. Machen Sie so weiter! *Zu den anderen:* Ich bezahle ihn gut. *Ernst, mit erhobenem Zeigefinger:* Aber meine Dame und Herren: ich verlange auch etwas.
Beifälliges Murmeln.

FRL. DR. FRÖBEL Können wir es nicht noch einmal hören?

PRÄSIDENT *mit leichtem Vorwurf:* Fräulein Doktor! Die Musen verlangen ihr Teil!

FRL. DR. FRÖBEL *zurechtgewiesen:* Natürlich. Verzeihung, – ich vergaß ...

PHILIP Nun sollten die Herren Asbach vielleicht zunächst einmal allein ...

PRÄSIDENT *mit einer dämpfenden Geste zu Philip:* Philip! Bitte! Nicht zu hoch hinaus, nicht wahr? Sie hatten Ihren kleinen Erfolg! *Zu den anderen:* Nun sollten die Herren Asbach vielleicht zunächst einmal allein jenen Teil durchsingen, den Fräulein Doktor Fröbel und ich bereits geprobt haben. Die zweite und dritte Stimme. Alt und Tenor. Bitte, die Herren Asbach! Philip! Den Ton!

PHILIP *zieht die Stimmgabel hervor, schlägt an und singt:*

Aaaa –

BEIDE ASBACHS *räuspern sich lange, dann verschieden gestimmt:* Aaaa –

PHILIP *schüttelt den Kopf:* Herr Bergassessor tiefer! Herr Konsul höher! *Singt:* Aaaa–

BEIDE ASBACHS *singen:* Aaaa –

PHILIP Besser, wenn auch noch nicht gut!

PRÄSIDENT Philip: halten, blättern, zählen, Takt angeben, los – . . .

PHILIP *hält die Noten, die Dietrich endgültig erbeutet hat, zieht das Stöckchen hervor und schlägt den Takt:* Eins zwei drei vier, espressivo, wenn ich bitten darf, eins zwei drei vier . . .

BEIDE ASBACHS *singen zweistimmig:*
Der Glaube allein ist uns Hort ist uns Schutz,
willkommen Erlösung von irdischer . . .

PHILIP *klopft ab:* Da stimmt etwas nicht.

PRÄSIDENT Meine Herren: Sie haben die falschen Noten.

PHILIP Die Noten sind richtig. Aber sie haben falsch geblättert.

FRL. DR. FRÖBEL Vielleicht ist es der letzte Satz?

PRÄSIDENT Der letzte Satz ist, wenn ich mich nicht irre, ein Scherzo. *Er spricht es aus wie »Scherz«.*

PHILIP *schüttelt den Kopf, verzagend über diese Unbildung:* Der letzte Satz ist niemals ein Scherzo, »Skerzo«, Herr Präsident, wenn ich mir diese Bemerkung erlauben darf.

FRL. DR. FRÖBEL *wehrt ab:* Keine Prinzipien bitte, Philip! Keine Regeln, nicht so viel Logik! *Lachend.* Als Frau liebe ich das ganz und gar nicht. Gefühl, Gefühl ist alles! Das können Sie auch *deutet in die Noten* dieser wundervollen Musik entnehmen. *Fröhlich:* Alles schwebt – flattert – fluktuiert sozusagen, ist Änderungen unterworfen. Das macht ja das Leben auch so schön. *Lehrerhaft:* Merken Sie sich das, Philip!

PRÄSIDENT Er ist zu gebildet. Hat zu viele Abendkurse besucht, die gehen ihm jetzt im Kopf herum. *Lacht jovial.* Was, Philip! *Patronisierend:* Also, los, mein Guter! Was ist der letzte Satz, wie? *Zu den anderen:* Ich habe – das gebe ich offen und ehrlich zu – *freimütig:* ich bin ein Mensch, wissen Sie, der alles offen sagt, darauf beruht mein Ansehen –, oder doch zumindest zum Teil –, ich habe, wie gesagt, bisher noch nicht die Zeit gefunden, das ganze Werk durchzugehen, geschweige denn, bis zum Ende zu üben. *Seufzt schwer.* Meine Posten nehmen mich derart in Anspruch . . .

FRL. DR. FRÖBEL Du meine Güte, davon kann ich ein Liedchen singen!

PRÄSIDENT . . . dazu ein ausgedehntes und anstrengendes Familienleben . . .

DIETRICH *eifrig:* Davon können wir . . .

ABEL *ebenso:* . . . wir ein Liedchen singen . . .

Beide Asbachs setzen sich in Positur und machen Miene, als wollten sie singen.

PRÄSIDENT *am Ende seiner Geduld, winkt ab:* Aber bitte, meine Herren, nicht jetzt, nicht jetzt! *Er wischt sich den Schweiß von der Stirn.* Wo waren wir? *Erschöpft:* Philip, klären Sie die Sache auf!

PHILIP Darf ich die verehrten Anwesenden bitten, zwecks besseren Verständnisses meiner Erläuterungen, die sich auf den Resultaten der Untersuchungen des leider zu früh verstorbenen, aber unvergessenen Hofrat Doktor Erwin Pannholzer aufbauen, den letzten Satz aufzuschlagen? Seite 18! *Präsident sitzt apathisch und schwer atmend auf seinem Stuhl, Frl. Dr. und Dietrich schlagen auf, Abel ist eingeschlafen. Frl. Dr. setzt das Lorgnon an und beobachtet Philip, Dietrich besieht sich im Spiegel. Keiner hört zu.*

PHILIP *dozierend:* Wie Sie sehen, handelt es sich hier um ein Thema mit Variationen. Das Thema trägt den Titel ›per astra ad aspera‹, was ich – mit gebührender Freiheit natürlich – durch die Worte ›durch Licht zur Nacht‹ übersetzen möchte. Es ist also, wie letzten Endes aller musikalischer Ausdruck, im Menschlichen verwurzelt.

FRL. DR. FRÖBEL *beiläufig:* Tief?

PHILIP *vorwurfsvoll belehrend:* Fräulein Doktor Fröbel: was überhaupt verwurzelt ist, das ist auch tief verwurzelt. Und umgekehrt: was nicht tief verwurzelt ist, ist überhaupt nicht verwurzelt. *Er deutet in die Noten.*

Bei Takt sechsunddreißig beginnt die Fuge, deren Stimmen, eine nach der anderen, in einem jauchzenden glissando die Tonleiter hinab verenden. Ein Finale oder gar eine

Coda im Sinne der klassischen Form der Mannheimer Schule ist hier also nicht . . .

PRÄSIDENT *hat sich ein wenig erholt:* Keine Bildung, mein Freund, keine Bildung, wenn ich bitten darf. Ich habe mich hochgearbeitet, habe, wie viele der Besten unter uns, nur die Volksschule besuchen dürfen, und ich bin stolz darauf.

FRL. DR. FRÖBEL Ich dagegen war im Pensionatsinstitut für höhere Töchter mit Lycealbildung und Gymnasialrang. Philosophische Propädeutik war mein Lieblingsfach, wir hatten aber auch einen himmlischen Lehrer, einen Jesuitenpater. Es war eine herrliche Zeit, wie überhaupt die Jugend, aber sie ist so bald vorbei. *Berauscht:* Weiter, Philip, weiter, es kommt alles zurück! Stundenlang könnte ich diesen Worten lauschen.

PRÄSIDENT Aber die Zeit vergeht. – Wenn ich mich recht erinnere, habe ich das vorhin schon einmal gesagt.

FRL. DR. FRÖBEL *mit Schmelz:* Muß man nicht für so köstliche, kostbare Stunden dankbar sein, Herr Präsident? Sie sind selten!

PRÄSIDENT *ein wenig kleinlaut:* So gesehen, ist da natürlich etwas Wahres daran.

PHILIP Darf ich fortfahren?

PRÄSIDENT Bitte.

PHILIP Die Herren Asbach . . .

Dietrich sieht auf, Abel wacht auf.

DIETRICH Generaldirektor Bergassessor Asbach.

ABEL Konsul Dr. h. c. Asbach. *Weinerlich:* Immer ich zuletzt.

DIETRICH *schadenfroh:* Du hast mir für ein Linsengericht das Erstgeburtsrecht . . .

ABEL Ich habe es ihm an den Kopf geworfen! Es war verdorben! Selma!

FRL. DR. FRÖBEL *degoutiert:* Meine Herren, ich empfinde diese Familienstreitigkeiten als überaus peinlich, ich kann es leider nicht anders sagen.

PRÄSIDENT Ich finde sie noch nicht einmal schlecht.

FRL. DR. FRÖBEL Mir fehlt ganz einfach das Verständnis für derlei Dinge.

PRÄSIDENT Man kann es sich erarbeiten.

PHILIP Die Herren Asbach haben offensichtlich den zweiten

Satz geübt; Adagio, mit der Bezeichnung ›heiter, beschaulich, nicht ohne Zuversicht‹.

DIETRICH *trotzig:* Wir haben geübt, was Selma . . .

ABEL *fällt ein:* . . . was Selma uns aufgeschlagen hat.

DIETRICH Sie nennt uns das Maß . . .

ABEL . . . und das Ziel und den Takt,

BEIDE Sie weiß am besten, was gut für uns ist, und was wir nach Kräften vermeiden sollten.

PHILIP *winkt den beiden ab, dann erklärend zu den anderen:* In Anbetracht der heiklen Gesundheit der beiden Herren Asbach, die sowohl mit ihrem Gemüt als auch mit ihren inneren Organen in schwerem, hartem, aber gerechtem Kampf liegen und diesem Kampf jederzeit erliegen mögen . . .

BEIDE ASBACHS *schreien:* Nein, Nein!

PHILIP *herrscht sie an:* Ruhe! Es hat doch keinen Sinn, so zu tun, als sei alles in Ordnung!

Wie zuvor: . . . erliegen mögen, hat ihre Pflegerin es für ratsam befunden, ihnen jene Sätze dieses Werkes vorzuenthalten, die einen allzu starken Gefühlsgehalt besitzen, um der Therapie des zweiten Satzes, dessen innige Worte und Melodien eher besänftigen als erregen, durch ihre wohltätige Milde das ihre zukommen zu lassen.

FRL. DR. FRÖBEL *hingerissen:* Noch einmal! Noch einmal!!

PHILIP *wie zuvor:* In Anbetracht der heiklen Gesundheit der beiden Herren Asbach, die sowohl mit ihrem Gemüt als auch mit ihren inneren Organen in schwerem, aber gerech . . .

BEIDE ASBACHS *rufen:* Hartem . . .!

PHILIP . . . in schwerem, hartem, aber gerechtem Kampf liegen und diesem Kampf jederzeit . . .

BEIDE ASBACHS *schreien:* Nein! Nein!

PRÄSIDENT *streng:* Genug, Philip!

FRL. DR. FRÖBEL *enttäuscht:* Schade! Jetzt wäre das beste gekommen! *Leise zu Philip, sehr erregt:* Ich erwarte Sie heute abend, Philip! Zum Abendessen bei Kerzenlicht! Ich zeige Ihnen Landschaften der Jahrhundertwende.

PHILIP *trocken:* Ich interessiere mich für Schmetterlinge, Madonnen, altes Zinn.

Pause. Es wird ein wenig dunkler.

PRÄSIDENT *erhebt sich umständlich, mit Mühe, räuspert sich, klatscht in die Hände, dann groß und leidend:* Meine sehr verehrte Dame, meine Herren Kollegen, Brüder und Freunde, Weggenossen, wenn ich Sie so nennen darf! Ich ergreife das Wort als Rangältester und Präsident.
Klatschen
Als solcher nun habe ich einen Entschluß gefaßt, der Sie vielleicht zunächst überraschen wird.
Atemlose Pause.
Wir proben jetzt den letzten Satz!
Erregung
Den letzten Satz: Thema mit Variationen. Keiner von uns kennt ihn, keiner hat ihn geübt. Wir gehen deshalb daran froh, frisch, fröhlich, frei, arglos, einfältig, vorurteilslos, unvoreingenommen ...

PHILIP Unbefangen ...!

PRÄSIDENT *ärgerlich:* Das wollte ich soeben sagen, Philip! ... unbefangen und – – nun: unbefangen. Was Sie, meine Herren Asbach betrifft, so glauben Sie mir: Ihre Beschwerden sind auch die meinen. Auch meine Gesundheit ist nicht mehr das, was sie in meiner Jugend einmal war. Aber kein Wort davon! Ich beklage mich nicht, nein, kein bitteres Wort soll über meine Lippen kommen. Leben, Leiden und Arbeit, die ernste Sorge um das Fortkommen der Menschheit haben mich frühzeitig aufgerieben, nicht zu reden von meinen diversen wohltätigen Liebhabereien, die mir auch keiner abnimmt. *Zieht ein Büchlein hervor, schlägt auf, liest:* ›Man ist Mensch‹, *steckt das Büchlein ein* um einmal mit den Dichtern zu sprechen. Ja, meine Herren, ich habe mein Bestes gegeben, das kann ich von mir sagen, ohne zu übertreiben. Aber, meine Herren: meine inneren Organe, denen biete ich Trotz, jawohl, meine Herren, von denen lasse ich mich nicht einschüchtern. Sehen Sie, da ist zum Beispiel meine Niere. Ihren dauernden Drohungen begegne ich mit Geringschätzung, ja mit Verachtung, und zwar wie? *Leise zu Philip:* Philip, den Violinkasten! – *Zu den anderen, laut:* Indem ich stets eine Reiseflasche voll Absinth im Violinkasten bei mir trage.
Philip hebt den Violinkasten hoch und zeigt ihn. Dann stellt er ihn wieder ab.

DIETRICH *mit aufrichtiger Bewunderung:* Ich bewundere Sie, Herr Präsident!

ABEL *ebenso:* Ich auch! Ich auch!

DIETRICH Sie sind ein mutiger Mann.

ABEL Ein ganzer Kerl, – *zu den anderen:* was?

FRL. DR. FRÖBEL *mit Bewunderung:* Von Ihnen, Herr Präsident, kann sich noch manch einer ein Stück abschneiden.

PRÄSIDENT *mit einer Geste der Bescheidenheit, um die Bewunderung zu dämpfen:* Und in diesem Sinne denn, meine Dame und meine Herren, denke ich: – *Pause, er besinnt sich, es fällt ihm ein, mit forciertem Elan:* Auf! Auf zum letzten Satz! *Er setzt sich erschöpft und wischt sich den Schweiß von der Stirn.*

DIE ANDEREN *außer Philip:* Bravo! Bravo!

PRÄSIDENT Sie haben die Instrumente, Philip?

PHILIP Ich habe sie, Herr Präsident. Aber vorher sollten Sie vielleicht Fräulein Doktor Fröbel das Wort erteilen. Gewiß möchte sie mit ihren Beschwerden nicht hintanstehen.

FRL. DR. FRÖBEL *leidvoll spitz:* Der einsame Weg einer berufstätigen Frau mit schwerer Verantwortung im öffentlichen Leben ist nichts für robuste Männergemüter, Philip. Unter dem herzhaften Gepolter vernimmt man stilles Flüstern nicht mehr, die Zeit ist nicht danach. *Intim:* Ich erzähle Ihnen davon heute Nacht, unter vier Augen. *Sie öffnet die Handtasche, entnimmt ihr eine Tablette, schluckt sie und schließt die Handtasche.*

PHILIP Ich fürchte, daß ich heute . . .

FRL. DR. FRÖBEL *befehlend:* Sie werden Ihre Abendkurse einmal ausfallen lassen!

PRÄSIDENT *klatscht in die Hände:* Nochmals: auf, zum letzten Satz!

Dietrich, Frl. Dr. Fröbel und Präsident schlagen die Seiten auf.

PHILIP *zieht die Stimmgabel aus der Tasche, schlägt an und singt:* Aaaa –

DIE ANDEREN *singen:* Aaaa –

PHILIP *steckt die Stimmgabel ein:* Also, zum Thema! Moderato bitte! Und beim Singen fühlen, fühlen! Vergessen Sie nicht, daß es sich um den Menschen handelt! Vergessen Sie das nie! Getragen, sanft aber sicher, und mit Zuversicht! Eins zwei drei vier . . .

DIE ANDEREN *singen:* Wir sind Verbraucher, dabei gut, und äußerst ethisch, gute ethische Verbraucher,

FRL. DR. FRÖBEL *solo:* mit Herzen am Fleck,

DIETRICH *solo:* und Tassen im Schrank,

ABEL *solo:* mit Gefühl für Nuancen,

PRÄSIDENT und Ehre und Pflicht,

ALLE *singen:* Für Gestaltung der Freizeit, der Freiheit.
Wir sind menschlich wertvoll, wenn nicht gar erhaben,
dem Edlen aufgeschlossen, Schönen zugetan,
das eine Aug ist naß, das andre trocken,
so stehn wir da und fordern das Jahrhundert in die . . .

FRL. DR. FRÖBEL *setzt ab, sehr bewegt:* Das ist von ergreifender Schönheit!

PRÄSIDENT *männlich ergriffen:* Ergreifend! Mitreißend! *Er greift sich ans Herz.*

BEIDE ASBACHS *weinen still vor sich hin.*

PRÄSIDENT *mit erstickter Stimme:* Philip, nehmen Sie Ihr Taschentuch und trocknen Sie den Herren Asbach die Tränen!

PHILIP Sehr gern, Herr Präsident. *Er zieht ein Taschentuch hervor und trocknet den Brüdern Asbach die Tränen. Besänftigend:* Ist ja schon alles wieder gut. Aber wer wird denn wohl gleich weinen!

DIETRICH *tränenerstickt:* Ich muß bei diesen Tönen an meine erste Jugend denken.

ABEL *ebenso:* Und ich an die erste und letzte.

DIETRICH An Schaffneruniform, Onkel Othmars Witze, den Zauberkasten.

ABEL Das Nachtgebet mit Mama, die Zinnsoldaten aus Blei, Papas strenges Wort,

DIETRICH und dabei die unendliche Güte!
Ruft: Selma!

ABEL *ruft:* Selma soll kommen!

BEIDE Mit dem Kakao!

FRL. DR. FRÖBEL *betrachtet die Brüder Asbach durch das Lorgnon, mit Verachtung:* Werden die beiden die Steigerung vertragen?

PHILIP *fühlt den Brüdern Asbach die Stirn und den Puls:* Ich fürchte, die zweite Variation überleben sie nicht.

PRÄSIDENT *robust:* Auf den Versuch kommt es an. *Sachlich:* Wenn nicht, so fällt der gesamte Montanbergbau an uns, wir haben ohnehin die Mehrheit. Wir werden das Gesamtkreditvolumen erhöhen und die Konsortialquoten um zwei Prozent . . .

FRL. DR. FRÖBEL *lächelt fein und verzeihlich:* Sind wir nicht in anderen Regionen, Herr Präsident?

PRÄSIDENT Mein rauher Kern übertönt oft mein Gefühlsleben. Aber das ist gut so, denn es macht mir zu schaffen, vor allem so um diese Jahreszeit, im Herbst. *Er setzt den Feldstecher an und sieht sich um.*

Es wird wieder dunkler.

PHILIP *hat ein Buch hervorgezogen, sieht hinein:* Um die Zeiten der letzten Mahd.

PRÄSIDENT *träumerisch:* Die Zeit der verlassenen Wiesen,

PHILIP *sieht ins Buch:* der faulenden Äste am Wegrand,

PRÄSIDENT der einsamen Vogelscheuchen,

PHILIP der verendenden Käfer . . .

PRÄSIDENT *sieht mit dem Feldstecher auf den Boden:* Wie lang unsere Schatten geworden sind!

FRL. DR. FRÖBEL *überspielt lachend:* Seien wir doch froh, daß wir Schatten haben, zum Längerwerden.

PRÄSIDENT *sieht mit dem Feldstecher nach oben:* Und mittags steht die Sonne so schräg!

FRL. DR. FRÖBEL Seien wir doch froh, daß sie überhaupt noch steht!

PRÄSIDENT *sieht mit dem Feldstecher auf Frl. Dr. Fröbel:* Sie zeichnet uns Kurven und Linien auf die Wangen.

FRL. DR. FRÖBEL *entrüstet:* Ich muß doch bitten, Herr Präsident! Ich hätte von Ihnen mehr Ritterlichkeit erwartet.

PRÄSIDENT *setzt den Feldstecher ab, resigniert:* Ach, liebes Fräulein Doktor Fröbel! Man hat so manche schöne Ziele dahingeben müssen.

FRL. DR. FRÖBEL *beschämt:* Das tut mir leid. Ich wußte nicht, daß auch Sie – – ich meine – –

PRÄSIDENT *bitter:* Schon gut. Schließlich hat man . . .

FRL. DR. FRÖBEL Ich dachte, daß gerade Sie . . .

PRÄSIDENT . . . so manchen holden Traum . . .

FRL. DR. FRÖBEL . . . ein Mann, der es doch immerhin . . .

PRÄSIDENT . . . Begraben. Vielleicht . . .

FRL. DR. FRÖBEL ... sehr weit gebracht hat ...

PRÄSIDENT ... war ich ganz anders angelegt ...

FRL. DR. FRÖBEL ... das geworden sind ...

PRÄSIDENT ... als ich geworden bin,

FRL. DR. FRÖBEL ... was Sie werden wollten.

Pause

PRÄSIDENT *faßt sich:* Nun gut! *Polternd:* Philip, wie steht es um die Herren Asbach?

DIETRICH *plötzlich wieder munter:* Wir haben uns gefaßt. Nicht wahr, Abel?

ABEL *ebenso:* Ja, Dietrich, wir haben uns gefaßt.

Sie fassen sich bei den Händen.

DIETRICH Unsre kleine Schwäche ...

ABEL momentane kleine Schwäche

DIETRICH ist gänzlich überwunden,

ABEL ist vorbei.

BEIDE Zurück zur Kunst! Sie ist die Würze des Lebens!

PRÄSIDENT Sehen Sie, meine Herren! Das nenne ich mir ein Wort.

PHILIP Fräulein Selma hat es ihnen beigebracht, für schwere Stunden.

BEIDE ASBACHS ›Ein guter Trost für manche schwere Stunde.‹

FRL. DR. FRÖBEL Eine sehr vernünftige Therapie. So weit ist man noch nicht überall.

PRÄSIDENT *ermutigend:* Auf denn! Zur ersten Variation!

BEIDE ASBACHS *rufen ausgelassen:* Heißa! Zur Variation!

PHILIP *zieht die Stimmgabel hervor, schlägt an, singt:* Aaaa –

DIE ANDEREN *singen:* Aaaa –

PHILIP Scherzando, bitte, heiter, leicht, es handelt sich um die sonnige Seite des Lebens, Dreivierteltakt, schaukelnd, schunkelnd, schwebend, beschwingt! Ich zähle: eins zwei drei, eins zwei drei ... *Dirigiert.*

DIE ANDEREN *singen:*

Des Sonntags führt uns die Freiheit ins Blaue,
wo sie im Grünen sitzt, beim Heurigen in der Laube,
Oh wacholdriges Schäfer- und Schäkerstündchen,

ABEL UND PRÄSIDENT Mit Wangengrübchen,

FRL. DR. FRÖBEL UND DIETRICH im Wienerwaldstübchen,

PRÄSIDENT die Wirtin am Neckar,

ABEL am Rheine die Wacht,

DIETRICH Oh Heimatschwalbe,

FRL. DR. FRÖBEL Jünglingszeit!

PHILIP *ruft:* Steigerung, bitte!

DIE ANDEREN Oh selig, ein Mensch noch zu sein!

PHILIP Fortissimo!

DIE ANDEREN Ja, selig, oh selig, ein Mensch zu ...

FRL. DR. FRÖBEL *bricht ab, überwältigt:* Überwältigend! Hinreißend!

PRÄSIDENT *mit vor Rührung rauher Stimme, aber männlich gefaßt:* Es greift – – ans Herz!

BEIDE ASBACHS *sind in ihren Stühlen zusammengesunken und schluchzen laut.*

PRÄSIDENT *zieht ein Taschentuch hervor und wischt sich die Augen:* Ja – ja – *Faßt sich.* Philip, kümmern Sie sich um die Herren Asbach! Setzen Sie die beiden auf ihren Stühlen zurecht, und reden Sie ihnen zu! Ein paar gute, trostreiche Worte

PHILIP *beschäftigt sich mit den Brüdern Asbach:* So – so – Herr Konsul, jetzt setzen wir uns aber wieder schön aufrecht, nicht wahr? Und die vielen Tränen! Das ist ja ein ganzes Bächlein! Nein, sowas! Sehen Sie mal den Herrn Bergassessor an: er lächelt schon wieder, wie?

FRL. DR. FRÖBEL *betrachtet die Brüder Asbach durch ihr Lorgnon:* Die heulen ja wie die Schloßhunde. Dabei sind es doch wohl *betrachtet sie genauer* Männer! Ich muß sagen, es ist fast peinlich.

PRÄSIDENT *abgewandt:* Vom Erhabenen bis zum Lächerlichen ist es nur ein Schritt.

FRL. DR. FRÖBEL Aber immerhin, doch ein Schritt!

PHILIP *putzt Dietrich die Nase:* Es geht alles vorbei. Bis die Herren im Grabe liegen, ist alles wieder gut.

FRL. DR. FRÖBEL *betrachtet Philip durch das Lorgnon:* Entzükkend macht er das. Eine Perle! Wo hat er das her?

PRÄSIDENT Abendkurse.

PHILIP *zum Präsidenten:* Ich hoffe, die Herren haben sich nicht naß gemacht, Herr Präsident. Soll ich ihnen eine Geschichte erzählen?

PRÄSIDENT Aber bitte eine unanständige.

FRL. DR. FRÖBEL *vorwurfsvoll, aber freundlich:* Herr Präsident!

PHILIP *erzählt:* Vor geraumer Vorzeit lebte in einem fernen Land einmal ein großer mächtiger König. Sein Volk liebte ihn gar sehr, denn er war sehr artig und wohlerzogen und aß immer von seinen goldenen Schüsseln brav seinen Grießbrei und seinen Apfelbrei und seinen Haferbrei und Haferschleim und Grießschleim, Reisbrei, Reisschleim, Schleimbrei und Mustopf und Grützengrieß und *fällt aus der Rolle* wie sie alle heißen, die ungenießbaren Gerichte der Kindheit . . .

BEIDE ASBACHS *schreien:* Selma!

PRÄSIDENT *besieht sich die Brüder Asbach:* Sie packen die Sache falsch an, Philip! Bei Pädagogik sind Sie wohl noch nicht, in Ihren Abendkursen, wie? *Freundlich zu den Brüdern Asbach:* Fassung, meine Herren, wenn ich bitten darf, Fassung!

DIETRICH *unter Tränen:* Ich kann mir nicht helfen,

ABEL *ebenso:* und ich weder dir noch mir.

DIETRICH Ich denke an die Jugend, an meinen ersten Rausch auf dem Teppich,

ABEL und ich ich denke ans Vaterland, ans teure!

DIETRICH An die Kellnerin Hedwig, die wir zusammen besaßen.

ABEL Satisfaktion auf dem Dachgeschoß, die Judenjagd!

DIETRICH Treue und Ehre, blutige Verbände!

ABEL Den Sieg am Busento,

DIETRICH die Schlacht an der Krain! Selma!

BEIDE Selma soll kommen, uns abzuholen Selma! Kakao!

Sie bleiben apathisch und schwer atmend sitzen.

PHILIP *steht hinter den beiden und fühlt beiden gleichzeitig den Puls, schüttelt dann den Kopf:* Es steht schlecht um die Herren.

PRÄSIDENT *sachlich:* Puls?

PHILIP Erhöht. Blutdruck auch.

PRÄSIDENT *setzt den Feldstecher an und betrachtet die Brüder Asbach genau:* Stoffwechsel?

PHILIP Elf Komma neun.

PRÄSIDENT Grundumsatz?

PHILIP Reduziert.

PRÄSIDENT Allgemeinzustand?

PHILIP Bei Sichtweite vier unmöglich.

PRÄSIDENT Dann schaffen sie es nicht mehr lange. *Schüttelt den Kopf, setzt den Feldstecher ab, zufrieden.* Das gibt eine konjunkturelle Belebung. Ich werde eine Dividendenerhöhung . . .

PHILIP Sollten wir unter den Umständen auf die nächste Variation verzichten? *Bedeutungsvoll:* Es ist der Marsch!

FRL. DR. FRÖBEL *schrill:* Verzichten? Auf keinen Fall!

PRÄSIDENT Auf keinen Fall! Im Gegenteil . . .

PHILIP *holt eine große Trommel hervor:* Wie Sie wünschen!

FRL. DR. FRÖBEL *erregt:* Verzichten!! Sehen Sie mich an! Ich bin eine Frau, durch deren Hände Dokumente hoher und höchster Art gehen, Handelsabkommen, Beistandsgesuche, Notstandsverordnungen, Schwärme von Vertragsklauseln, von ungeheurem Wert, handsigniert, handparaphiert, kommentiert und handkoloriert, unbezahlbar, Material von unerhörtem Verantwortungsgehalt. Dem Wohl der Gesellschaften und – im höheren Sinne – des Staates habe ich meine – früher sehr betonte – weibliche Seite geopfert, obgleich sie mir viel bedeutet hat. Die Trennung verlief nicht ohne Drama, oh nein. Auch ich bin nicht immun gegen die Erweckung von Sehnsüchten, Wünschen, Erinnerungen mancher Art. Ich spreche von der Musik! Dennoch: zeige ich etwa Schwächen? Emotionen?

PRÄSIDENT *sanft:* Sie sind sehr hart, mein Fräulein.

FRL. DR. FRÖBEL *weicher:* Ach, mein lieber lieber Herr Präsident! Ich hätte auch anders gekonnt. Glauben Sie mir! Wenn ich bedenke . . . *Verliert sich in Träumereien.* Wenn in der späten Dämmerung die Nebel aus den Wiesen steigen . . .

PRÄSIDENT *setzt den Feldstecher an und sieht sich um, unsicher zu Philip:* Noch haben wir Sommer. Sommer! Nicht wahr, Philip?

PHILIP *hat ein Buch hervorgezogen, sieht sich um, kalt:* Das hängt von der Auffassung ab, Herr Präsident.

FRL. DR. FRÖBEL *wie zuvor:*

und auf den leeren Äckern die vergessenen Kartoffeln schimmeln –, wenn die Krähen . . .

PHILIP *sieht in das Buch:* Die schwarzen Krähen!

FRL. DR. FRÖBEL Die schwarzen Krähen flattern und ihr Wesen treiben . . .

PHILIP *sieht in das Buch:* Sie sind wie aus einer anderen Welt.

FRL. DR. FRÖBEL Die Tage und Stunden ergrauen . . .

PHILIP *sieht in das Buch:* Erblinden!

FRL. DR. FRÖBEL Die Tage und Stunden erblinden, die ahnungsschweren Nächte!

PHILIP *sieht in das Buch:* Die Träume von langen Alleen!

FRL. DR. FRÖBEL Und die Koffer und Schachteln, und alles leer, der Morgen ohne Briefe, der Abend ohne . . . *Sie verliert den Faden.* Jetzt habe ich vergessen, was ich sagen wollte.

Es ist dunkler geworden, der Hintergrund wird unkenntlich.

PRÄSIDENT Ich weiß es. Aber ich sage es nicht. Es ist alles zu schmerzlich. Ich leide auch. Mein armes Herz . . .

PHILIP *hat das Buch eingesteckt und zieht ein Fläschchen aus der Tasche:* Ihre Tropfen, Herr Präsident!

PRÄSIDENT Tropfen? Nein, keine Tropfen!

PHILIP Wie Sie wünschen, Herr Präsident. *Er steckt das Fläschchen ein, hängt sich die Trommel um und beginnt, sachte und rhythmisch zu trommeln.*

Dietrich und Abel erwachen vom Trommeln langsam zum Leben.

PRÄSIDENT Tropfen? Was soll ich mit Tropfen? Steine höhlen? *Lacht.* Wie? Ich frage: Steine höhlen? *Lacht.* Nein! Fassung! *Lauter:* Fassung! Fassung, meine Herren, wenn ich bitten darf! *Noch lauter:* Fassung! *Er brüllt:* Fassung!!!

ABEL *fährt hoch:* Dietrich! Wo sind wir?

DIETRICH *ebenso:* Man ruft uns!

ABEL Zur Waffe!

DIETRICH Zu Befehl. *Er steht stramm.*

ABEL *steht stramm:* Ich melde mich zur Stelle!

DIETRICH *militärisch:* Hier! Zur Stelle! Zu Befehl!

ABEL Was gibt es?

DIETRICH Erschießung?

ABEL Immer bereit!

DIETRICH Ich folge j e d e m Befehl!

ABEL Ich auch. Jedem! Aber ein Befehl muß es sein!

DIETRICH Jedem! Ausnahmslos! Wenn er von oben kommt!

ABEL Aber von oben muß er kommen!

DIETRICH Ich frage nicht!

ABEL Ich handle!

DIETRICH Immer der Gleiche! Semper idem, mein Losungswort.

ABEL Meines auch. Semper . . .

BEIDE Semper, semper idem! *Sie stehen stramm und singen.* Der Mensch sieht gern seine Rechte bedroht . . .

PHILIP Einen Augenblick, meine Herren. Nicht so voreilig, wenn ich bitten darf! Das Zeichen abwarten! *Er stellt sich mit der Trommel in der Mitte auf.* Sind Sie bereit, Fräulein Doktor Fröbel?

FRL. DR. FRÖBEL *öffnet die Handtasche, entnimmt ihr eine Tablette, schluckt die Tablette, schließt die Tasche:* Ich bin bereit. *Setzt sich in Positur.* Singen wir!

PHILIP Herr Präsident?

Aber der Präsident rührt sich nicht.

PHILIP *gibt den Ton mit der Stimmgabel:* Aaaa –

DIE ANDEREN *außer Präsident:* Aaaa –

PHILIP *beginnt, die Trommel zu schlagen:* Ich habe sie gewarnt. Die zweite Variation ist der Marsch. Tempo alla marcia! Zweite und dritte Stimme beginnen, Alt und Tenor. Der Sopran ist die erste Stimme der Wiederholung. Bei Takt sechzehn fällt der Baß ein. Leise beginnen, dann starkes crescendo. Ich zähle. *Er schlägt die Trommel.* Eins zwei, eins zwei . . .

BEIDE ASBACHS *singen:*

Der Mensch sieht gern seine Rechte bedroht,

FRL. DR. FRÖBEL *fällt ein:*

Rechte bedroht, Rechte bedroht.

BEIDE ASBACHS Im Winter sind unsre Kriege so kalt,

FRL. DR. FRÖBEL *dazu:*

Kriege so kalt, Kriege so kalt,

BEIDE ASBACHS Konflikte bewaffnet und seelisch.

Philip blättert den Brüdern Asbach die Noten, dann Frl. Dr. Fröbel, gibt den neuen Einsatz und trommelt.

Gesegnet sei unser guter Kern,
Seine Spaltung und seine Waffen,

FRL. DR. FRÖBEL *dazu:*
Nation und Freiheit und ewiger Wert,
Ewiger Wert, ewiger Wert . . .
Sie setzen einer nach dem anderen ab und sehen auf Philip, der dem Präsidenten den Einsatz gegeben hat.

PHILIP Wo bleibt der Baß, Herr Präsident? *Schweigen.* Herr Präsident!!!

PRÄSIDENT *ersterbend:* Fassung! Fassung! *Er sinkt vom Stuhl.*

PHILIP *betrachtet ihn:* Er ist nicht mehr. *Er beginnt, die Noten vom Pult des Präsidenten zu räumen.*

FRL. DR. FRÖBEL *betrachtet den Präsidenten durch das Lorgnon:* Kaum noch.

PRÄSIDENT *verhauchend:* Fassung!

FRL. DR. FRÖBEL *setzt das Lorgnon ab, sachlich:* Erschüttert sitzen wir an seiner Leiche . . .

PRÄSIDENT *mit letztem Atemzug, wie ein Stichwort:* Fassung! *Er ist tot.*

FRL. DR. FRÖBEL *nimmt das Stichwort auf:* . . . und fassungslos. *Sie öffnet die Tasche, entnimmt ihr ein Notizbuch.* Wir werden sein Andenken bewahren. *Macht eine Notiz, steckt das Buch wieder ein, schließt die Tasche, seufzt.* Singen wir!

PHILIP *steckt die Noten ein, beginnt, den Notenständer des Präsidenten zusammenzuklappen:* Entschlafen!
Beide Asbachs sind aufgesprungen und besehen sich genau die Leiche des Präsidenten, indem sie mehrmals um sie herumgehen.
Es wird dunkel. Nur die Mitte der Bühne ist noch beleuchtet.

DIETRICH *richtet sich plötzlich auf:* Tot! Mausetot! Das bedeutet, daß die Aktien der vereinigten Stahlwerke um mindestens zwei Prozent fallen.

PHILIP *lädt den Notenständer auf den Wagen:* Es war das Herz.

DIETRICH *erregt:* Als Vorsitzender des Wirtschaftsverbandes werde ich die Situation nutzen, um sofort die Auswertung des Umlaufvermögens durch mittelfristige Kredite . . .

ABEL *richtet sich auf und versucht, Dietrich beiseitezudrängen:* Nein! Ich! Ich! Wer sitzt im Aufsichtsrat der Montanindustrie, der Zinkhüttenbetriebe?! Alles fällt an uns! Interne Erbschaftsverhältnisse! Bertha sitzt im Dachverband! Frag Selma!

DIETRICH *immer erregter:* Ich bin Hauptaktionär! Ich habe Erwerbsrecht bis ins elfte Geschlecht!

ABEL *ebenso:* Ich erwirke eine Mehrausschüttung, neue Aktienmissionen, ich duze mich mit dem Baron!

PHILIP *steht aufrecht, monoton:*
Er war Naturfreund, Briefmarkensammler
von Format, hatte Sinn für die kleinen Sorgen der Tiere
des Waldes.

DIETRICH *immer erregter:* Ich reiße ihm seine substanzgesicherten Vorzugspapiere unter der Bahre weg!!

ABEL *hysterisch, zerrt ihn am Ärmel:* Leichenschändung! Fledderer!

DIETRICH *schleudert ihn weg:* Du – du – mit deiner Rohstoffpolitik!

ABEL *hüpft hysterisch herum:* Ich habe Auslandsbeziehungen, bin chilenischer Konsul, bin bei der Partei, sitze im Verteidigungsausschuß! *Schreit:* Selma!

PHILIP *wie zuvor:*
Er züchtete Rosen, siamesische Katzen,
kleine Abneigungen, liebenswerte Eitelkeiten,
ohne Rücksicht auf Wert oder Preis.

DIETRICH *stößt Abel mit der Hand:* Du Minderheitsaktionär. Du Händler mit unverzinslichen Schuldverschreibungen!

ABEL Selma! *Schreit.* Selma!

DIETRICH *äfft ihn nach:* Selma! – Selma! – Du bist ja noch nicht einmal mündelsicher!

FRL. DR. FRÖBEL *ein wenig gequält:* Meine Herren, ich möchte noch einmal betonen, daß ich diese Familienstreitigkeiten als überaus peinlich . . .

DIETRICH *groß:* Kapital fällt an mich! Fällt mich an!

PHILIP *wie zuvor:*
Musik war seine stille Liebe, der Garten
sein Brevier, und Spielzeugeisenbahnen.

DIETRICH *immer erregter und großartiger:* Ich genieße das uneingeschränkte Vertrauen der Beteiligten . . .

ABEL . . . und ich das unseres seligen unvergessenen Vaters.

DIETRICH . . . bin zum Vollstrecker geboren. *In Ekstase:* Meine Herren, es ist soweit! *Ruft ins Publikum:* Alle Fräulein, zum Diktat!!

ABEL *versucht von hinten, ihn zu treten:* Ich habe in Algebra die eins, die ruhige sichere Hand beim Skat ...

DIETRICH ... und ich beim anderen Geschlecht!

ABEL ... bei der Börse ...

DIETRICH ... mit der Waffe!

PHILIP *wie zuvor:*

Er liebte schöne Frauen,
verglich sie edlen Rassepferden ...

FRL. DR. FRÖBEL Ein schlechter Vergleich.

PHILIP *aus der Rolle:* Widerlich.

DIETRICH *lacht:* Das Kohlensyndikat, auf dem er saß ...

PHILIP *wieder aufrecht, monoton:*

Auch saß er gut zu Roß, war vorbildlicher Reiter und Kavalier der alten Schule.

DIETRICH ... erwerbe ich für ein Butterbrot!

ABEL *hämisch hinter einem Notenständer:* Ich habe es schon, habe es schon. Die Prokuristen sind Corpsbrüder, alte Herren aus Heidelberg!

DIETRICH Alle zu alt für mich! *Jagt ihn.* Und du – dich stelle ich unter Kuratel und erkläre dich für unmündig.

ABEL *versucht, sich hinter Dietrich zu halten:* Ich habe das Ohr der Presse! Dein Verhältnis mit den beiden Fräulein Knotek...

FRL. DR. FRÖBEL *entrüstet:* Meine Herren! Eine Dame ...!

ABEL Eine? – Zwei! – Und beide keine Damen!

DIETRICH Und du –! Besucher zweifelhafter Häuser, du – –

FRL. DR. FRÖBEL *gequält:* Meine Herren, meine Herren!

PHILIP *wie zuvor:* Er liebte das Heroische, das Göttliche, und doch war ihm das Menschliche nicht fremd. Geheimnisträchtige Vollkommenheit war, was er suchte; die Transparenz, die dichterische Transzendenz,

DIETRICH *jagt Abel:* Du kurzsichtige Krämernatur! *Faßt ihn.* Die Taschen kehre ich dir nach außen. *Er hält Abel am Kragen.* Den Kragen drehe ich dir um! *Schüttelt ihn und läßt ihn los.*

PHILIP *wie zuvor:* Er war zuhause in Arkadien – und kannte jeden kleinen Stein der Steiermark.

FRL. DR. FRÖBEL Na wissen Sie, die ist aber auch himmlisch.

PHILIP *aus der Rolle, kalt:* Finden Sie?

ABEL *hält sich fern von Dietrich:* Tausende hast du unterdrückt! Millionen unterschlagen!

DIETRICH *steht vorn an der Rampe, ruft quasi ins Publikum:* Beweise! Beweise!

ABEL Frag alle! Frag Selma!

DIETRICH *geht auf ihn zu:* Blindgänger unter Einäugigen! *Bleibt stehen und lacht herzhaft.* Du Wächter auf verlorenem Posten!

ABEL Betrüger, Erpresser!

DIETRICH *laut lachend auf ihn zu:* Du weltfremder Versager! *Lacht immer unbändiger.* Jüngerer Bruder! *Verschluckt sich vor Lachen.*

ABEL *schreit ihn an:* D u ! Du hast die S t i r n . . .!!

Dietrich keucht, hat zu lachen aufgehört, er faßt sich an die Stirn, sein Gesicht verzieht sich, er fällt und ist tot.

ABEL *sieht ihn mit Genugtuung fallen, geht vorsichtig auf den am Boden Liegenden zu, besieht ihn genau, schiebt ihn ein wenig mit der Fußspitze hin und her, gibt ihm dann einen festen Tritt, setzt sich auf einen Stuhl, nimmt den Zylinder ab, legt ihn neben sich, setzt sich aufrecht, sagt laut und gefaßt:* Meine Herren, es ist soweit!

Pause. Es ist völlig dunkel geworden, bis auf die von einem Scheinwerfer erleuchtete Mitte.

FRL. DR. FRÖBEL *die während der letzten Szene starr und gequält vor sich hingesehen hat, sehr irritiert:* Ich möchte zum letzten Mal betonen, Herr Konsul Asbach, daß ich diese Familienstreitigkeiten als überaus peinlich empfunden habe. *Sie öffnet sehr nervös ihre Handtasche, entnimmt ihr eine Tablette, schluckt sie, schließt die Handtasche.*

Philip hat, nach Dietrichs Fall, sogleich begonnen, seine Noten abzuräumen und legt wortlos den Notenständer zusammen. Während des folgenden lädt er ihn auf den Wagen und beginnt mit dem Aufräumen der anderen Notenständer.

ABEL Dafür ist es jetzt vorbei, gnädiges Fräulein. Das verspreche ich Ihnen. Die Sache ist erledigt. Beigelegt. *Er rückt ein wenig näher an sie heran.* Es tut mir aufrichtig leid, Ihr Mißfallen erregt zu haben. *Ein wenig näher.* Aber vielleicht darf ich die Hoffnung äußern, daß sich alles wieder gut machen läßt – auf irgendeine Weise.

FRL. DR. FRÖBEL *geziert:* Die Hoffnung dürfen Sie gern äußern, Herr Konsul Asbach. Allerdings würde ich Sie in Ihrem eigenen Interesse bitten, sie ein wenig präziser zu formulieren.

ABEL Gern. Sehr gern, Kindchen. *Er rückt ein wenig näher.* Bald wird es wieder heller sein, dann komme ich mit Konkretem, Greifbarem. Es ist jetzt nicht der Augenblick. Auch Sie sind mitgenommen...

FRL. DR. FRÖBEL *seufzt:* Mein Gott – man hat manches durchgemacht.

ABEL Ich verstehe Sie und Ihre kleine Krise gut. Dergleichen bringt das Leben mit sich. *Er legt einen Arm um sie.* Sie sind verstört, gnädiges Fräulein! Geben Sie mir das Händchen! *Er nimmt ihre Hand.*
Pause.

SELMA *von sehr weit:* Abel! Dietrich!
Abel wird von nun an immer nervöser, obgleich er die Stimme zunächst mehr als Irritation spürt, als daß er sie hört.

FRL. DR. FRÖBEL *angenehm berührt:* Sie haben eine gefällige Hand!

ABEL *nicht bei der Sache:* Na, sehen Sie!

FRL. DR. FRÖBEL Sie streicheln sanft...

ABEL *wie oben:* Ich habe es gelernt.

FRL. DR. FRÖBEL ... sind einfühlend.

ABEL Auch das, Kindchen, auch das.

FRL. DR. FRÖBEL Ich fühle mich plötzlich geborgen.

ABEL Na also, na also...

FRL. DR. FRÖBEL ja – die rauhe Wirklichkeit ist nicht immer etwas für – – für – – *Sie verliert den Faden.*

PHILIP *hält einen Moment lang mit dem Aufräumen ein, beiläufig:* ... zartere Naturen wie Sie, Fräulein Doktor.

FRL. DR. FRÖBEL Zartere Naturen wie mich. – Man ist Frau...

ABEL *nervös:* Gewiß – gewiß –

SELMAS STIMME *immer noch sehr weit:* Dietrich! Abel!

ABEL *spürt die Stimme, horcht, wird unruhiger, streichelt automatisch Frl. Dr. Fröbels Hand:* Gewiß – ja –

FRL. DR. FRÖBEL ... und folgt anderen Gesetzlichkeiten – *sieht nach oben* – vor allem bei Mond.

ABEL *automatisch, nicht bei der Sache:* – – vor allem bei Mond – ja –

Es wird sehr dunkel.

FRL. DR. FRÖBEL Zum Beispiel gestern nacht. Da habe ich geträumt, daß ein großer Löwe auf mich zukäme und...

ABEL *nickt, automatisch:* – vor allem bei Mond –

FRL. DR. FRÖBEL *sieht ihn an:* Hören Sie mir zu?

ABEL *nicht bei der Sache:* Ich? Nein. Bei mir können Sie sich aussprechen – entspannen –

FRL. DR. FRÖBEL Wirklich?

ABEL – sich offenbaren.

PHILIP *hat inzwischen den Wagen in die Mitte geholt, sieht auf den sitzenden Abel hinab:* Ich bin nicht sicher, Konsul Asbach, ob die moralischen Voraussetzungen einer solchen Offenbarung gegeben sind, in Ihrem Falle.

ABEL *irritiert und immer nervöser:* Wie soll ich das verstehen?

PHILIP Nun, die Familie! Ihre alte Mutter, Ihre Witwe, Ihre Kinder, die Söhne aus zweiter Ehe, das Personal...

ABEL *irritiert:* Ich verstehe nicht...

SELMAS STIMME *immer noch sehr weit, aber um eine Nuance näher:* Abel! Dietrich!

PHILIP *steht hinter Abel:*... zum Beispiel Fräulein Selma!

ABEL *aufgebracht:* Ich ersuche Sie, das meine Sorge sein zu lassen!

PHILIP *unbeirrt:* Ihre prekäre Lage!

ABEL *fährt herum:* Wie meinen Sie das?

SELMA *weit:* Abel!

FRL. DR. FRÖBEL *zu Philip:* Warum kümmern Sie sich nicht um Ihre eigenen Angelegenheiten, Philip?

PHILIP *zu Frl. Dr. Fröbel:* Es sind meine Angelegenheiten. *Zu Abel.* Ihre prekäre Lage, Asbach!

FRL. DR. FRÖBEL *zu Philip:* Ich weiß wirklich nicht, was Sie das angeht. Der Herr Konsul hat sich bewährt im Leben. Er hat es zu etwas gebracht. Und Sie? Notenblättern! Musik! *Macht eine verächtliche Geste.*

ABEL Ja. Ich habe es zu etwas gebracht, das kann man sagen. Und ich habe es wahrhaftig nicht immer leicht gehabt. *Bewegt.* Ich hatte einst einen Bruder...

SELMAS STIMME *weit:* Dietrich!

ABEL ... er war mir Stütze und Beispiel. *Wischt sich die Augen.* Aber das ist lang her.

FRL. DR. FRÖBEL *seufzt:* Ach, mein lieber Konsul – reißen wir nicht vernarbte Wunden auf! Auch ich habe deren einige. Bleiben wir in der Gegenwart!

ABEL *streichelt ihre Hand:* Recht so, mein Kind, recht so! Genießen wir die schönen Stunden unseres Erdendaseins! Es sind derer allzu wenige.

FRL. DR. FRÖBEL *lehnt sich an ihn:* Wie viele?

ABEL *wieder sehr irritiert:* Woher soll ich das wissen?!

FRL. DR. FRÖBEL *fröstelt, dann sehnsüchtig:* Ich möchte. . .

ABEL *ungeduldig:* Was?

FRL. DR. FRÖBEL *wie oben:* . . . ich möchte noch einmal, wie als Kind, Pferde stehlen – –

PHILIP *während er aufräumt, beiläufig:* Die Stallungen sind geschlossen, verlassen.

FRL. DR. FRÖBEL *wie oben:* Johannisbeeren stibitzen!

ABEL Es ist Winter geworden – –

Von hier ab erhellt sich die Bühne sehr allmählich wieder, aber so langsam, daß sie erst am Ende des Stückes wieder ganz hell ist. Die Landschaft ist die gleiche geblieben, aber es ist Winter. Alles ist mit Schnee bedeckt. Aber davon sieht man jetzt noch nichts.

FRL. DR. FRÖBEL *fröstelt:* Ja. Winter! Es ist kalt!

PHILIP *beim Aufräumen:* Ein früher Winter! Aber streng! Streng!

SELMAS STIMME *von weit, aber wieder um eine Nuance näher:* Dietrich! Abel! Wo seid Ihr?!

Abel wird immer unruhiger, sieht sich um, kramt in seinen Taschen, etc.

FRL. DR. FRÖBEL *wie oben:* Ich möchte Schlitten fahren. Mit Schellen. Durch Alleen von Rauhreif.

PHILIP *lädt Pulte auf den Wagen:*
Es ist zu kalt. Es schneit.

FRL. DR. FRÖBEL Große Flocken. Naß. Sie nässen das Gesicht. Ich seh mich um, die Hügel rund und weich.

PHILIP Die Schatten tief. . .

FRL. DR. FRÖBEL . . . und violett. Der Himmel schwer wie Zinn. Raben sitzen . . .

PHILIP Nebelkrähen!

FRL. DR. FRÖBEL Nebelkrähen sitzen auf den Pfählen! Was tun die Pfähle?

PHILIP *klappt den Sonnenschirm zusammen:* Sie stecken den Weg ab.

FRL. DR. FRÖBEL *kindlich staunend:* Stecken den Weg ab!

PHILIP Damit man ihn nicht verliert.

FRL. DR. FRÖBEL ... ihn nicht verliert. – Die Stille!

PHILIP Zum Greifen.

FRL. DR. FRÖBEL Die Kälte!

PHILIP Sie knistert. Das Eis...

FRL. DR. FRÖBEL ... hängt drohend von den Dächern. Der Krug geht zum Brunnen und zerbricht. *Pause. Sie fröstelt.* Eis!

PHILIP *hat inzwischen alles auf den Wagen geladen, hebt den Violinkasten auf:* Übrigens, Asbach –, der Alte hat einen Violinkasten hinterlassen.

ABEL *nervös:* Das ist doch kein Objekt!

PHILIP *öffnet den Violinkasten:* ... er enthält ein Käsebrötchen...

FRL. DR. FRÖBEL *weinerlich:* Ich habe Hunger, Abel!

ABEL *klopft ihr aufs Knie:* Warte, mein Häschen! Du bekommst bald etwas.

PHILIP ... und eine Reiseflasche Absinth.

FRL. DR. FRÖBEL *wie oben:* Ich habe Durst!

PHILIP Sie enthält Milch.

FRL. DR. FRÖBEL *schüttelt sich:* Pfui!

SELMAS STIMME *wieder ein wenig näher:* Abel – wo bist du?! Dietrich!

ABEL *fährt auf, als erinnere er sich an etwas:* Milch! *Er sieht sich verstört um.*

Philip sieht den Hut des Präsidenten und probiert ihn in verschiedenen Positionen auf. Dann zieht er Dietrichs Leiche den Spiegel aus der Tasche und probiert den Hut vor dem Spiegel auf.

ABEL *sehr unruhig:* Milch! – Milch!! – Selma sollte längst hier sein! Es ist spät. Wir müssen fort. *Er streichelt, wie um sich abzulenken, Frl. Dr. Fröbels Haar.* Ist dir kalt, Kindchen?

FRL. DR. FRÖBEL *hauchend vor Kälte:* Ja!

ABEL Ich habe Wärme zu verschenken. *Wie ein Onkel:* Möchtest du ein Halsbändchen mit schönen glänzenden

Rubinen?

FRL. DR. FRÖBEL *wie oben:* Ja! Ja!

ABEL Und ein Mitentscheidungsrechtchen im Aufsichtsrat des Unternehmerverbandes?

FRL. DR. FRÖBEL *sehr angeregt:* Ja – ja – ja!

ABEL Und ein kleines Stadtpalais mit einem rosagekachelten muschelförmigen Bad, wo du im Seifenschaum telefonierst?

FRL. DR. FRÖBEL *plötzlich verändert, ordinär, öffnet ihre Tasche und beginnt, sich zu pudern und zu schminken:* Du alter Schäker!

ABEL *geht darauf ein:* Na also, mein Häschen! So alt bin ich aber noch nicht, du!

FRL. DR. FRÖBEL Werden wir sehen, old boy, werden wir sehen!

ABEL Ich war der Jüngere, erinnerst du dich nicht?

FRL. DR. FRÖBEL Ich? Nee!

ABEL Um so besser. Gehen wir! Baruschke wartet.

FRL. DR. FRÖBEL Wer?

ABEL Kriegskamerad, mein eins c. Manches zusammen durchgestanden, im Westen und Osten eingesetzt, achtzehnmal verwundet, Vater unmündiger Kinder, brav. Wäre sofort wieder dabei.

FRL. DR. FRÖBEL Dein Fahrer?

ABEL Mein Fahrer.

PHILIP *ist dabei, seine Jacke und Weste auszuziehen, hält einen Augenblick ein:* Ihres Bruders Fahrer!

ABEL *böse:* Lassen Sie das meine Sache sein!

Es wird ein wenig heller, weißer. Winter!

SELMA *ein wenig näher. Jetzt hören die anderen sie auch:* Dietrich, wo bist du? Abel!

ABEL *fährt auf, wieder sehr nervös:* Selma! – Sie brachte uns immer den Kakao.

FRL. DR. FRÖBEL *lacht ordinär:* Nein, wirklich?! *Sie fährt fort, sich zurechtzumachen.*

ABEL Sie hat sich verspätet. Sie hätte vor längerer Zeit hier sein sollen, im Sommer um vier, oder im Herbst. *Wendet sich an Philip:* Finden Sie nicht auch, Philip?

PHILIP *zieht sich soeben die Weste des Präsidenten an, kalt:* In diesen Dingen habe ich keine Meinung.

ABEL *immer unruhiger:* Aber ich. Und ich finde, sie hätte früher hier sein sollen. Natürlich, die Zeit vergeht schnell, vor allem wenn man singt und Leute um sich hat und sich mit vielerlei Dingen beschäftigt. Aber schließlich holt sie einen doch noch ein. *Zu Philip, beinahe wie hilfesuchend:* Haben Sie das nicht auch schon festgestellt, Philip? Sie verstehen doch etwas von diesen Dingen. Der verblichene Präsident hat ja ganz außerordentlich viel von Ihnen gehalten.

Philip reagiert nicht, besieht sich in der Weste des Präsidenten im Spiegel.

Immer atemloser: Und du, Herzchen? Hast du das nicht auch schon festgestellt? Gerade Frauen sind doch in diesen Dingen so – so – – *Aber das Wort fällt ihm nicht ein.*

Frl. Dr. Fröbel reagiert nicht, sondern fährt fort, sich zu schminken.

Nein – nein, du hast recht, antworte mir jetzt nicht, du hast recht, mach dich fertig, damit wir wegkommen, ich habe nämlich auch Hunger. Wir unterhalten uns später darüber, ganz ausführlich, denn da gibt es ja verschiedene Gesichtspunkte – später beim Essen, während es draußen Winter ist. Dann ist es drinnen warm. Ich sitze nämlich gern lang beim Essen, lasse gern zwischen den Gängen Zeit verstreichen, das Ende kommt immer noch früh genug, finde ich immer. *Zu Frl. Dr. Fröbel, die aber nicht zuhört:* Ich habe den Tisch reserviert, nicht weit von der Kapelle, man kennt mich ja gut dort, den ›Herrn Konsul‹, meine Trinkgelder sind generös, leider ist Marcel nicht mehr da, der Saucenkoch, *zu Philip, der aber nicht zuhört* für mich tat er immer eine extra Messerspitze voll Mangowurzel in die Bechamel, *lacht* ja, ja, – *immer hektischer:* kleine Lämpchen stehen auf den Tischen, mit hübschen grünen Rüschen, gemütlich – – Es ist seltsam, wie man sich plötzlich auf Dinge freut, die einem soeben erst in den Kopf gekommen sind. *Lacht hektisch.* Man klammert sich fast daran – wie?

Pause, kein Echo.

Ja, man klammert sich fast daran, finde ich immer. Manchmal frage ich mich – – *verwirrt* was frage ich mich manchmal? – Ach ja, wissen Sie, manchmal frage ich mich: was

bedeutet das eigentlich: Zukunft? Wie? Das hat eigentlich noch keiner dieser Philosophen so recht gelöst. *Zu Philip:* Haben Sie schon einmal darüber nachgedacht?
Philip reagiert nicht, er zieht sich den Rock des Präsidenten an.
Nein? Nun, es ist auch ein weites Gebiet, eigentlich ein Teilgebiet eines noch viel weiteren Gebietes – – eigentlich. Aber – – *Er kramt hektisch in seinen Taschen.*

SELMA *ruft nah:* Dietrich! Abel!

ABEL *hektisch:* Philip! Sie bleiben hier! Nicht wahr? Sie räumen auf, vielleicht sollte man die Notenständer auch ein wenig abstauben. Heute brauchen wir sie nicht mehr, aber später dann, im Frühling wahrscheinlich, ja, sogar bestimmt im Frühling – da singen wir wieder, ich freue mich schon darauf. Der neue Präsident ist sehr musikalisch. Er singt Mezzosopran und begleitet sich dabei selbst auf dem Fagott, aber nur, wenn niemand zusieht. *Lacht.* Wenn er, – *lacht hysterisch* – wenn er Gesellschaften gibt, – *kann kaum sprechen vor Lachen* – sitzen die Zuhörer verkehrt herum! *Lacht hysterisch, stellt dabei fest, daß er kein Echo hat, hört zu lachen auf, verzweifelt.* Man findet das immer sehr komisch – – nun ja – – aber das wollte ich eigentlich gar nicht sagen. Was wollte ich noch sagen? *Er kramt in den Taschen.* Ja – richtig! Selma! – Philip, mein Lieber, Sie kennen Selma doch gut, oder nicht? Sagen Sie: haben Sie eigentlich schon mit ihr. . . Aber das geht mich ja nichts an, wie?
Philip beachtet ihn nicht, sondern besieht sich in der Kleidung des Präsidenten im Spiegel.
Nein, nein, natürlich, das geht mich nichts an. Aber was war es nur, das ich. . . Helfen Sie mir doch! *Pause.*
Ach ja, richtig! Dietrich! Sie erinnern sich vielleicht. Dietrich, mein Bruder. *Eindringlich:* Philip: ich war nicht sein Hüter. Er war der meine!

FRL. DR. FRÖBEL *gereizt, ordinär, steckt Lippenstift und Spiegel in die Tasche:* Na und?

ABEL *hektisch:* Ich war es nicht, Philip! Hören Sie?
Philip betrachtet sich im Spiegel.

FRL. DR. FRÖBEL *gereizt:* Komm doch jetzt endlich, Abel! Was soll denn dieses Gewäsch! Ich habe keine Pelzstiefel an, meine Füße werden kalt!

ABEL Gleich, Herzchen, gleich! – Hören Sie, Philip? Ich war es nicht!

Philip holt Papiere aus der Brusttasche, sortiert sie, steckt sie wieder ein.

FRL. DR. FRÖBEL *schließt die Tasche, steht auf, ordnet sich das Haar:* Und eine Nerzstola brauche ich! Die Frau des Präsidenten hat sieben. Du kannst schlecht von mir verlangen, daß ich dich zu deinen lächerlichen schöngeistigen Liebhabereien begleite, wenn du mich nicht entsprechend kleidest.

ABEL *dringend:* Sagen Sie es Selma, Philip! Ich war es nicht! Er war es!

FRL. DR. FRÖBEL *zupft sich zurecht:* Außerdem muß ich mich noch umziehen . . .

ABEL Hören Sie, Philip?!

FRL. DR. FRÖBEL Ausgerechnet am Tag des Empfanges für den chilenischen Staatspräsidenten mußt du deinen Bruder umbringen!

ABEL *in Verzweiflung, zu Frl. Dr. Fröbel:* Man muß mit seiner Zeit haushalten! *Brüllt:* Schließlich bin ich auch nur ein Mensch!!

FRL. DR. FRÖBEL *im Abgehen, verächtlich:* Du Mensch! *Im Abgehen bleibt sie bei Philip stehen, der die Kleidung des Präsidenten anhat.* Ah! *Sie betrachtet ihn von oben bis unten.* Nicht schlecht!

ABEL *verzweifelt, sieht sich um, sucht etwas, sucht in seinen Taschen:* Ich komme schon, Herzchen!

SELMA *sehr nah:* Abel! Dietrich! Abel!

Es wird heller, weißer. Winter.

ABEL Ich komme – ich komme!

FRL. DR. FRÖBEL *zu Philip:* Kommen Sie um Mitternacht! Wir veranstalten einen kleinen Festakt, wir werden Ungeahntes entfalten!

PHILIP *lächelt, lüpft den Hut, verneigt sich leicht:* Das Ungeahnte ist ganz auf meiner Seite, gnädiges Fräulein!

Frl. Dr. Fröbel sieht ihn noch einmal an, dann ab.

ABEL Ich komme! *Er steht auf, zu Philip:* Sagen Sie Selma, daß ich es nicht war!!

PHILIP Aber Sie waren es ja, Asbach! Wer sollte es denn

sonst gewesen sein? Und nicht nur Ihren Bruder, die Stütze der Gesellschaften, haben Sie vor den Kopf gestoßen, sondern auch unseren unvergessenen Herrn Präsidenten, dessen Ausfall sich vor allem auch in den Kreisen der angewandten Philanthropie schmerzlich bemerkbar machen wird.

ABEL Das ist nicht wahr!

PHILIP Wer redet denn von der Wahrheit!

ABEL Es war das Herz!

PHILIP Wer redet denn vom Herz! Realitäten, wenn ich bitten darf, Herr Konsul! Realitäten! Als da sind: Ihre Komplementäranteile am produktiven Restbestand der Wührle-Biesterfeld-Werke und der Holsteinischen O. B. G. Ich übernehme das ganze Paket.

ABEL Nein!

PHILIP *drohend:* Wo ist dein Bruder, Abel!?

SELMA *hinter der Bühne:* Abel! Wo bist du?

PHILIP Sehen Sie? *Ruft:* Hier, Fräulein Selma! Hier!

Abel versucht wegzurennen, Philip rennt ihm nach, fängt ihn und hält ihn.

PHILIP Abel: hier in der Tasche

– er klopft auf seine Brusttasche –

habe ich die Mehrheit des Bücheburger Schiffsbau sowie der Wotan-Grundstücksverwertung und Bremens Vereinigtes Leben. Verschaffen Sie mir die weiteren Anteile der Witwe Gertraud Rüdicke, geborene Schletz und ihrer Töchter Gudrun und Heidrun, geborene Preusker-Stahl, und das Paket des jüngeren von Plochenberg-Buckritz!

ABEL *wütend:* Nein!

SELMA *sehr nah hinter der Bühne:* Dietrich! Wo bist du denn?

PHILIP *ruft:* Hier, Fräulein Selma!

Abel versucht wieder zu fliehen, Philip hält ihn am Kragen.

Sonst schleife ich dich an kahlen Mauern entlang bei Morgengrauen mit Hammer und Zange, und es gibt Überstunden statt Hausmusik. Es weht ein neuer Wind, beziehungsweise: es weht der alte. Nur der Steuermann ist neu. Ich hoffe, die Sache ist klar.

Er läßt Abel los. Abel, um nicht von Selma gesehen zu werden, die in diesem Moment die Bühne betritt, schleicht

auf allen vieren über die Bühne und davon. Philip setzt sich befriedrigt auf einen Stuhl, ganz Präsident.
Es wird heller: ein Wintertag.

SELMA *ist aufgetreten: je ein Drittel Hosteß, Stewardeß und Krankenschwester, in einer Uniform der entsprechenden Mischung: eine resolute Schönheit, sachlich, kühl, Mitte dreißig. Sie schiebt einen Rollstuhl vor sich her:* Abel! Dietrich! *Sie läßt den Rollstuhl im Hintergrund stehen und kommt nach vorn.* Da bin ich!

PHILIP Zu spät und zu früh.

SELMA Warum zu spät?

PHILIP Einer Ihrer Pfleglinge ist tot, Fräulein Selma.

SELMA Und warum zu früh?

PHILIP Der andere lebt noch.

SELMA So? – Welcher ist tot?

PHILIP Dietrich. *Er deutet über die Schulter auf die Leiche.* Da liegt er.

SELMA *besieht sich die Leiche:* Ist das nicht Abel?

PHILIP Ist das nicht gleichgültig?

SELMA Doch. *Sie wendet sich von der Leiche ab.* Einer war wie der andere.

PHILIP *in Erinnerung lächelnd:* Der verstorbene Herr Präsident pflegte zu sagen: der eine ist Alt, der andere Tenor.

SELMA Nun ja, eine Pflegerin sieht das wohl ein wenig anders.

PHILIP Waren es artige Pfleglinge?

SELMA Sie wissen ja, wie Pfleglinge sind.

PHILIP Woher sollte ich das wissen?

SELMA Sie werden es erfahren.

PHILIP Ich?!

SELMA Was ist aus dem anderen geworden?

PHILIP Er hat ein neues Verhältnis.

SELMA Schon wieder? Das gibt Krach zu Hause.

PHILIP Er wird nicht mehr nach Hause kommen.

SELMA Dann bin ich stellungslos.

PHILIP Ich habe ihn ruiniert.

SELMA Aber es wird sich bald etwas Neues für mich finden.

PHILIP Es hat sich schon gefunden: Wir können jetzt heiraten, Fräulein Selma.

SELMA *skeptisch:* So?

PHILIP Ich habe unser Bett gemacht.
SELMA *kühl:* Unser Bett?
PHILIP Ich spreche bildlich.
SELMA *kühl:* Das will ich hoffen.
PHILIP Ich werde Sie auf Händen tragen.
SELMA Und wohin?
PHILIP Überallhin.
SELMA Ist das nicht zu weit?
PHILIP Über die Schlachtfelder des Lebens.
SELMA Wirklich?
PHILIP Ich werde über Leichen gehen.
SELMA Und wer geht über Ihre Leiche?
PHILIP *hört nicht zu, redet sich in Ekstase:* Ich zeige Ihnen die Geschäftswelt, die Welt der Arbeit und der Industrie, und die Welt.
SELMA *skeptisch:* Von unten.
PHILIP *steigert sich:* Von oben.
SELMA *kühl:* Sachte – sachte!
PHILIP Ich zeige Ihnen Versicherungsbauten gegen Feuer, Hagel und das Leben.
SELMA Ist das nicht zu hoch gegriffen?
PHILIP *emphatisch:*
Hoch? Zu tief! Ich sitze aufrecht und fest
im Sattel, habe es zehnmal geschafft. Empor
durch Notenblättern, Morgenandacht, Abendkurse,
der großen Männer kleinen Wink . . .
SELMA *beobachtet ihn kühl:* Vorsicht! Das Herz!
PHILIP *klopft auf seine Brusttasche:*
Fünf Achtel der vereinigten Hütten hier vereinigt.
Dazu die Fremdabgabe, und neunzig Prozent
der Treuhandgesellschaft. Ich habe es erreicht!
SELMA Ruhig bleiben, Präsident! Tief atmen!
PHILIP *steigert sich:* Ich bin am Ziel! Erwerb der Mehrheit durch vorbedachten Mord . . .
SELMA Vorsicht mein Freund!
Der Blutdruck!
PHILIP *nähert sich ihr:* Vereint mit Ihnen, Fräulein Selma,
ist Liquidität gesichert. Wir beide decken
den inneren Bedarf.
SELMA *beobachtet ihn:* Ihr Mund wird trocken . . .

PHILIP Und jetzt – jetzt will ich endlich singen!
SELMA . . . der Atem kurz, die Wangen werfen Falten . . .
PHILIP Die Freizeit genießen, der großen Männer Freiheit . . .
SELMA *fühlt ihm den Puls:* Zu schnell!
PHILIP *hektisch:* Ich singe den Baß . . .
SELMA *fühlt ihm die Stirn:* Zu heiß
PHILIP . . . beginne bei Takt zwölf . . .
SELMA *zieht ihm die Augenlider nach unten, sieht ihm in die Augen:* Zu groß!
PHILIP . . . piano, das sich steigert bis zur Hymne . . .
SELMA *fühlt sein Herz:* Zu laut!
PHILIP Die Noten, Selma!
SELMA Unverzüglich!
Sie geht nach hinten, um den Rollstuhl zu holen.
PHILIP Das Edlere in mir verlangt nach Ausdruck. Nach Lob aus voller Kehle. Singen, durchatmen, und dann erholt und frisch zur Vorstandssitzung! Selma, die Noten, Einsatz, Takt und Ton!
SELMA *schiebt den Rollstuhl nach vorn, nachdem sie die Leiche des Präsidenten beiseite geräumt hat:*
Sofort, Herr Präsident!
PHILIP *ekstatisch:* Auch ich bin Sonntagskind, zu Höherem geboren. Ich will jetzt musizieren! Selma, hierher!
SELMA *steht vor ihm mit dem Rollstuhl:*
Ich bin schon da, mein Lieber.
PHILIP *versucht die Tonleiter:* la la la la – *räuspert sich, versucht es noch einmal:* la la la – *Es gelingt ihm nicht.* Ich bin nicht gut bei Stimme.
SELMA *macht sich während des Folgenden am Rollstuhl zu schaffen, klopft ein Kissen aus, breitet die Decke aus, etc. Immer sachlich:* Das habe ich geahnt.
PHILIP Nicht recht disponiert.
SELMA Nennen wir es so.
PHILIP Nicht bei Atem, wie es scheint.
SELMA So scheint es.
PHILIP *plötzlich fröstelnd:* Mich friert.
SELMA Nun, es ist auch Winter.
PHILIP *sieht sich um:* Wird es nicht bald Frühling?
SELMA Nicht mehr.

PHILIP Sommer?
SELMA Erst recht nicht.
PHILIP oder wenigstens Herbst?
SELMA Nein. Ich fürchte, es wird nichts mehr. Nicht hier.
PHILIP *kläglich:* Woanders?
SELMA Vielleicht. Aber wir sind hier.
PHILIP *steht schwankend auf:* Ich fühle mich nicht wohl.
SELMA Das macht der Kreislauf.
PHILIP Mir ist schwindlig ...
SELMA Ein typisches Symptom ...
PHILIP ... und schwach.
SELMA ... wie es im Lehrbuch steht.
PHILIP Es dreht sich alles.
SELMA Auch das, ja. Das kennt man.
PHILIP Ich werde die Sitzung absagen.
SELMA Das brauchen Sie nicht.
PHILIP *hoffnungsvoll:* Nein?
SELMA *sachlich:* Man rechnet nicht mit Ihnen.
PHILIP Ich werde mich ausruhen ...
SELMA Der neue Präsident ist schon gewählt.
PHILIP ... erst einmal ein wenig hinlegen.
SELMA Setzen Sie sich erst einmal!
PHILIP *setzt sich in den Rollstuhl:* Vielleicht geht es vorbei.
SELMA Es kommt wieder.
PHILIP *kläglich:* Aber ich wollte doch singen ...
SELMA *legt ihm die Decke über:* Das will so mancher ...
PHILIP ... Musik – Musik ...
SELMA Das ist eben nicht jedermanns Sache.
PHILIP ... durchatmen ...
SELMA *legt ihm ein Kissen unter:* Das mußt du anderen überlassen.
PHILIP *zusammengesunken:* Es ist kalt.
SELMA *sieht in den Himmel:* Jetzt wird es bald wärmer.
PHILIP Ein harter Winter.
SELMA Ein milder Frühling. *Beginnt, den Rollstuhl zu schieben.*
PHILIP *sieht die Leiche des Präsidenten:* Hier liegt jemand.
SELMA *hält den Rollstuhl an:* Das ist der vormalige Herr Präsident.
PHILIP Er ist alt geworden.

SELMA Nun, er ist tot.

PHILIP So wollte ich es nicht ausdrücken.

SELMA Sehr verständlich.

PHILIP *besieht die Leiche:* Er ist so verklärt.

SELMA Hat er nicht allen Grund dazu? *Sie schiebt weiter.*

PHILIP *an der Leiche Dietrichs:* Hier liegt noch einer.

SELMA *hält an:* Das war einer der Brüder Asbach.

PHILIP Auch tot.

SELMA Was kann man erwarten? *Sie schiebt weiter.*

PHILIP *schwach, in Erinnerung:* Asbach – –

SELMA Ja, die Wiesen beginnen bald zu blühen.

PHILIP Kann man die beiden so liegen lassen?

SELMA Warum nicht? Sie sind der Witterung ausgesetzt.

PHILIP *sieht in den Himmel:* Witterung!

SELMA Nicht jeder hat es so gut. *Sie schiebt weiter.*

PHILIP *bedeckt sein Gesicht mit der Hand:* Es schneit!

SELMA *sieht in den Himmel:* Es hellt sich auf!

PHILIP Ein Schneesturm.

SELMA Windstille.

PHILIP Ich sehe nichts mehr.

SELMA Ich sehe für dich.

PHILIP Ein entsetzliches Wetter.

SELMA Wart ein wenig! Bald hast du alles hinter dir. *Sie schiebt ihn auf dem Rollstuhl hinaus.*

STIMME DES HIRTEN *hinter der Bühne, während der Vorhang fällt:*

Wie tut der Sommer so weh!
So sprach die Rose zum See.
Wie war der Abschied so flau,
Wie waren die Birnen so blau - -

Über das absurde Theater

Eine Rede

Der Planungsausschuß der Erlanger Theaterwochen hat mich eingeladen, hier vor Ihnen über das absurde Theater zu sprechen. Ich bin dieser Einladung gern gefolgt, habe jedoch die Einladenden darauf hingewiesen, daß meine Darstellung unakademisch und einseitig ausfallen würde. Unakademisch, da ich nun einmal – und vor allem auf diesem Gebiet – weder ein Theoretiker noch ein Systematiker bin. Einseitig, weil ich selbst »absurdes« Theater schreibe, und zwar aus solch tiefer Überzeugung, daß mir nicht-absurdes Theater mitunter absurd erscheint.

Vielleicht hätte Ihnen ein Theaterhistoriker einen sachlicheren und kritischeren Vortrag halten können, als ich es kann. Vielleicht wäre dieser Vortrag auch fundierter und kenntnisreicher gewesen. Gewiß hätte er Ihnen einen größeren Überblick vermittelt. Denn mir sind viele Stücke des absurden Theaters unbekannt. Auch habe ich noch nie etwas über das absurde Theater gelesen. Von mir haben Sie nicht viel mehr zu erwarten als eine Rechtfertigung eines, der im sogenannten »Absurden« heimisch ist, und einen Versuch über die Motive, die einen Autor veranlassen mögen, darin heimisch zu werden und absurde Stücke zu schreiben. Zudem – so fürchte ich – werden meine Ausführungen streng subjektiv sein. Aber das halte ich eher für ein Verdienst. Ich hege ein tiefes Mißtrauen gegen all die, welche ihre Objektivität beteuern, wenn es um die Verteidigung ihrer eigenen Sache geht.

Die erste Frage, die sich stellt, ist: was ist absurdes Theater? Ist es Theater, das durch die Darstellung eines scheinbar irrealen Geschehens vom Publikum als absurd aufgefaßt wird? Oder ist es Theater, das den ontologischen Begriff des Absurden – wie Camus ihn versteht – in ein Geschehen kleidet, um das Publikum damit zu konfrontieren? Zwei Möglichkeiten. Betrachten wir diese beiden Möglichkeiten genauer, so verschmelzen sie zu einer einzigen. Das absurde Theater dient der Konfrontation des Publikums mit dem Absurden, indem es ihm seine eigene Absurdität vor Augen führt. Da jedoch das Publikum im allgemeinen nicht ohne weiteres gewillt ist, die Philosophie des Absurden hinzunehmen, geschweige denn, auf sich selbst zu beziehen und sich selbst als absurd zu betrachten, so betrachtet es die Konfrontation auf dem Theater als absurd. Es entsteht also eine anregende Wechselbeziehung. Theater und Publikum erscheinen einander gegenseitig als absurd.

Aber diese Überlegung hätte ich vermutlich niemals angestellt, hätte ich nicht einen Vortrag zu halten. Ich gebe zu, daß es von meiner Seite einen gewissen Willensakt erfordert hat, mir den Begriff des Absurden so wie der von außen Betrachtende – also des Publikums – ihn versteht, zu eigen zu machen. Ich habe es im Interesse meiner Erläuterungen getan. Und wenn ich ihn im Folgenden gebrauche, so tue ich das zunächst quasi als das »Gegenüber«. Und für mein Gegenüber ist ja auch mein rechtes Auge links.

Indessen, auch für das Publikum ist der Begriff des »absurden Theaters« viel weniger erprobt und umrissen, als etwa die Begriffe des »epischen« oder des »poetischen« Theaters. Er bezieht sich auch weniger als diese Begriffe auf die Form. Er bezieht sich mehr als diese Begriffe auf den Stoff, oder, wenn man so will, den Inhalt. Ein Stück kann »absurd« und »poetisch« sein. Vielleicht könnte es sogar »absurd« und »episch« sein – es käme auf einen Versuch an. Jedenfalls scheint es so viele Formen des absurden Theaters zu geben, wie es Vertreter dieser Gattung gibt. Die Skala ist sehr groß, wenn man sich innerhalb ihrer Reichweite zuhause fühlt. Daß sie freilich von außen gesehen nicht so groß ist, das beweist die Tatsache, daß von der konservativen Kritik Ionesco und Beckett immer in einem Atemzug genannt werden, während mir ihre Gemeinsamkeit vornehmlich darin zu liegen scheint, daß beide anders schreiben als Schiller. Es erinnert mich an die Anekdote, die man über den ersten japanischen Botschafter in Berlin erzählt. Nach einer kurzen Probeperiode bat er abberufen zu werden, denn erstens hätten Europäer einen unangenehmen Geruch, und zweitens sähen sie alle gleich aus.

Damit wollte ich sagen, daß Beckett und Ionesco wenig gemeinsam haben. Wenig mehr als die gemeinsame Heimat im Absurden. Aber da hier – der Ansicht des absurden Dramatikers nach – ohnehin alle Menschen heimisch sind, die meisten ohne es zu wissen, besteht darin kaum eine Gemeinsamkeit. Gemeinsamkeit besteht also nur von außen betrachtet. Bleiben wir also bei dem »Außen«, bei der

Betrachtungsweise des Publikums, das sich selbst nicht für absurd hält. Als was offenbart sich ihm das absurde Theater? – Denn es wäre unrichtig, wollte man behaupten, für das Publikum bestehe das Hauptmerkmal des absurden Theaters lediglich darin, daß es sich ihm als »aufrührerisch« oder »anti-aristotelisch« offenbarte. Es weiß, daß Auflehnung gegen eine hergebrachte Kunstform kein schöpferisches Motiv ist. Wenn es als solches auftritt – wie etwa der Dadaismus – so ist es gewöhnlich so komisch wie kurzlebig. Auflehnung gegen eine Form ist nur dann ein schöpferisches Motiv, wenn die hergebrachte Form für das Darzustellende nicht mehr ausreicht. Das »absurde Theater« aber ist philosophisches Theater, es ist demnach weniger eine Rebellion gegen eine hergebrachte Form des Theaters als gegen eine hergebrachte Form der Weltsicht, wie sie sich des Theaters bedient und sich auf ihm manifestiert.

Wie erkläre ich mir aber das, was sich im absurden Theaterstück vor mir abspielt, und in was liegt das Gemeinsame der Theaterstücke dieser bestimmten Gattung?

Stellen wir eine Arbeitsthese auf. Sie lautet: Jedes absurde Theaterstück ist eine Parabel! Nun ist aber auch die »Geschichte vom verlorenen Sohn« eine Parabel. Sie ist jedoch eine Parabel ganz anderer Art. Analysieren wir den Unterschied: die »Geschichte vom verlorenen Sohn« ist eine bewußt auf ihre indirekte Aussage – das heißt auf die Möglichkeit ihres Analogieschlusses – hin konzipierte Parabel, während das absurde Theaterstück eben durch das absichtliche Fehlen jeglicher Aussage zu einer Parabel des Lebens wird. Denn das Leben sagt ja auch nichts aus. Im Gegenteil: es stellt eine permanente, unbeantwortete Frage, so würde der Dramatiker des Absurden argumentieren, zöge er es nicht vor, sein Argument in die Parabel eines Theaterstückes zu kleiden, das die Konfrontation des Menschen mit der ihm fremden Welt – also mit der Frage – zum Thema hat.

Dieses vom Dramatiker des Absurden vertretene Argument, daß das Leben nichts aussagt, läßt sich gleichnishaft in den verschiedensten Formen und auf den verschiedensten Ebenen darstellen. Aber in keiner Form und auf keiner Ebene liegt die Möglichkeit des Analogieschlusses so offen zutage wie in der einfachen direkten Parabel. Die Parabel vom verlorenen Sohn analogisiert vom Aspekt des Glaubens aus gesehen ein bestimmtes menschliches Verhalten durch ein fiktives Parallelgeschehen. Dieses soll das wirkliche Geschehen symbolisch darstellen. Das absurde Stück aber kann nicht ein der Aussagelosigkeit und der Fragwürdigkeit des Lebens analoges Geschehen darstellen, denn für etwas, das fehlt, das also *nicht ist*, läßt sich schwerlich ein Analogon finden. Wohl ließe sich ein Analogon dafür finden, *daß* etwas nicht ist, also für die Tatsache des Fehlens, aber eben nur durch die Demonstration eines Parallelzustandes auf symbolischer Ebene. Symbolik jedoch kennt das absurde Theater nicht, oder es verachtet sie; das absurde Theater stellt nichts dar, was sich im logischen Ablauf einer Handlung offenbaren könnte; es identifiziert sich vielmehr mit dem Objekt – dem Absurden – in seiner ganzen, ungeheuerlichen Unlogik, indem es in Form von Darstellungen bestimmter absurder Zustände, vor allem aber durch sein eigenes absurdes Gebaren, jähe Blicke auf die Situation des Menschen freigibt. Erst die Summe der Darstellungen ergibt das ganze Bild. Und erst die Summe der absurden Stücke – also die Existenz des absurden Theaters als Phänomen – wird zum Analogon des Lebens. Ich modifiziere also die vorhin aufgestellte These, daß jedes absurde Theaterstück eine Parabel sei, dahingehend, daß erst das absurde Theater als Ganzes die didaktische Tendenz der Parabel offenbart. Die Gemeinsamkeit der absurden Stücke besteht also in der Affinität ihrer Verfasser, die ja, wie gesagt, die gleiche Heimat haben. Sie besteht aber nicht in der Gleichheit des Blickwinkels oder der Gleichheit des Erblickten.

Das absurde Theater eröffnet demnach die verschiedensten Sichten. Manchmal ein großartiges Panorama, wie in Ionescos *Stühlen*. Oder einen winzigen Schnappschuß, eine kleine diabolische Beunruhigung, quasi als Botschaft von der Instabilität der Welt, wie zum Beispiel in Günther Grass' *Noch zehn Minuten bis Buffalo*.

Und damit habe ich bereits zwei Stücke genannt, ein Drama und eine Burleske, die für mich Prototypen und daneben auch glückliche Realisationen absurder Dramatik sind.

Zu den *Stühlen* nun hat Ionesco eine kleine Vorrede geschrieben, die ich Ihnen – obgleich ich annehme, daß die

meisten unter Ihnen sie kennen – vorlesen möchte:
»Die Welt erscheint mir mitunter leer von Begriffen und das Wirkliche unwirklich. Dieses Gefühl der Unwirklichkeit, die Suche nach einer wesentlichen, vergessenen, unbenannten Realität, außerhalb derselben ich nicht zu sein glaube, wollte ich ausdrücken – mittels meiner Gestalten, die im Unzusammenhängenden umherirren und die nichts ihr eigen nennen, außer ihrer Angst, ihrer Reue, ihrem Versagen, der Leere ihres Lebens. Wesen, die in etwas hinausgestoßen sind, dem jeglicher Sinn fehlt, können nur grotesk erscheinen, und ihr Leiden ist nichts als tragischer Spott. Wie könnte ich, da die Welt mir unverständlich bleibt, mein eigenes Stück verstehen? Ich warte, daß man es mir erklärt.«
Was den letzten Satz betrifft, so nehme ich an, daß Ionesco ein Stück inzwischen von manchem deutschen Kritiker ausführlich erklärt bekommen hat. Ob ihm freilich die Erklärung eingeleuchtet hat, das ist eine Frage, die ich Gottseidank nicht zu beantworten brauche. Jedenfalls unterstützt dieser Satz, wie auch die ganze Vorrede – abgesehen davon, daß sie mir eine konzise Erklärung absurden Theaters überhaupt zu sein scheint – meine These, insofern sich das Folgende aus ihr ergibt: das absurde Stück konfrontiert den Zuschauer mit der Unverständlichkeit, der Fragwürdigkeit des Lebens. Die Unverständlichkeit des Lebens kann aber nicht durch den Versuch einer Antwort dargestellt werden, denn das würde bedeuten, daß die interpretierbar, das Leben also verständlich wäre. Sie kann nur dadurch dargestellt werden, daß sie sich in ihrer ganzen Größe und Erbarmungslosigkeit enthüllt und quasi als rhetorische Frage im Raum steht: Wer auf eine Deutung wartet, wartet vergebens. Er wird sie nicht erhalten, bis er von kompetenter Seite den Sinn der Schöpfung erklärt bekommt, also nie. Das absurde Stück stellt daher einen Zustand dar, der, wie immer er auch auf der Bühne enden mag, in der Frage verharrt. Und darin liegt einer der wesentlichsten Unterschiede zum aristotelischen und zum epischen Theater, die stets die Antwort geben oder zumindest nahelegen. Unter den rezeptiven Fähigkeiten, die das absurde Stück beim Publikum voraussetzt, ist demnach die elementarste: daß es – das Publikum – den Schritt von der Antwort zur Frage dem Autor nachvollziehe.

»Das Absurde«, so sagt Camus, »entsteht aus der Gegenüberstellung des Menschen, der fragt, mit der Welt, die vernunftwidrig schweigt.«
So wird das Theater des Absurden quasi zur Stätte eines symbolischen Zeremoniells, bei dem der Zuschauer die Rolle des Menschen übernimmt, der fragt, und das Stück die Welt darstellt, die vernunftwidrig schweigt, das heißt in diesem Falle; absurde Ersatzantworten gibt, die nichts anderes zu besagen haben als die schmerzliche Tatsache, daß es keine wirkliche verbindliche Antwort gibt.
Denn das absurde Stück fordert von seinem Publikum – wie ja jede Kunst – aktiven Mitvollzug. Das Publikum indessen ist selten gewillt, dem Autor bis zu diesem Nachvollzug zu folgen. Das Bühnengeschehen erscheint ihm zusammenhanglos und unlogisch. Der Tatsache, daß das Leben selbst zusammenhanglos und unlogisch ist, wird sich der Zuschauer nicht bewußt, da sich vielleicht sein eigenes Leben innerhalb der Grenzen eines logischen Systems vollzieht, er daher größerer Zusammenhänge nicht bedarf und sie infolgedessen nicht sucht. Im Theater erwartet er Ausschnitte aus seinem System: Probleme der Zeit, Menschen in der Zeit, historisches Geschehen, Beziehungen zwischen Menschen. Er belächelt mitunter auch gern eine Satire. Selbst einen fantastischen Bühnenablauf mag er goutieren, wenn er sich scharf und entschieden von der Wirklichkeit – wie sie ihm erscheint – distanziert. Das Absurde aber steht für ihn außerhalb seiner gewohnten Begriffswelt. Das Absurde ist für ihn absurd. Wobei er das Wort »absurd« als Synonym für »verrückt« oder »unzumutbar« gebrauchen würde. Jeden Berührungspunkt, jeden Anhaltspunkt einer Analogie oder gar einer Identifikation weist er entrüstet von sich.
Wird ihm die Sache allzu absurd – zum Beispiel wenn zwei menschliche Wesen aus dem Mülleimer hervorkommen –, so fühlt er sich verspottet. Und gerade das völlig zu unrecht. Denn das Gegenteil ist beabsichtigt. Er, der Zuschauer, soll das Bühnengeschehen verspotten – es mit dem »tragischen Spott« belegen, von dem Ionesco spricht –, das heißt: nicht das Bühnengeschehen selbst – nicht die Parabel, sondern ihr Objekt: das Leben. Und damit freilich auch sich selbst, als einen, der fragt und keine Antwort erhält. Aber er schafft es

nicht, die verschiedenen Ebenen der Transposition zu erklimmen. Er stößt sich schon am scheinbar Vordergründigen, etwa den auf der Bühne geäußerten Banalitäten in Form von Sprachklischees. Er merkt nicht, daß es sich bei ihnen mitunter um künstliche Sprachgebilde handelt, um kunstvolle Vortäuschungen, die nur auf denjenigen als Gemeinplatz wirken, der selbst auf den Gemeinplätzen des Lebens zuhause ist.

Nun gibt es aber auch unter den Stücken des absurden Theaters manche, die populär geworden, ja zu großem Publikumserfolg gelangt sind. Das scheint mir aber in jedem Fall auf einem Umstand zu beruhen, der mit ihrer Absurdität nichts zu tun hat. Ich habe *Warten auf Godot* im Londoner Phoenix Theatre gesehen, wo es monatelang en suite lief. Immer verließ etwa ein Fünftel des Publikums in der Pause das Haus – eine Tatsache übrigens, die vornehmlich unter den Taxichauffeuren bald bekannt wurde, die zur Zeit der Pause in Schlangen vor dem Theater auffuhren. Der Rest des Publikums aber blieb bis zum Ende und applaudierte herzhaft, ja für Londoner Verhältnisse beinahe frenetisch. Und warum? Nicht, weil sich ihm da von der Bühne her eine Wahrheit gleichnishaft mitgeteilt hätte. Sondern weil er einer faszinierenden Interpretation eines faszinierenden Kunstwerks beigewohnt hatte. Einer Aufführung, die durch eine Art Musikregie das stichomythische Spiel zwischen zwei irischen Landstreichern zu voller, großartiger Geltung brachte. Auch der Gegner des absurden Theaters, soweit er nicht jeglichen rezeptiven Talents für Sprache und Rhythmus entbehrt, müßte bestätigen, daß Beckett ein legitimer Dichter ist. Und daß er es sogar dort ist, wo sein Stoff ihn ins Monomanische zu führen scheint.

Ein weiterer großer Erfolg ist Ionescos Stück *Die Nashörner*. Dieser Erfolg beruht aber darauf, daß das Stück kein absurdes Stück ist. Zwar enthält es in seinen – oft prächtigen – Dialogen ein Element des Absurden, aber sonst hat sein Autor hier mit den Mitteln einer ganz vordergründigen Parabel gearbeitet, die an Deutlichkeit der vom verlorenen Sohn in nichts nachsteht.

Verweilen wir einen Augenblick bei diesem Stück! Die Demonstration dessen, was ein absurdes Stück nicht ist, wirft

ein zusätzliches Licht auf die Gattung des absurden Theaters. Der Inhalt dürfte den meisten von Ihnen bekannt sein. In einer Provinzstadt werden die Bürger – einer nach dem anderen – zu Nashörnern. Die Deutung drängt sich auf. Die Provinzstadt ist unsere Welt. Die Bürger sind wir. Die Metamorphose ist der Verflachungs- oder der Vermassungs- oder der Verdummungsprozeß – wie man es gerade nennen möchte –, dem wir bekanntlich alle unterworfen sind. Die Nashörner also sind wir, in eine nicht allzu ferne Zukunft projiziert. So einfach ist das alles. Ein Zeitstück also, das sich des Symbols bedient. Leider nur ist die Prognose selbst inzwischen zum Gemeinplatz geworden, da sie uns ad nauseam vorexerziert wird. Schöner wäre es gewesen, hätte Ionesco über den Klischeegehalt dieser Prognose ein Stück geschrieben. Aber nicht darüber wollte ich sprechen.
Einer dieser Bürger bleibt von der Verwandlung verschont. Wir gehen nicht fehl in der Annahme, daß dieser eine Bürger das positive Prinzip des Stückes verkörpert. Dieses positive Prinzip verficht aber nichts in sich selbst, sondern existiert einzig und allein im und als Gegensatz zum negativen Prinzip, an dem es sich entzündet hat. Es sagt nichts aus als den kategorischen Imperativ: man soll nicht zum Nashorn werden. Damit wiederum wird das Stück zum moralischen Lehrstück. Fragen wir uns nun, wie man es schafft, nicht zum Nashorn zu werden, so erhalten wir durch das Stück nur die Antwort: indem man sich dagegen wehrt. Aber diese Antwort ist nicht eindeutig. Denn es wird nirgends völlig klar, ob diese Verwandlung Willensakt, stille Ergebung, Schicksal oder Strafe ist. Auf jeden Fall wird sie durch eine höhere Autorität ausgelöst (die allerdings anonym bleibt und von deren Wesen wir in den fünf Akten nicht das geringste erfahren). Also stellt das Spiel den erfolgreichen Kampf des einzelnen gegen das Schicksal dar und ist ein klassisches Schauspiel. Aber auch das ist es nicht. Denn es bleibt durchaus offen, ob nicht unser Held, eine Sekunde nachdem wir ihn applaudierend zu seiner Standhaftigkeit beglückwünscht haben, auch noch zum Nashorn wird. Die Möglichkeit wäre immerhin gegeben. Wüßten wir es, so stellte das Stück die Machtlosigkeit des Menschen gegen den Willen höherer Instanzen dar und wäre eine Tragödie nach antikem Muster.

Das ist es jedoch nicht, denn dann hätte das Resultat des Kampfes rückwirkend den Lauf des Bühnengeschehens bestimmen müssen. Aber das Stück hat kein Resultat außer der Prognose. Ob der Held sich verwandelt oder nicht, ist für den didaktischen Wert der Parabel gleichgültig. Die Aussage bleibt die gleiche, nämlich: wir werden alle zu Nashörnern. Und damit sind wir wiederum am Anfang.
Nun bedeutet aber der Umstand, daß ein Stück absichtlich und scheinbar schematisch gegen herkömmliche dramatische Regeln verstößt, eben noch nicht, daß es ein absurdes Stück ist, auch dann nicht, wenn es die sekundären Merkmale des Absurden aufweist. Auch eine Metamorphose ist kein Element des Absurden, sondern das eines Märchenspiels. Wir haben es hier also mit einem seltsamen Produkt der Konzession zu tun: einem Zwitter. Das Stück stellt eine Katastrophe dar, die, umrankt von kommentierendem, konstatierendem Dialog, unbeeinflußt von menschlichen Worten oder Taten ruhig und träge vorwärts schreitet wie ein sattes Nashorn, durch vier Akte, ohne den agierenden Personen eine Möglichkeit des Eingriffs zu gewähren. Zwar mag der einzelne in der Lage sein, sich selbst vor der Verwandlung zu schützen – einer tut es auch –, aber den anderen kann er nicht retten. Das Stück ist also deutlich wie ein Kindermärchen, deutbar wie eine Allegorie, aber in seiner Deutung enthüllt sich eine innere Unlogik.
Man hat gesagt, Ionescos Stärke läge darin, daß er eine ganz alltägliche, banale Ausgangssituation quasi durch Steigerung ihrer selbst ad absurdum führen könne. Nun, etwas derartiges tut er in den *Nashörnern,* denn in jeder einzelnen Figur des ersten Bildes steckt ja schon ein kleines Nashorn, – aber es scheint mir unrichtig zu behaupten, daß in diesen Inventionen Ionescos Stärke läge. Sein stärkstes Stück – ich selbst halte es für eines der Meisterwerke des modernen Dramas – *Die Stühle* beginnt bereits im Raum des Fantastischen. Figuren, Konstellationen und Situationen sind fantastisch, oder doch zumindest surreal. Und gerade dieses Stück gibt gleichnishaft einen großartigen Blick auf bestimmte Aspekte einer inneren Welt frei. Die Kunst des absurden Theaters liegt ja nicht darin, dem Publikum den Weg zu ebnen, ihm eine Eselsbrücke von der Wirklichkeit hinüber ins Unwirkliche,

Surreale, Groteske zu bauen, indem sie die Wirklichkeit behutsam und allmählich abwandelt. Sie liegt vielmehr darin, den Zuschauer sofort, gleich bei Aufgang des Vorhangs, im Bereich des Absurden anzusiedeln, ihn dort heimisch werden zu lassen, wo er ja bereits – der Ansicht des Autors nach – ohne es zu wissen heimisch ist: in der Fragwürdigkeit des Lebens, das nichts aussagt. Er soll sich so heimisch fühlen, daß, hat er einmal die Ausgangssituation akzeptiert, ihn auch das absurdeste Element nicht mehr aus dem Gleichgewicht bringen kann, da ja auch dieses nur eine logische Folgerung der Ausgangssituation ist. Nur auf diese Art und auf dieser Ebene kann die absurde Parabel sich vollziehen.
Die Entwicklung unserer Weltsicht hat es mit sich gebracht, daß der Künstler heute die größten Freiheiten des Ausdrucks für sich beanspruchen darf: aber nur, solange er – zumindest innerhalb eines Werkes! – den Ausdrucksmodus, das heißt den Stil, nicht wechselt. Ein tachistisches Gemälde kann ein großes Kunstwerk sein, aber es ist gewiß dann kein Kunstwerk, wenn auf ihm irgendwo ein untransponierter Blumenstrauß erkenntlich wird. Denn das verstößt gegen die innere und damit elementare Gesetzlichkeit des Stils. Ebenso verstößt es gegen jede innere Gesetzlichkeit des Theaters, auf zwei verschiedenen Ebenen wirken zu wollen, wie Ionesco in den *Nashörnern* es zu tun scheint: nämlich einerseits auf der Ebene der vorexerzierten Parabel, die vier Akte lang eine Katharsis vorbereitet, und andererseits durch den Parabelgehalt des absurden Theaters als solchen, das die Katharsis verschmäht. Ich kann nicht durch eine Demonstration auf der Bühne eine Katharsis auslösen wollen, indem ich mich der Mittel des Absurden bediene. Denn der Wille zur Katharsis bedeutet: Glaube an die Sendung des Theaters. Absurdes Theater aber bedeutet: Eingeständnis der Ohnmacht des Theaters, den Menschen läutern zu können und sich dieser Ohnmacht als Vorwand des Theaterspiels zu bedienen. Ohnmacht und Zweifel, die Fremdheit der Welt, sind Sinn und Tendenz jedes absurden Stückes, das somit ein Beitrag zur Klarstellung der Situation des Menschen wird. Es verschmäht die Darstellung der Realität, da auf dem Theater ohnehin nur ein winziger Teil der Realität dargestellt werden kann, der niemals stellvertretend für ihre Gesamtheit steht,

und naturgemäß in keinem Verhältnis zur Stellung des Menschen in der Welt. Es will daher nicht mit verteilten Rollen eine Geschichte erzählen oder eine These belegen. Es will nicht anhand eines historischen oder fiktiven Einzelfalles etwas Typisches demonstrieren. Es liegt ihm nichts an der Verfechtung eines Prinzips, das durch Helden vertreten oder – schlimmer noch – symbolisiert wird. Der absurde Dramatiker vertritt die Ansicht, daß kein Kampf der Welt jemals auf dem Theater ausgefochten worden ist. Daß das Theater noch keinen Menschen geläutert und keinen Zustand verbessert hat, und sein Werk zieht – je nach Veranlagung seines Autors – bittere oder komische Konsequenz aus dieser Tatsache. Erfahrung hat ihn gelehrt, daß etwa der Politiker A sich im Theater selbst unter dem Holzhammer nicht erkennen und meinen wird, es handle sich um den Politiker B, den er für korrupter hält als sich selbst, und daß beide Politiker vor allem dort herzlich lachen werden, wo ein Autor bitter wird oder gar – wie man es nennt – mit Herzblut schreibt.
Der absurde Dramatiker mag – so denke ich – im Leben bereit sein, sich für eine gute Sache einzusetzen, auch wenn sie, wie gute Sachen es nun einmal an sich haben, verloren ist. Im Theater aber sind weder die gute Sache noch sein Einsatz am Platz. Im Theater will er sein absurdes Beweis-Spiel spielen, wobei er sich darauf verlassen muß, daß seine Moral, da sie ja nun einmal Bestandteil seines persönlichen Mikrokosmos ist, auch in diesem Spiel transparent wird: auch im Absurden, ja, für den Autor des Absurden ausschließlich im Absurden.
Während der Niederschrift meines Vortrages stellte ich fest, daß diese Notizen in zunehmender Weise manifestativen Charakter annahmen. Daß ihnen sogar ein gewisses Pathos innewohnt, das ja ihrem Objekt, dem absurden Theater, fremd ist. Das liegt aber wohl an der anomalen Position, in der man sich befindet, wenn man etwas, mit dem man sich selbst identifiziert, von außen zu analysieren sucht. Der Dramatiker des Absurden, der kein Referat zu halten hat, analysiert ja nicht, sondern schreibt Stücke und wartet höchstens – wie Ionesco – darauf, daß man sie ihm erkläre. Aber er wartet – wenn ich ihn richtig einschätze – nicht allzu sehnlich. Er weiß, daß es für das einzelne Stück keine

Erklärung gibt, und daß es auch für sein Theater dann keiner Erklärung mehr bedarf, wenn das Publikum die Existenz – oder vielmehr das Walten – des Absurden anerkannt, das heißt: erkannt hat. Das Absurde ist sein einziger Orientierungspunkt. Er hat sich dafür entschieden. Und das vielleicht noch nicht einmal bewußt. Es mag sich in ihm entschieden haben. Denn das ihm inhärente Gefühl für das Absurde ist tiefer verwurzelt als sein bewußtes Entscheidungsvermögen. Jedenfalls hat er seine Entscheidung aus sich selbst getroffen. Und keinerlei Propaganda – und sei sie auch noch so subtil – hat ihn darauf aufmerksam gemacht. Denn für das Absurde gibt es keine Propaganda als die Existenz des Menschen. Wohl gab es eine Vorstufe zur Erlernung seiner Ausdrucksmöglichkeiten: den Surrealismus, der der Erkenntnis des Absurden vorgearbeitet hat. Aber darüber zu sprechen würde zu weit führen.

Nur wer im Absurden lebt, das heißt die Absurdität des Lebens, seiner Situationen und seiner Requisiten erlebt, kann sie in eine künstlerische Form bringen, womit ich selbstverständlich nicht sagen will, daß allein die absurde Sicht zu einer solchen Tätigkeit befähige. Das Experimentieren mit dem Absurden ist so unmöglich, wie wenn ein atheistischer Dramatiker ein religiöses Stück schreiben würde. Ebenso unmöglich bleibt dem Dramatiker des Absurden die Umstellung auf eine andere Form, es sei denn, es vollziehe sich in ihm eine radikale innere Abkehr.

Den absurden Dramatiker interessieren die »brennenden Fragen« des Theaters nicht. Es ist ihm gleichgültig, ob das Theater als Institution noch eine Zukunft habe oder nicht; er weiß, daß das Theater genauso zukunftsreich oder zukunftsarm ist wie der Mensch. Er gibt sich gern mit der Bühne zufrieden, wie er sie vorfindet: dem Guckkasten. Er baut keine falschen Proszenien, läßt keine Schauspieler aus dem Zuschauerraum auftreten, ihm genügt die Bühne, Holz, Leim und Staub. Experimente sind – entgegen der allgemeinen Ansicht – seine Sache nicht.

Was es für ihn darzustellen gibt, hat zwar keine dramaturgische Regel – wohl aber vollzieht sich sein Spiel nach einem bestimmten Gesetz. Um sich voll entfalten zu können, darf es sich nicht allein auf das Wort verlassen. Die Ebene, auf der das Absurde sich vollzieht, bleibt nicht auf die Sprache beschränkt. Die absurde Figur »funktioniert«, sie bedient sich der Gestik, des Mimus und wo das nicht ausreicht, tritt das Requisit hervor, spielt sogar mit, als Partner oder Gegenspieler. Jede auftretende Figur ist gewissermaßen ein deus ex machina, der gebraucht wird, aber nicht erwartet wurde. Daher setzt das Stück auch kein Wissen voraus. Man braucht kein Programm gelesen zu haben, in dem bereits steht, daß – sagen wir – Karl Rösler pensionierter Bahnbeamter, achtundvierzig Jahre alt und Klaras verflossener Geliebter ist. Die Anfangssituation wird sofort erfaßt, da vor Aufgang des Vorhangs noch keine anderen Beziehungen zwischen den Figuren bestanden haben, als die, welche sich sofort offenbaren. So braucht kein vorgegangener Umstand erklärt zu werden, etwa daß A der Schwager von B ist, der als Spätheimkehrer den Ehebruch nicht mehr verhindern kann, da er stattfand, als der Zuschauer noch ahnungslos beim Abendessen saß. Jede Erwähnung der Vergangenheit im absurden Stück meint eine kollektive absurde Vergangenheit, und jede Erwähnung der Zukunft tritt als Frage auf. Und im Ende steckt auch wieder der Anfang.

Der Schauspieler des absurden Theaters hat es mitunter schwer, da der Autor keine Rücksicht auf seine Eitelkeiten nimmt. Gewiß: es können Rollen entstehen, die er sich sehnlichst erwünscht – welchen Komiker würde es nicht reizen, in solch dankbarer Weise auf Godot zu warten – aber es entstehen auch mitunter Rollen, die für den Schauspieler, so wie er heute ist, die Grenzen des Zumutbaren zu überschreiten scheinen. Man stelle sich zum Beispiel einen stolzen Burgschauspieler vor, der aus einem Beckettschen Mülleimer kriecht. Vor allem aber entstehen Rollen, die, wie man sie auch dreht und wendet, kein menschliches Ebenbild haben. Figuren als Requisiten etwa, oder groteske Figuren oder aber Figuren, die mehrere Typen in schneller Folge oder simultan verkörpern. Hier nun mag sich der Dramatiker des Absurden in der Tat fragen, ob eine solche Rolle, der – sozusagen – der Mittelpunkt fehlt, von dem aus sie erfaßbar wäre, mit der Würde ihres potentiellen Darstellers vereinbar ist.

Das sind ernste Bedenken. Betrachte ich aber nun das zeitgenössische nicht-absurde Theater – wohlgemerkt: ich spreche nicht von den beiden großen Dramatikern Frisch und Dürrenmatt, die ja übrigens auch, und zwar mit größter Kunst, das Gleichnis gebrauchen – betrachte ich vielmehr den sogenannten Realismus, so legt sich mein Bedenken gegen die Zumutbarkeit schlafen. Um diesen Punkt zu illustrieren, zitiere ich aus einem neuen Stück eines jungen italienischen Autors, das in Italien mit großem Erfolg gespielt wird. Ich gebe zu, daß dies ein krasses Beispiel ist, aber es zeigt deutlich, was ich meine. Da sagt der Held Renato zu seiner Angebeteten Elena – denn es geht hier, wie ja auch im Leben so oft, um die Liebe:

»Lebwohl! Gib mir einen Kuß, damit ich weiß, daß es der letzte ist. (Regiebemerkung: er tritt an sie heran. Sie legen Lippen an Lippen, sein Kopf gleitet an den Hals Elenas. Er weint schweigend. Sie bleibt stumm. Er fährt fort:) Verzeih! Darüber werde ich nie hinwegkommen. Über den Gedanken, wie es hätte sein können. Du weißt nicht, welche Ruhe die Liebe schenkt. Keine Begegnung mehr, mit keiner Frau. Das ist entscheidend für einen Mann, und das ist Friede: daheim die Arbeit, draußen das Leben.

Und Elena sagt bewegt: Renato!«

Es geht mir hier nicht um die künstlerische Qualität einer solchen Rede oder eines solchen Stückes. Mir scheint hier keinerlei Übertragung vollzogen zu sein, aber vielleicht irre ich mich. Vielleicht ist es ein sehr gutes Stück, darin bin ich nicht kompetent. Aber – und darum geht es mir – ich behaupte, daß es für einen Schauspieler wesentlich entwürdigender ist, eine solche Szene spielen zu müssen, als eine Figur des absurden Theaters, und wenn sie auch aus einem Mülleimer gekrochen kommt. Es ist demütigender für einen Schauspieler, Worte zu sprechen, Gesten vollführen zu müssen, mit denen er – wer weiß – in der Intimität seines privaten Lebens vielleicht etwas tatsächlich Empfundenes ausdrückt, als eine Figur der aktiven Fantasie zum Bühnenleben zu erwecken, die selbst das naivste Publikum niemals mit seiner Persönlichkeit identifizieren würde. Verfremdung wahrt die Würde des Schauspielers. Sie gibt ihm in jedem einzelnen Moment die Möglichkeit, seine Distanz zur Rolle zu demonstrieren.

Der Schauspieler des absurden Theaters darf sich souverän der gesamten Skala mimischer Mittel bedienen, ohne zum Parodisten des Lebens zu werden. Legt man ihm aber Tränen in die Augen und die Worte »Ich liebe dich« in den Mund, so wird er zu einem, der uns peinliche Genrebildchen aus dem Alltagsleben vorführt.

Das absurde Theater ist eine Parabel über die Fremdheit des Menschen in der Welt. Sein Spiel dient daher der Verfremdung. Es ist ihre letzte und radikale Konsequenz. Und Verfremdung bedeutet Spiel im besten, wahrsten und – nebenbei bemerkt – im ältesten Sinne.

Die Verspätung. Geschrieben 1960/61. Uraufführung Kammerspiele Düsseldorf, 14. September 1961. Regie: Hansjörg Utzerath. Die Fassung der Uraufführung ist ungedruckt. Die Druckfassung in *Die Verspätung. Ein Stück in zwei Teilen.* edition suhrkamp Band 13, Frankfurt am Main 1961 ist gegenüber der ursprünglichen Spielfassung gerafft.

Nachtstück. Geschrieben 1962. Uraufführung Kammerspiele Düsseldorf, 28. Februar 1963. Regie: Hansjörg Utzerath. Abgedruckt in *Vergebliche Aufzeichnungen. Nachtstück.* Mit sieben Illustrationen des Verfassers. Nachwort von Karl Markus Michel. edition suhrkamp Band 23, Frankfurt am Main 1962

Pastorale. Neufassung 1965. Uraufführung der ersten Fassung Münchner Kammerspiele, 18. November 1958. Regie: August Everding. Neufassung abgedruckt in *Deutsches Theater der Gegenwart,* I, Suhrkamp Verlag, Frankfurt am Main 1967.

Über das absurde Theater. Vortrag, gehalten auf der »Internationalen Theaterwoche der Studentenbühnen« in Erlangen im August 1960; zuerst publiziert in Akzente (Nr. 6, Dezember 1963). Wiederabgedruckt in *Wer war Mozart? Becketts ›Spiel‹. Über das absurde Theater.* edition suhrkamp Band 190, Frankfurt am Main 1966.

Zeittafel

1916	Geboren am 9. Dezember in Hamburg. Kindheit in Hamburg, Berlin, Nimwegen (Holland) und Mannheim. Drei Jahre Privatschule, ein Jahr Volksschule, vier Jahre humanistisches Gymnasium (bis Untertertia) in Mannheim.
1929-1933	Odenwaldschule.
1933	Frensham Heights School, England, bis zur Matrikulation. Im Dezember Auswanderung nach Palästina.
1934-1937	Tischlerlehre (bis zum Gesellenstück) in Jerusalem, daneben Unterricht im Zeichnen, Möbelentwurf und Innenarchitektur.
1937	Sommerakademie Salzburg, Bühnenentwurf bei Emil Pirchan.
1937-1939	Bühnenentwurf und Zeichnen an der Central School of Arts and Crafts, London. Dazwischen lange Aufenthalte in Cornwall.
1939	Im Oktober nach längeren Aufenthalten in Frankreich und der Schweiz Rückkehr nach Palästina.
1940-1942	Englischlehrer für das British Council am British Institute in Tel-Aviv.
1943-1946	Information Officer beim Public Information Office (der englischen Regierung) in Jerusalem.
1946	Malerei und Textilentwurf in London. Aufenthalte in Cornwall.
1946-1949	Bei den amerikanischen Kriegsverbrecherprozessen in Nürnberg als Dolmetscher, ab 1948 (nach Schluß der Verhandlungen) als Redakteur der gesammelten Protokolle.
1949-1953	In Ambach am Starnberger See zuerst als freier Maler und Grafiker, dann als Schriftsteller.
1953-1957	In München als Schriftsteller.
1955	Hörspielpreis der Kriegsblinden.
1957	Übersiedlung nach Poschiavo (Graubünden, Schweiz).
1965	Literaturpreis der Freien Hansestadt Bremen.
1966	Georg-Büchner-Preis.
1968	Zweiter Wohnsitz in Urbino (Marche, Italien).
seit 1969	Wieder als Maler und Grafiker tätig.
1978	Aufgabe des zweiten Wohnsitzes in Italien.

Von Wolfgang Hildesheimer erschienen
im Suhrkamp Verlag

Lieblose Legenden. 1962. 174 S. *Bibliothek Suhrkamp* Band 84
Die Verspätung. Ein Stück in zwei Teilen. 1963. 118 S. *edition suhrkamp* Band 13
Tynset. *Roman.* 1965. 270 S.
Wer war Mozart? · Becketts ›Spiel‹ · Über das absurde Theater. Drei Aufsätze. 1966. 104 S. *edition suhrkamp* Band 190
Interpretationen. James Joyce. Georg Büchner. Zwei Frankfurter Vorlesungen. 1969. 113 S. *edition suhrkamp* Band 297
Mary Stuart. Eine historische Szene. 1971. 80 S.
Zeiten in Cornwall. 1971. 116 S. *Bibliothek Suhrkamp* Band 281
Masante. Roman. 1973. 377 S.
Hauskauf. Hörspiel. 1974. 82 S. *Bibliothek Suhrkamp* Band 417
Paradies der falschen Vögel. Roman. 1975. 172 S. *suhrkamp taschenbuch* 295
Hörspiele. 1976. 158 S. *suhrkamp taschenbuch* 363
Theaterstücke. Über das absurde Theater. 1976. 186 S. *suhrkamp taschenbuch* 362
Mozart. 1977. 420 S.
Biosphärenklänge. Ein Hörspiel. 76 S. Bibliothek Suhrkamp 533
Exerzitien mit Papst Johannes. Vergebliche Aufzeichnungen. 1979. 142 S. *Bibliothek Suhrkamp* 647

Über Wolfgang Hildesheimer. Herausgegeben von Dierk Rodewald. 1971. 216 S. *edition suhrkamp* Band 488

st 256 Max Frisch, Tagebuch 1966–1971
448 Seiten
Die Aufzeichnungen, ob Erzählung oder Bericht, Fiction oder Analyse, Verhör, Fragebogen oder Handbuch, Reisebericht oder Erinnerung, protokollieren unsere Zeit und die Situationen des Einzelnen in ihr.
». . . . daß dieses reiche und funkelnde Tagebuch eines der klügsten Bücher dieser Jahre ist, die beste Auseinandersetzung eines Einzelnen mit der Lüge, der Dummheit und der Gewalt seiner Zeit.« *Rudolf Hartung*

st 312 Hermann Hesse
Roßhalde
Roman
170 Seiten
»Wenn nicht vorn auf dem Titelblatt der Name Hermann Hesse stünde, wüßten wir nicht, daß er es geschrieben hat . . . Es freut einen so sehr, daß in diesem Buch, nachdem man uns über Gebühr mit läppischen Liebesgeschichten gelangweilt hat, einmal wieder der Wert einer rechten Männerfreundschaft aufgezeigt wird.« *Kurt Tucholsky*

st 561 George D. Painter
Marcel Proust
Eine Biographie
Erster Band: Deutsch von Christian Enzensberger
542 Seiten
Zweiter Band: Deutsch von Ilse Wodtke. 678 Seiten
Im 1. Band geht Painter den Kinder- und Jugendjahren Prousts nach und erläutert, auf welche Weise die Schauplätze und Personen in der *Suche nach der verlorenen Zeit* mit den Orten und Menschen in Prousts Leben korrespondieren. Der 2. Band schildert die Jahre, in denen Proust seinen Namen als Schriftsteller gewann.
»Painters Biographie . . . ist die Chronik eines halben Jahrhunderts. Darüber hinaus ist sie eine oft unwiderstehlich komische, öfter noch erschütternde, immer faszinierend erzählte Geschichte.«
Frankfurter Allgemeine Zeitung

st 562 Hermann Hesse
Aus Indien
Aufzeichnungen, Tagebücher, Gedichte, Betrachtungen und Erzählungen
Mit Abbildungen
364 Seiten
Hesse konstatierte die »Atmosphäre von Unwirklichkeit oder peinlicher Zweifelhaftigkeit«, die alles Europäische dort unten zwischen Hindus, Chinesen und Malayen annimmt... Man befreundet sich mit den klugen Worten dieses Dichters, der bescheiden weiß, daß er von den getürmten Schätzen des märchenbunten Bazars »Asien« nichts mit nach Westen nehmen kann.« *Albert Ehrenstein*

st 575 Christiane Rochefort
Eine Rose für Morrison
Roman
Aus dem Französischen von Eugen Helmlé
230 Seiten
Eine Rose für Morrison – das heißt nichts anderes als eine Huldigung für Norman Morrison, der sich aus Protest gegen den Krieg in Vietnam vor dem Pentagon in Washington verbrannte. Der Roman handelt vom Aufstand der Jugend gegen eine Welt, die das Falsche, das Gemeine, das Verbrecherische von ihr verlangt.
»Das Buch stellt einen imponierenden Versuch dar, die Materialien der Zeitstimmung in den Roman einzubringen. Und zugleich plädiert er für das elementare Recht des Jungen, des Neuen, des Kommenden, sich zu verwirklichen.« *Heinrich Vormweg*

st 576 Felix Philipp Ingold
Literatur und Aviatik
Europäische Flugdichtung 1909–1927
Mit einem Exkurs über die Flugidee in der modernen Malerei und Architektur
Mit zahlreichen Abbildungen
510 Seiten
Der vorliegende Band will für den Zeitraum, der durch Blériots Kanalüberquerung und Lindberghs Ozeanflug markiert ist, die Wechselbeziehungen zwischen den »zwei Kulturen«, zwischen den »geistigen« und den »prakti-

schen Erneuerern« (Musil) aufzeigen, belegen und deuten. »Anordnung und Präsentation des Stoffes sind in ebenso geschickter wie überzeugender Weise bewerkstelligt. Der Autor ist zu seinem Werk zu beglückwünschen, das vom Thema her als völlig neu gelten darf und dessen Materialfülle immens ist.« *Robert Minder*

st 577 Fritz Rudolf Fries
Das nackte Mädchen auf der Straße
Erzählungen
186 Seiten
Der Band versammelt eine Auswahl der besten Erzählungen von Fritz Rudolf Fries aus den fünfzehn Jahren von 1959 bis 1974. »Die Geschichten dieses ungewöhnlich phantasiebegabten, an Jean Paul und Marcel Proust geschulten Autors sind nachträgliche Entfaltungen kleiner, im allgemeinen Getriebe kaum oder gar nicht beachteter Begebenheiten, in denen wie in jedem Menschen ein Kern von Unverwechselbarkeit steckt. Jede dieser Geschichten hebt einen solchen ungeschliffenen Diamanten und bringt ihn, geschliffen, zum Glänzen ans Licht.«
Gisela Lindemann, Norddeutscher Rundfunk

st 578 E. Y. Meyer
Die Rückfahrt
Roman
428 Seiten
»E. Y. Meyers Roman *Die Rückfahrt* ist ein Werk von außerordentlicher Gedankenfülle und Gedankendichte, eines der wenigen Bücher der Gegenwartsliteratur, die man zwei- und dreimal wird lesen wollen.«
Aargauer Tagblatt

st 579 Arthur Koestler
Die Nachtwandler
Die Entstehungsgeschichte unserer Welterkenntnis
Einzig berechtigte Übertragung aus dem Englischen von Wilhelm Michael Treichlinger
Deutsche Fassung vom Autor überarbeitet und genehmigt
560 Seiten
In dieser Darstellung der Geschichte der Astronomie entwickelt Koestler ein Bild der sich im Laufe der Jahrhunderte wandelnden Anschauungen des Menschen vom

Weltall und vermittelt gleichzeitig einen Überblick über die Geschichte des menschlichen Denkens schlechthin. Damit wird ein Thema von größter Aktualität aufgegriffen, nämlich die Suche nach den Ursachen des geistigen Dilemmas unserer Zeit, wie es sich in dem immer ausgeprägteren Antagonismus zwischen wissenschaftlichem und philosophischem Denken manifestiert.

st 580 Hans Eppendorfer
Der Ledermann spricht mit Hubert Fichte
Nachwort von Herbert Jäger
224 Seiten
Als Hubert Fichte Hans Eppendorfer das erste Mal traf, war Eppendorfer gerade aus dem Gefängnis entlassen. Mit 17 Jahren hatte er eine Frau umgebracht. Warum? Jahre, nachdem Eppendorfer das Gefängnis verlassen hat, spricht Fichte erneut mit ihm.
»Ohne den unerschrockenen Versuch, in das große Dunkelfeld der Erkenntnis menschlicher Grausamkeit, ihrer Ursachen und Erscheinungsformen, hineinzuleuchten, wird es kaum möglich sein, mit Aggressivität differenziert umgehen zu lernen und Grausamkeit wirklich einzudämmen.« *Herbert Jäger in seinem Nachwort*

st 581 Alexander Trocchi
Die Kinder Kains
Aus dem Englischen übersetzt von Wulf Teichmann
232 Seiten
Das Buch von Joe, dem Junkie, der auf einem Schleppkahn im New Yorker Hafen lebt, dessen Welt sich bevölkert mit all denen, die die Gesellschaft exiliert hat. Einzige Verbindung zur »Gesellschaft« ist die Polizei. *Die Kinder Kains* ist neben *The Naked Lunch* von William Burroughs das bedeutendste Zeugnis der jüngeren amerikanischen Rauschgiftliteratur.

st 583 Jörg Steiner
Ein Messer für den ehrlichen Finder
Roman
196 Seiten
José Claude Ledermann – genannt Schose – sucht früh den Ausweg aus den häuslichen Verhältnissen. Er möchte Radfahrer werden, aber ein Unfall macht die Hoffnungen

zunichte. Aus dem Krankenhaus entlassen, muß er erleben, daß ein Schulkamerad sein Rad verkauft hat. Schose sticht ihn mit dem Taschenmesser nieder und muß für Jahre in die Erziehungsanstalt. Nach seiner Entlassung findet er Arbeit auf einem Frachtkahn. Aber es bleibt ungewiß, ob es ihm gelingt, endlich Fuß zu fassen.

st 584 Manuel Scorza
Trommelwirbel für Rancas
Eine Ballade
Aus dem Spanischen von Wilhelm Plackmeyer
276 Seiten
Eine Ballade, die von der Macht der Mächtigen und der Ohnmacht der Armen in Peru erzählt. Scorca führt den Leser in die grausigen Verhältnisse ein, in die in den Zentral-Anden gelegenen Dörfer, die auf keiner Karte verzeichnet sind, es sei denn auf denen der Militäreinheiten, die im Sinne ihrer Befehlshaber das Elend bestimmten und schließlich die Dörfer auslöschten um eines Reingewinns willen.

st 585 Herbert W. Franke
Zone Null
Roman
Phantastische Bibliothek Band 35
190 Seiten
Stellen Sie sich vor: Zwei Supermächte haben sich nach einem atomaren Konflikt in völlige Isolation zurückgezogen. Nach Jahrhunderten bricht eine Expedition auf, stößt durch das verseuchte Niemandsland – die Zone Null – in das Gebiet des ehemaligen Gegners vor. Die fremdartige Umwelt übt auf die Expeditionsteilnehmer eine seltsame Faszination aus. Es gibt keine Brücke mehr zueinander für die beiden Kulturen, es sei denn um den Preis der Selbstaufgabe.

st 587 Dieter Kühn
Josephine
Aus der öffentlichen Biographie der Josephine Baker
Mit Abbildungen
164 Seiten
»Über das ›schwarze Idol‹ Josephine Baker entstand mit Kühns straffer und kluger Sprache ein Porträt, dessen

eindeutig abenteuerliche Züge nicht der leisen Tragik entbehren. Kühn läßt die ›öffentliche Biographie‹ dieses Erfolgsgirls und die kritischen Fragen im Zusammenhang damit ein formal und stilistisch raffiniertes Mosaik werden. Der Leser wird keinen Augenblick aus dieser vergnüglich-ernsten Spannung entlassen.« *Imprint*

st 588 José Maria Arguedas
Die tiefen Flüsse
Roman
Aus dem Spanischen übertragen von Suzanne Heintz
296 Seiten
»Der Erzähler Ernesto, ein Sohn von Weißen, ist unter Indios aufgewachsen und später in die Welt der Weißen zurückgekehrt. Er paßt sich nicht an, bleibt Einzelgänger und evoziert so die tragische Opposition zweier Welten, die sich nicht kennen, ablehnen und nicht einmal in seiner eigenen Person schmerzlos miteinander leben können.«
Mario Vargas Llosa

st 589 Basis. Jahrbuch für deutsche Gegenwartsliteratur
Band 10
Herausgegeben von Reinhold Grimm und Jost Hermand
272 Seiten
Mit Beiträgen von Jost Hermand, Horst Denkler, Helga Geyer-Ryan, Wolfram Malte Fues, Dieter Kafitz, Frank Trommler, Ulrich Profitlich, Ralf Schnell, Peter Uwe Hohendahl, u. a. Ohne methodisch festgelegt zu sein, sucht *Basis* eine Literaturbetrachtung zu fördern, die an der materialistischen Grundlage orientiert ist.

st 590 Reinhold Schneider
Die Hohenzollern
Tragik und Königtum
Herausgegeben mit einem Nachwort von
Wolfgang Frühwald
Mit Abbildungen
304 Seiten
Es geht in diesem Buch nicht um den Anspruch der Hohenzollern, sondern um einen unbezweifelbaren Auftrag an ein Geschlecht, eine Landschaft, eine Zeit. Anliegen dieses Buches ist: Ehrfurcht vor der Geschichte, dem Gewesenen überhaupt.

st 591 Milan Kundera
Abschiedswalzer
Roman
Aus dem Tschechischen von Franz Peter Künzel
248 Seiten
Der Blick fällt auf ein Badestädtchen, dessen Reichtum die Quellen sind, die Frauen von Unfruchtbarkeit heilen. Ružena ist das Mißgeschick passiert, das für die übrigen Kurgäste das langersehnte Glück wäre: sie ist schwanger. Figuren verschlingen sich, Paare lösen sich auf und gehen neue, unerwartete Verbindungen ein.
»*Abschiedswalzer* ist nichts anderes als eine brillante Prosakomödie, eine Mischung aus Feydeau und Schnitzlerschem *Reigen,* von satirischer Groteske und ideologiekritischer Scharfsichtigkeit.«
Der Tagesspiegel, Berlin

st 593 Zehn Gebote für Erwachsene
Texte für den Umgang mit Kindern
Zusammengestellt und mit einem Nachwort versehen von Leonhard Froese
224 Seiten
Diese Sammlung geht von zehn Postulaten aus, die der Herausgeber zum *Internationalen Jahr des Kindes* der Öffentlichkeit übergeben hat. Sie ordnet diesen Postulaten bedeutende Aussagen namhafter Autoren und Schriften der Antike, des Mittelalters und der Neuzeit zu. Dabei fällt auf, daß Äußerungen weit auseinanderliegender Zeiten und Räume häufig nicht nur dem Wortsinn, sondern gelegentlich auch der Aussageform nach übereinstimmen.

st 594 Jan Józef Szczepański
Vor dem unbekannten Tribunal
Fünf Essays
Aus dem Polnischen übersetzt und erläutert von Klaus Staemmler
160 Seiten
»... was ich jetzt schreibe, ist ein weiterer Versuch, das Schweigen zu durchbrechen, in das uns unsere kleingläubige Schwäche versetzt hat.« Dieses Zitat aus Szczepańskis »Brief an Julian Stryjkowski« könnte als Motto

über den fünf Essays stehen, die dieser Band versammelt. Das Schweigen (aus Feigheit oder Dummheit) läßt Unrecht und Unmenschlichkeit zu. Jede Stimme, die es zu durchbrechen sucht, ist ein nicht zu überhörender Appell und ein Nachweis der Humanität.

st 595 Ödön von Horváth
Geschichten aus dem Wiener Wald
Ein Film von Maximilian Schell
Mit zahlreichen Abbildungen
160 Seiten
Zur Uraufführung des Maximilian-Schell-Films »Geschichten aus dem Wiener Wald« nach dem Volksstück von Ödön von Horváth liegt dieser Band mit dem Drehbuch von Christopher Hampton und Maximilian Schell und zahlreichen Fotos des 1978 in Wien und Umgebung entstandenen Films vor, der den Entstehungsprozeß des Films dokumentiert.

st 596 Hans-Georg Gadamer, Jürgen Habermas
Das Erbe Hegels
Zwei Reden aus Anlaß des Hegel-Preises
104 Seiten
»Niemand sollte für sich in Anspruch nehmen, ausmessen zu wollen, was alles in der großen Erbschaft des Hegelschen Denkens auf uns gekommen ist. Es muß einem jeden genügen, selber Erbe zu sein und sich Rechenschaft zu geben, was er aus dieser Erbschaft angenommen hat.«
Hans-Georg Gadamer

st 597 Wilhelm Korff
Kernenergie und Moraltheologie
Der Beitrag der theologischen Ethik zur Frage allgemeiner Kriterien ethischer Entscheidungsprozesse
104 Seiten
Die vorliegende Studie ist einer konkreten Herausforderung entsprungen. Im Entscheidungskonflikt um das Projekt eines Kernkraftwerks in Wyhl/Oberrhein wurde der theologische Ethiker um eine Stellungnahme angegangen. Da die gegenwärtige ethische Theorie wenig Strategien hinlänglicher Leistungsfähigkeit bereitstellt, wandte sich der Verfasser den tradierten Modellen zu, um ihnen mögliche Gesichtspunkte abzugewinnen.

st 598 Wolfgang Hildesheimer
Mozart
Mit Abbildungen
418 Seiten
»Nicht Brevier für Spezialisten, nicht Trostbuch für Schwärmer, ist Hildesheimers *Mozart* vielleicht das erste reale Mozart-Portrait: eine gewaltige Etüde zum Thema Rezeption, kritisch auf allen Stufen.« *Adolf Muschg*

st 599 Max Frisch
Herr Biedermann und die Brandstifter
Rip van Winkle
Zwei Hörspiele
114 Seiten
Es ist die Meisterschaft Max Frischs, Unterhaltung und Belehrung, Komik und Politik zum Vorteil beider zu verschränken. Die gewollt-ungewollte Konspiration von Biedermännern und Brandstiftern, Spießern und Gangstern ist eine Burleske ersten Ranges – und zugleich ein Beitrag zur Urgeschichte des Totalitären.

st 600 Martin Walser
Ein fliehendes Pferd
Novelle
152 Seiten
». . . diese Geschichte könnte zu dem gehören, das einmal übrigbleibt von einem Jahrhundert.« *Stuttgarter Zeitung*

st 601 Wolfgang Koeppen
Tauben im Gras
Roman
210 Seiten
Tauben im Gras (1951) ist der erste Roman jener »Trilogie des Scheiterns«, mit der Koeppen eine erste kritische Bestandsaufnahme der sich formierenden Bundesrepublik gab. Mit Vehemenz und unerbittlicher Schärfe analysiert Koeppen die Rückstände jener Ideologien und Verhaltensweisen, die zu Faschismus und Krieg geführt haben und die schließlich in den fünfziger Jahren die Restauration der überkommenen Verhältnisse protegierten.

st 602 Marie-Louise von Franz
Zahl und Zeit
Psychologische Überlegungen zu einer Annährung von Tiefenpsychologie und Physik
298 Seiten

In die interessanten Analysen der Eigenschaften von Zahlen gehen altchinesische kosmische Zahlenpläne und die Zahlenspekulationen der Alchimisten ebenso ein wie die zahlenphilosophischen Überlegungen moderner Mathematiker und Physiker. Hervorgehoben wird besonders der qualitative Aspekt der Zahlen, der sie nicht zu bloß quantitativen Größen, sondern zu ›Individualitäten‹ macht. Zugleich ergeben sich neue Ansatzpunkte für die Diskussion der Zeit, besonders im Hinblick auf synchronistische und andere parapsychologische Phänomene.

st 603 Herbert W. Franke
Einsteins Erben
Science-fiction-Geschichten
Phantastische Bibliothek Band 41
166 Seiten
Informationsexplosion, Überbevölkerung, Umweltverschmutzung, Kybernetik, Genetik, die Kontrolle und Versklavung des Menschen durch die Technologie, Warnung vor Konformismus und Manipulation des Menschen, die Erforschung fremder Planeten und die erstmalige Begegnung mit außerirdischen Lebewesen sind einige dieser von kritischem Geist durchdrungenen Erzählungen.

st 604 Paul Celan
Ausgewählte Gedichte
Zwei Reden
Nachwort von Beda Allemann
168 Seiten
Dieser Band enthält Gedichte aus den Sammlungen *Mohn und Gedächtnis, Von Schwelle zu Schwelle, Sprachgitter, Die Niemandsrose* und *Atemwende;* ferner die Rede zur Verleihung des Bremer Literaturpreises 1958 und die zur Verleihung des Büchner-Preises 1960 – zwei Dokumente, die zum Verständnis Celanscher Lyrik gleichermaßen bedeutend sind.

st 606 Ror Wolf
Die heiße Luft der Spiele
Mit Abbildungen
266 Seiten
Die heiße Luft der Spiele ist eine Art Ergänzungsband zu Ror Wolfs erstem Fußballbuch *Punkt ist Punkt* (st 122).

Das Material hat der Autor aufgenommen bei seinen Wanderungen durch Tribünen und Stehränge, bei Busfahrten zu gnadenlosen Auswärtsspielen, in Fan-Club-Kneipen, Spielerkabinen und an den Rändern der Trainingsplätze, wo man die wirklichen Experten trifft; die Naturdarsteller dieses nie zu Ende gehenden Total-Theaters.

st 607 E. M. Cioran
Syllogismen der Bitterkeit
Aus dem Französischen übersetzt und für die neue Auflage bearbeitet von Kurt Leonhard
104 Seiten
»Was diese Aphorismen zusammenhält, ist nicht eine Lehre, ein Denksystem, ... sondern es ist etwas schwer zu Definierendes; die Vitalität, das Lebensgefühl aus Einsamkeit, die konsequente, in ihrem Ernst an Verzweiflung grenzende Lebenshaltung, aber auch die Humanität, der Charme und die Liebenswürdigkeit einer großen Persönlichkeit.« *Süddeutsche Zeitung*

st 609 Edward Bulwer Lytton
Das kommende Geschlecht
Roman
Aus dem Englischen von Michael Walter
Phantastische Bibliothek Band 42
162 Seiten
»Dies ›the coming race‹ wäre gar nicht so leicht zu übersetzen. Es ist nämlich nicht nur ›Eine Menschheit der Zukunft‹ darin; sondern auch die Warnung des ›Die da bald kommen!‹: die Vrilya verfügen über eine Art psychischer Atomkraft, mit der sie uns Überirdische vernichten werden ... Einer der trüberen Aspekte jener Neuen Gesellschaft ist der: daß keine rechten Kunstwerke mehr entstehen wollen ...« *Arno Schmidt*

st 610 Ulrich Plenzdorf
Karla/Der alte Mann, das Pferd, die Straße
Texte zu Filmen
168 Seiten
Karla, jung wie eine Schülerin, naiv bis zur Kindlichkeit, ehrlich bis zum Fanatismus, gerät in einen eingefahrenen, bewährten und belobigten Schulbetrieb. Es bleibt nicht

aus: Karlas naiv-direktes Ehrlichkeitsprogramm kollidiert mit den verwickelten Tatsachen und Motiven des Alltags. – Der alte Mann ist ein siebzigjähriger Bauer. An einem Wintertag soll er ein Pferd, »den unnützen Fresser«, in die Stadt zum Schlachthof bringen. Auf dem Weg zur Stadt werden die Erinnerungen, Enttäuschungen und Träume eines bitteren Lebens beschworen.

st 611 Felix Timmermans
Der Heilige der kleinen Dinge
und andere Erzählungen
Aus dem Flämischen von Friedrich Markus Huebner, Karl Jacobs, Anton Kippenberg, Peter Mertens, Anna Valeton-Hoos
294 Seiten
Die Romangestalt Pallieter (st 400) hat Timmermans in der ganzen Welt berühmt gemacht. Das *Jesuskind in Flandern* nannte die Kritik sein schönstes Buch. Und nicht wegzudenken aus dem Werk des flämischen Dichters sind seine zauberischen, seine liebevollen Geschichten, deren Güte und Gläubigkeit sie uns märchenhaft entrücken.

st 612 Martin Walser
Ein Flugzeug über dem Haus
und andere Geschichten
120 Seiten
»Hier ist Walser schon ganz er selbst, hier erfüllt er die Forderung, die der sehr alte Goethe einst an die jungen Dichter seiner Zeit gerichtet hat: ›Poetischer Gehalt aber ist Gehalt des eigenen Lebens‹.« *Süddeutsche Zeitung*

st 613 Karin Struck
Trennung
Erzählung
150 Seiten
»Karin Struck ist in allem, was sie schreibt, intensiv. Sie fordert auf, fordert heraus. ... Auf der hilflos anmutenden Suche nach einer Utopie ist eigentlich ein jeder bei Karin Struck begriffen. Ihre Vehemenz fordert das, und ihre Personen haben sich dieser Absicht einzufügen. So entsteht bei ihr Spannung bis zum Zerreißen, bis zur Hingabe, Selbtsaufgabe oder Widerstandleisten, bis zum ohnmächtigen Erleiden.« *Karl Krolow*

st 614 Walker Percy
Liebe in Ruinen
Die Abenteuer eines schlechten Katholiken kurz vor dem Ende der Welt
Aus dem Amerikanischen von Hanna Muschg
442 Seiten
Der Held, Thomas More, Arzt und Alkoholiker, der sich als schlechten Katholiken bezeichnet, lebt mit drei schönen Frauen in der Vorstadt Paradise, wo er das Ende der Welt erwartet. Als später Descartes erfand er den Lapsometer, mit dessen Hilfe er den jeweiligen Grad der Entfremdung des Menschen von sich selbst feststellt. Nur eines gelang ihm bisher nicht: das Instrument mit seinen diagnostischen Fähigkeiten für Heilzwecke zu vervollkommnen.

st 615 Mircea Eliade
Bei den Zigeunerinnen
Phantastische Geschichten
Aus dem Rumänischen von Edith Silbermann
342 Seiten
»Was bei Eliade so anzieht, so entzückt, ist eine Heiterkeit, die hoffnungsvolle Ruhe, die jede außergewöhnliche, eigentlich Furcht erregende Begebenheit nicht ins Gräßliche wendet, sondern ins Helle, recht eigentlich Beruhigte.« *Süddeutsche Zeitung*

st 616 Kasimir Edschmid
Geord Büchner. Eine deutsche Revolution
544 Seiten
Roman
»... ein Meisterwerk der deutschen Literatur im zwanzigsten Jahrhundert, einer der großen historischen Romane Deutschlands, ... der die politische Tragik, die ewig gescheiterten Kämpfe um die Wiederherstellung der Freiheit und der Menschenwürde des armen, ewig geschlagenen deutschen Volkes beschreibt, das durch die Jahrhunderte so töricht der tumbe Michel war, seine dümmsten Tyrannen auf den Thron zu heben und seine klügsten Volksfreunde in den Staub zu treten oder ins Exil zu schicken.« *Hermann Kesten*

st 618 Helm Stierlin
Eltern und Kinder
Das Drama der Trennung und Versöhnung im Jugendalter
Aus dem Englischen von Ellen Katharina Reinke und Wolfgang Köberer
272 Seiten
Auch bei anscheinend radikalen Trennungen heranwachsender Kinder von ihren Eltern bleiben unsichtbare Bindungen bis ans Lebensende weiterbestehen. Bindungen, in die u. a. Gefühle der Dankbarkeit, Rache, Scham und Schuld, der Verpflichtung und Beauftragung sowie ein Verlangen nach Wiedergutmachung und nach vorenthaltener Gerechtigkeit einfließen können.

st 619 Antike Geisteswelt
Eine Sammlung klassischer Texte
Auswahl und Einführungen von Walter Rüegg
694 Seiten
»Die vorliegende Auswahl bietet dem der Antike Vertrauten wenig bekannte Texte und neue Gesichtspunkte, dem Leser, der erst beginnt, die Welt der Antike in seine Bildung einzubeziehen, eine Grundlage, um mit der Antike vertraut zu werden: sie wird ihn einführen in die gewaltigen Katakomben unserer geschichtlichen Existenz.«
helvetia archaeologica

st 628 Georg W. Alsheimer
Eine Reise nach Vietnam
224 Seiten
Alsheimer kehrt in seine »Wahlheimat« zurück. Die Narben des amerikanischen Alptraums sind noch allgegenwärtig. So gerät die Konfrontation des Damals mit dem Heute zunächst zu einem Verfolgungswahn. Erst als er durch das Vertrauen seiner Freunde das Damals mit dem Heute verknüpfen kann, verwandeln sich in dieser Krise seines politischen Credos die gläubigen Visionen in einen gemäßigten, kritischen Optimismus. Den Prozeß, der zu dieser Einsicht führte, protokolliert Alsheimer in diesem Reisetagebuch. Alsheimers *Vietnamesische Lehrjahre* liegen als st 73 vor.

st 629 Wie der Teufel den Professor holte
Science-fiction-Erzählungen aus POLARIS 1
Phantastische Bibliothek Band 37
132 Seiten
Der Band enthält Erzählungen von Stanisław Lem, Gérard Klein, Kurd Laßwitz, Fitz-James O'Brien, Vladimir Colin.

st 630 Das Mädchen am Abhang
Science-fiction-Erzählungen aus POLARIS 2
Phantastische Bibliothek Band 38
178 Seiten
Der Band enthält Erzählungen von Wadim Schefner, Sewer Gansowski, Arkadi und Boris Strugatzki, Ilja Warschawski.

st 631 Der Weltraumfriseur
Science-fiction-Erzählungen aus POLARIS 3
Phantastische Bibliothek Band 39
144 Seiten
Der Band enthält Erzählungen von Josef Nesvadba, Gerd Ulrich Weise, Sven Christer Swahn, Vladimir Colin, Frigyes Karinthy.

st 632 Die Büßerinnen aus dem Gnadenkloster
Phantastische Erzählungen aus PHAÏCON 2
Herausgegeben und mit einem Vorwort von
Rein A. Zondergeld
Phantastische Bibliothek Band 40
122 Seiten
Der Band enthält Erzählungen von Joseph Sheridan Le Fanu, Erckmann-Chatrian, Jean-Louis Bouquet, Julio Cortázar, Manfred Wirth, Jörg Krichbaum.

st 637 Gerlind Reinshagen
Das Frühlingsfest
Elsas Nachtbuch. Annäherungen. Ein Stück
170 Seiten
Nach dem szenischen Panorama des Nazi-Deutschlands im Stück *Sonntagskinder* richtet die Autorin hier den Blick auf Neuaufbau und Restauration.

st 638 Birgit Heiderich
Mit geschlossenen Augen
Tagebuch
136 Seiten

Am Anfang die Trennung von einem Mann, am Ende die Übersiedlung aus dem ungebunden sich entfaltenden in ein geregeltes Arbeitsleben. Das Tagebuch erzählt die Geschichte zahlreicher Beziehungen zu Männern und Frauen. In dichtem Zusammenhang werden Erlebnisse, Geschichten, Beobachtungen notiert. Birgit Heiderichs Tagebuch ist reich an Apercus und an Reflexionen über Liebe, Sehnsucht, Trauer, Verzweiflung, über Frausein, Weiblichkeit, aber auch über gesellschaftliche Differenzen, es enthält Beschreibungen und Gedichte.

st 639 Herbert Gall
Deleatur
Notizen aus einem Betrieb
216 Seiten
Eine Druckerei gerät durch Modernisierung und Rationalisierung in eine Krise, der Besitzer versucht, durch Entlassungen und Verstärkung des Arbeitsdrucks ihrer Herr zu werden. Der Korrektor Herbert Gall, als empfindlicher Intellektueller in industrielle Arbeitsverhältnisse geraten, setzt sich durch das rückhaltlose, nämlich auch ihn selbst nicht schonende Aufschreiben gegen Leiden und Abstumpfung zur Wehr. »Der hier beschriebenen Arbeitsform . . . sei zum Schluß ein lateinisches Wörtchen gewidmet, ein Korrekturzeichen, mit dem Falsches markiert wird, das aus einem Text entfernt werden soll: *Deleatur* – sie möge zerstört werden.«

st 683 Marieluise Fleißer
Der Tiefseefisch
Text. Fragmente. Materialien
Herausgegeben von Wend Kässens und Michael Töteberg
188 Seiten
Der Tiefseefisch gibt ein satirisches Portrait von Bertolt Brecht als literarischem Bandenführer; zugleich ist das Stück ein Ehedrama: Fleißers Verbindung mit dem konservativen Publizisten Hellmut Draws-Tychsen. Dieser Band veröffentlicht erstmals die erhalten gebliebene erste Fassung des Stücks sowie Fragmente und Arbeitsnotizen. In einem Nachwort erläutern die Herausgeber den zeitgenössischen literarischen Kontext und geben Interpretationsansätze für die heutige Aktualität des Dramas.

Alphabetisches Gesamtverzeichnis der suhrkamp taschenbücher